Book

TRAJANO

Biografías

José María Blázquez Martínez

TRAJANO

Ariel

Diseño de la cubierta: Joan Batallé

1.ª edición: septiembre 2003

© José María Blázquez

Derechos exclusivos de edición en español
reservados para todo el mundo:
© 2003: Editorial Ariel, S. A.
Avda. Diagonal, 662-664 - 08034 Barcelona

ISBN: 84-344-6700-3

Depósito legal: B. 28.975 - 2003

Impreso en España

ÍNDICE GENERAL

PRÓLOGO

Ha sido un gran acierto de la Editorial Ariel publicar una monografía de Trajano, el primer provincial, nacido en España, que llegó a ser emperador de Roma, al que toda la Antigüedad y la historiografía moderna ha calificado como el mejor príncipe y modelo a imitar por todos los emperadores posteriores. Los historiadores españoles rara vez han publicado una monografía sobre Trajano, debido, muy probablemente, a la gran escasez de fuentes literarias para estudiar tan importante personalidad.

En cambio se han celebrado varios congresos en el último decenio que estudian aspectos fundamentales de su persona cuyas actas se publicarán. Agradezco vivamente a la Editorial Ariel que me haya encomendado esta biografía, que se ha visto facilitada por la colaboración de antiguos alumnos míos, hoy grandes maestros, S. Montero, UCM, G. López-Monteagudo del CSIC, y A. Canto, de la Universidad Autonóma de Madrid, que han redactado para este libro una síntesis de aspectos fundamentales sobre Trajano, de varios artículos publicados por ellos con aportaciones de gran novedad científica, a los que hay que añadir a J. M. Abascal y M. P. González Conde, ambos de la Universidad de Alicante, y a J. Cabrero, historiador, a todos los cuales doy públicamente las gracias por las sugestivas consideraciones incorporadas al libro, así como a L. Suárez Fernández, que propuso a la Editorial Ariel mi nombre para redactar esta biografía, que ha querido ser un estado de la historiografía actual sobre Trajano pensada para el gran público interesado en su persona.

INTRODUCCIÓN

En primer lugar, queremos señalar en esta introducción que nuestro trabajo no puede ser considerado una biografía en el sentido tradicional de la palabra, sino más bien un estudio de Trajano y de su época. En consecuencia, nos hemos limitado a analizar aquellos aspectos o regiones de los cuales tenemos información fidedigna de la época de Trajano, omitiendo aquellos otros en los que la información que poseemos no es aplicable con total seguridad al reinado del emperador hispano, como es el caso, entre otros, de Egipto, a pesar de que podemos intuir que los sistemas económicos, de explotación e intervención no debieron sufrir grandes transformaciones con respecto a los de la época inminentemente anterior, algunos de los cuales también se debieron mantener en sustancia en la época de su sucesor Adriano, e incluso posteriores.

Trajano fue el primer provincial que llegó a regir el Imperio romano. Fue excelente militar y gobernante. Sus contemporáneos le aclamaron como el mejor príncipe y modelo a seguir por futuros emperadores. Su reinado marcó un punto de inflexión en la evolución del principado creado por Augusto, que duró hasta la dinastía de los Severos, a finales del siglo II. Dio origen a una nueva dinastía que debe llamarse Ulpia-Aelia, que fue considerada el siglo de oro del Imperio romano.

Antes de alcanzar Trajano el supremo poder, el principado había sufrido varios cambios sustanciales. Los sucesores de Augusto, hasta la muerte de Nerón, en el año 68, fueron los emperadores Julio-Claudios, que procedían del patriciado romano. Dos familias se alternaron en el poder. La desaparición de Nerón originó una grave crisis en la cúspide del poder, que pudo ser profunda y no lo fue, debido a su brevedad. Lucharon por el poder grupos contrapuestos. Cuatro pretendientes aspiraban a dirigir el imperio.

Los últimos años del reinado de Nerón se caracterizaron por una persecución brutal de la nobleza romana. Muchos nobles, para salvar su vida, se vieron obligados a emigrar. El hombre, que los nobles buscaban, fue el patricio Servio Sulpicio Galba, descendiente de un gobernador de Hispania de comienzos de las guerra lusitanas (151-150 a.C.). Galba había sido un excelente gobernador de la provincia Tarraconense, en la época de Nerón. Una multitud de nobles arruinados le acompañó en su viaje a Roma. Intentó colaborar con el Senado y la nobleza, política que significaba volver a los orígenes del principado. En Roma, sin embargo, se hizo impopular entre la plebe por sus medidas un tanto duras. El ejército de Germania Superior se sublevó en nombre del pueblo, mientras el de Germania Inferior proclamaba emperador a Vitelio.

Otón, esposo de Popea, la amante de Nerón, había igualmente administrado bien la provincia de Lusitania en tiempos de Nerón. Siguió, al principio, el partido de Galba, pero pronto, a imitación de Nerón, se apoyó en el populacho de Roma y en la guardia pretoriana, que asesinó a Galba; a continuación, el Senado proclamó emperador a Otón. Éste eligió sus ministros entre los caballeros, medida que fue interpretada como antisenatorial, ya que los emperadores de la dinastía Julio-Claudia se había servido, en la administración, de libertos.

Vitelio, apoyado por las siete legiones del ejército del Rhin, marchó sobre Roma, mientras Otón, derrotado, se suicidó.

La política de Vitelio fue un anticipo de la seguida por la dinastía de los Severos. La primera medida que tomó consistió en reemplazar la guardia pretoriana por legionarios. Fue contrario a los libertos de los nobles, a quienes aplastó con graves impuestos, y eligió sus ministros entre los caballeros.

Al mismo tiempo, el prefecto de Egipto, Tiberio Alejandro, proclamó emperador al general de los ejércitos de Judea, Flavio Vespasiano, a cuyo nombramiento se unieron el legado de Siria, Muciano, y las legiones del Danubio. Hispania, Britannia y Gallia reconocieron a Vespasiano. Vitelio intentó armar a los romanos y se enfrentó al prefecto de Roma, Flavio Sabino, hermano de Vespasiano. En el curso de la reyerta se incendió el Capitolio, y Vitelio fue asesinado poco después.

La crisis del 69 hizo un gran hallazgo, al decir del historiador Tácito, y era que los emperadores podían ser nombrados por el ejército. Enfrentó al Senado a la plebe de Roma, a los pretorianos y a las legiones.

La habilidad de Vespasiano restableció la disciplina. Vespasiano era descendiente de una oscura familia sabina. Su abuelo había sido centurión y su padre publicano. El poderoso Narciso, a quien Tiberio Claudio había confiado el ministerio de la correspondencia, le protegió y Vespasiano recibió el mando de una legión, que después participó, en el año 43, en la conquista de Britannia. Fue cónsul en el 51 y en el 66 Nerón le puso al frente de Judea.

Vespasiano buscó, en su concepción del poder, un origen divino, al carecer de nobleza de sangre y no querer presentarse en Roma, únicamente, como jefe del ejército. Actuó como salvador, aureolado por prodigios y portentos.

El modelo de Vespasiano fue Augusto y, al igual que el fundador del principado, fue restaurador de templos y de rituales antiguos, caídos en el olvido. En seguida nombró Césares a sus dos hijos, Tito y Domiciano. Nombramiento que es una prueba clara de que quería establecer una nueva dinastía.

Nerón, a su muerte, dejó las finanzas en la más completa bancarrota. El primer punto de su programa fue mejorar la administración de las tierras públicas, que agregó a los bienes de la corona. Reivindicó las tierras usurpadas. Creó el fisco de Alejandría, iniciando así la explotación durísima de Egipto. El segundo punto de su programa fue renovar el Senado y el patriciado, llevando al Senado a sus mejores oficiales y a provinciales, entre los que se encontraban varios hispanos. Entregó el patriciado a los Annios, a los Ulpios y a los Domicios, creando una nueva aristocracia.

Tampoco se olvidó de la plebe romana. Embelleció Roma con magníficos edificios. Se enfrentó al Senado, irritado por haber puesto el emperador a un caballero al frente de las finanzas. Durante los años de su gobierno estallaron continuas conjuras.

Para frenarlas mandó ejecutar al jefe de la oposición senatorial. Sus reformas perjudicaron gravemente a la aristocracia, cuya preponderancia en el gobierno acabó ahora.

Vespasiano expulsó a astrólogos y filósofos de Roma, pero favoreció a los profesores y creó cátedras de retórica subvencionadas por el Estado.

Le sucedió, al frente del imperio, su hijo Tito, que gobernó muy poco. Era muy popular entre la plebe de Roma.

T. Flavio Domiciano fue el tercer miembro de la nueva dinastía. Tenía un concepto absoluto del poder imperial, que se apoyaba en los soldados. Se hizo llamar señor y dios. Siguiendo la política emprendida por Otón y Vitelio nombró a caballeros para desempeñar importantes cargos. Al igual que su padre favoreció a los provincianos.

A partir de los años 88-89 se enemistó con el Senado. Desde al año 92 implantó un régimen de terror destinado a eliminar a sus enemigos. También envió al exilio a los filósofos.

La dinastía Flavia favoreció a los provinciales en detrimento de la antigua nobleza. Un complot, en el que participaron varios pretorianos, asesinó a Domiciano.

Tales son a grandes rasgos las bases sobre las que se asentó el poder y el gobierno de Trajano, que fue continuador, aunque no siempre, de la política emprendida por la dinastía Flavia, a través del gobierno de Nerva.

Capítulo 1

FUENTES PARA EL ESTUDIO DE LA ÉPOCA DE TRAJANO

Las fuentes literarias para conocer los años en los que vivió y gobernó Trajano (53-117) son escasas. Escritos, que se han conservado de autores contemporáneos, sólo son: *El Panegírico* de Plinio el Joven (62-113), gran amigo de los hispanos que habitaban la provincia senatorial de la Bética, a los que defendió contra los atropellos de los gobernadores injustos: Bebio Massa, Mario Prisco y Cecilio Clássico.

El *Panegírico* lo leyó Plinio en la sesión del Senado celebrada el 1 de septiembre del año 100, y lo publicó con pequeños retoques un año después. También se conserva la correspondencia epistolar entre Plinio y Trajano; 71 cartas de Plinio a Trajano y 51 del emperador a su amigo. Estas cartas se han conservado en el libro X del epistolario de Plinio.

A estas dos fuentes literarias que son las principales hay que añadir algunas alusiones del arquitecto Vitrubio (siglo I), principalmente en su tratado *De aquis*; y de los dos grandes satíricos, el hispano Marcial (40/42-104), nacido en *Bílbilis* y que vivió en Roma, y Juvenal (62-143).

Se han perdido las memorias de Trajano, que se referían a la guerra de Dacia, así como las de su médico particular Critón. Un poema épico, cuyo autor fue Carminio Rufo, tampoco ha llegado hasta nosotros, ni la obra que sobre los partos escribió Flavio Arriano, nacido a finales del siglo I.

Otro escritor, Dión Crisóstomo (40-120), compuso una obra sobre los getas, pero de ella sólo conocemos lo conservado en los

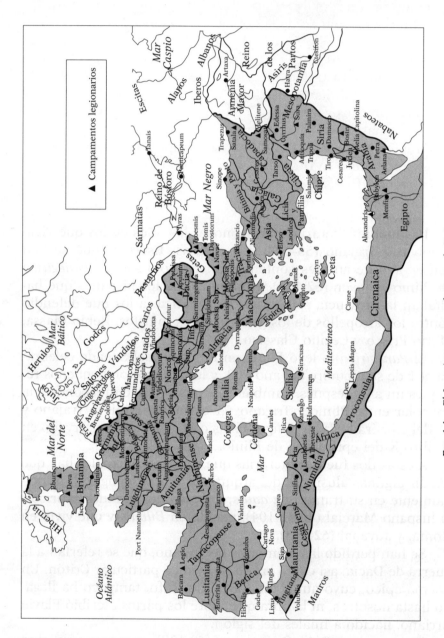

FIG. 1.1. *El Imperio romano en la época de Trajano.*

textos de un escritor bizantino de la época de Justiniano (527-562), Procopio, cuando da la noticia de la construcción del puente sobre el Danubio, obra del arquitecto Apolodoro de Damasco.

Tácito (55-116), uno de los mayores historiadores que tuvo Roma, en su obra titulada *Agrícola*, publicada en el año 98, dio un juicio sobre Trajano. El gran historiador, en el año 104, pensaba describir los gobiernos de Nerva (96-98) y de Trajano, pero murió sin haber realizado este proyecto.

Fragmentos que se refieren a los tiempos de Trajano se conservan en el libro LVII del historiador Dión Cassio (155-235), en los libros XXIII-XXIV de Apiano (siglo II) y en el libro I de Amiano Marcelino, historiador nacido en Antioquía, capital de la provincia romana de Siria, hacia el año 330.

El historiador cuenta, para conocer el gobierno de Trajano, con la legislación, que publicó el emperador, con las inscripciones, fechadas en los años de su gobierno, con las monedas que acuñó y con los monumentos de la época trajanea, que complementan los datos de las fuentes literarias.

Los años del gobierno de Trajano en la historiografía antigua y moderna

Trajano en la historiografía antigua

El juicio de los contemporáneos, de otros escritores, que vivieron en los años posteriores en la Antigüedad y de los historiadores modernos, es altamente favorable a la actuación de Trajano en su gobierno. Todos coinciden en que fue uno de los mejores emperadores, junto con Augusto (63 a.C.-14 d.C.) y Constantino (274-337), que dio la paz a la Iglesia y la favoreció con grandes privilegios, que sería para los escritores cristianos el tercer gran emperador merecedor de este calificativo.

El Senado concedió a Trajano, en el año 100, el título de *optimus princeps*, título que, a partir del año 114, acompaña siempre oficialmente a los títulos de Trajano.

El título de *optimus princeps*, que responde a su buena actuación en el gobierno, a partir de su concesión, es un modelo a imitar por los futuros emperadores. Eutropio, a final de la Tarda Antigüedad, recoge noticias de que los senadores aclamaban a los emperadores con la frase *Felicior Augusto, melior Traiano*. El título de *optimus princeps* indica que Trajano era el emperador ideal y el prototipo a imitar por todos los sucesores en la más alta magistratura del Imperio romano.

Aurelio Víctor, siglo IV, emitió un juicio altamente elogioso de Trajano: «Superó —escribe— la gloria militar por su moderación y civilización...» y compara las conquistas de Dacia y de la tierra de los partos con las empresas inauditas de Alejandro Magno (356-323) en la India y en el Eufrates.

De particular valor es el juicio sobre la época de Trajano del historiador contemporáneo Tácito, que en sus obras *Agrícola* e *Historias* alaba a los emperadores Nerva (96-98) y Trajano, por recuperar los valores de la libertad y de la soberanía del príncipe, anunciando la felicidad. El texto de Tácito afirma: «Si bien Nerva y Trajano hicieron crecer día a día la felicidad de estos tiempos, haciendo de la seguridad de los ciudadanos no sólo una esperanza o un deseo, sino una robusta perspectiva de que fuera realmente realizable, sin embargo, los remedios operaban más lentamente que los males.»

El anónimo autor, que vivió a finales del siglo IV, del *Epitome de Caesaribus*, compara a Teodosio (379-395) con Trajano. En su opinión, el primer emperador supera al segundo, ya que fue superior por el carácter, a causa de los dos vicios que los contemporáneos atribuyeron a Trajano: su afición al vino y su tendencia a celebrar triunfos militares. Sin embargo, en la historiografía moderna, Teodosio ha gozado de muy mala prensa.

En la época ostrogoda, Casiano (360-430/435) pone a Trajano como excelente ejemplo de los siglos futuros.

Han supuesto los historiadores modernos, como Paretti, que de haber publicado Tácito su *Historia* sobre los gobiernos de Nerva y de Trajano, su juicio hubiera sido más negativo.

Floro, historiador que vivió durante los años del gobierno de Adriano (117-138), alaba las empresas expansionistas guerreras de Trajano, que produjeron un rejuvenecimiento del Imperio romano. Para este autor el gobierno de los emperadores, que gobernaron Roma entre Augusto, muerto en el 14, y Trajano, que comenzó a gobernar en el 98, se caracteriza por su inercia, que debilitó el Imperio romano. Este rejuvenecimiento es fruto del programa expansionista, como resultado de las guerras de Dacia y contra los partos. Con las conquistas de Trajano, el Imperio romano alcanzó su mayor extensión.

Hasta el momento presente ha influido poderosamente en el juicio emitido sobre la personalidad de Trajano y su época el juicio altamente laudatorio del *Panegírico*, que pronunció Plinio el Joven con motivo de la toma del cargo de *consul suffectus*. La posterioridad consideró este discurso como modelo de panegírico romano. Para Sidonio Apolinar, que vivió entre los años 431-486/487, Plinio el Joven pronunció un panegírico comparable al incomparable príncipe M. Ulpio. K. Strobel, que ha tratado recientemente, 1998, el tema de este capítulo, al enjuiciar el valor del *Panegírico* de Plinio el Joven, considera al cónsul, que se dispone a tomar posesión de su cargo, como un político de carrera y retórico vanidoso, activista de todos los regímenes, y que su discurso no puede ser despojado de su carácter de documento público oficial o valorado como un espejo crítico, que el Senado colocaba frente al príncipe. Plinio resalta los contenidos y los elementos que otros esperaban que evidenciase y que sabía que agradarían a Trajano y a sus seguidores. En el *Panegírico* Plinio acoge y hace propio el programa ideológico y el modelo de autorrepresentación de Trajano según las reglas lingüísticas y las fórmulas a nivel oficial y oficioso. Plinio contribuye a la construcción del sistema oficial en el sentido favorable al régimen, de representación de los procesos históricos y de los sucesos, comprendida la condena de Domiciano (81-96) como príncipe funesto. Esta última condena es el necesario contraste negativo del *novum saeculum* de Trajano y de su luminosa imagen del soberano, cuya legitimación requiere la censura entre el reino de Trajano y el de Domiciano, caracterizado este último como males del periodo anterior. Todavía en un panegírico en honor de Constantino se elogiaba el gobierno de este emperador comparándolo con el de Trajano. La tradición cristiana valoró a Trajano muy positivamente, y le considera el mejor emperador antes de Constantino. Este juicio encuentra su expresión, como puntualiza K. Strobel, en la leyenda cristiana de que Trajano salió del infierno gracias a las oraciones del papa Gregorio Magno (540-604).

Hasta el día de hoy ha estado viva la alta estima de Trajano como emperador justo y excelente militar. Las escenas de la Columna Trajana, visibles en Roma hasta el momento presente, han contribuido, al igual que los relieves del Arco de Benevento, a mantener el prestigio del emperador hispano.

Trajano en la historiografía moderna

La personalidad de Trajano ha sido valorada muy positivamente por los historiadores modernos. Baste recordar unos cuantos ejemplos. Voltaire (1694-1778), en su *Temple de la Gloire*, presenta a Trajano como el modelo ideal de soberano, que persiguió, exclusivamente, el bienestar del Imperio romano. La meta de su gobierno era, únicamente, ser un gran bienhechor de la humanidad.

Los años comprendidos entre los gobiernos de Trajano y de Marco Aurelio (161-180), desde finales del siglo XVIII, han sido valorados muy positivamente por la historiografía. Así J. J. Basch, en 1747, ha seguido en la jurisprudencia la idea transmitida por las fuentes literarias de la *Iustitia* de Trajano y A. H. L. Heerens, en 1799, valora los años del gobierno de Trajano basado en el rechazo del despotismo de la edad imperial. Según estos historiadores el poder no se transmitía por los lazos de sangre, sino por adopción de los emperadores entre los más capacitados, que eran siempre miembros del Senado. La historiografía moderna acepta la ideología desarrollada por Trajano para legitimar el propio poder. Gibbon (1737-1794) considera el siglo de oro del Imperio romano el periodo comprendido entre los años 98-180. El sabio inglés juzga como elementos muy negativos del gobierno de Trajano las conquistas militares llevadas a efecto sólo por alcanzar la gloria militar. Las conquistas de Oriente, cuya finalidad era imitar a Alejandro Magno, no se mantuvieron después de la muerte de Trajano, y fueron empresas militares retomadas por Marco Aurelio (161-166), por los Severos (195-199, 214, 230-233), Valeriano (260), Galerio (296-298) y Juliano (363). Lepper, en 1948, al contrario, enjuicia la guerra pártica no como una agresión de Trajano, que no buscaría en ella alcanzar la gloria militar, sino como una solución al único problema no resuelto aún del Imperio romano. Esta misma interpretación propuso Garzetti en 1974: la guerra respondería a la decisión tomada por el Senado en el año 116. F. A. Wolf en 1808 se lamenta ya de la falta de una descripción histórica del reino de Trajano.

Los historiadores del siglo XIX, como Dierauer (1868) y C. de la Berge (1877), dieron un juicio muy positivo de la actuación de Trajano.

También un juicio altamente favorable dio el historiador italiano R. Paribeni en sus dos volúmenes (1926-1927), cuyo título es muy significativo, *Optimus princeps*, siguiendo el juicio de Plinio el Joven. Según el investigador italiano, los años del gobierno de Trajano son la cumbre del Imperio romano. El juicio emitido por R. Paribeni ha influido en la historiografía hasta el día de hoy.

El mismo año en el que Paribeni publicó su segundo volumen, 1927, Henderson admiró los años del gobierno de Trajano que, según este historiador, «constituyen la fase de máxima potencia y grandeza del imperio». Para E. Kornemann, 1959, Trajano es «el último soldado y hombre de acción» del Imperio romano.

Paretti, 1960, considera a Trajano un militar nato. Poseyó sentido de mando, claridad para conocer la situación, amor por el cumplimiento del deber y el sentido de la responsabilidad necesario para ser un buen administrador del imperio.

El mejor emperador hasta entonces, en opinión del gran historiador de Roma Th. Mommsen, ya en el siglo XIX, había sido el hijastro de Augusto, Tiberio (14-37). Como buen ibero, su equilibrio de carácter no impedía a Trajano una tendencia a lo espectacular, a lo fastuoso, a la grandiosidad, a la improvisación y a la exageración.

H. Bengtson, en 1982, considera a Trajano una de las figuras de emperadores más limpias. Para Heuss, 1976, es una de las mayores figuras de conquistadores de la historia y la personificación ideal del concepto de soberano de rostro humano. Bennet, 1977, le considera restaurador de los ideales de Augusto y el más perfecto de los gobernantes que llevó la institución del principado a su cenit.

El gran historiador de la economía del mundo helenístico, Rostovtzeff (1983), y del Imperio romano (1937), ya en 1957 era muy favorable a la figura de Trajano.

Una de las biografías de Trajano que ha obtenido mayor impacto es la de Cizek, 1983, que estudia la importancia de la literatura en sus relaciones con el príncipe. Esta relación ha sido estudiada también por S. Fein, en 1994, quien concluye en su estudio que los literatos alcanzan su prestigio debido a su posición social, a las relaciones personales y a los méritos en el servicio al emperador.

La valoración altamente positiva de la personalidad y de la acción de Trajano queda bien patente en los congresos celebrados en los últimos años, como el coordinado por G. A. Popescu, que lleva por título *Traiano a i confini dell'Impero*, 1998.

Los investigadores españoles prestaron interés, desde hace casi un siglo, a la figura de Trajano. Ya en 1935, E. Bullón estudió *La política social de Trajano* y S. Montero, en 1948, emitió el siguiente juicio sobre el emperador hispano: «Trajano es un personaje de rasgos contradictorios. Proyecta empresas temerarias, pero las realiza con prudencia. Profesa una bondad inalterable, pero castiga con rigor. Parece exclusivamente un guerrero y resulta también un filántropo.» Esta antonimia responde a su doble carácter de «campesino de Hispania» y «soldado de Roma». Ambas cualidades se funden, como emperador, en una unidad «superior y providente». Elogia, este autor, de la obra de Bullón, el haber puesto el acento de su monografía en el senequismo de Trajano. Muchos rasgos y máximas de Trajano muestran un corte senequista y sólo «ribetes de estoico», pues senequismo y estoicismo no son sinónimos.

Trajano parece más romano que César (100-44 a.C.) y tan romano como Augusto. Sus dos obsesiones son el campo y la conquista, guerra y agricultura. Su amor al Imperio se muestra salvando a Italia: si se quiere salvar al Imperio hay que salvar Italia. De ahí sus medidas para proteger la agricultura itálica. Por el contrario, desprecia al demagogo y al financiero.

Trajano actúa, pues, como un soldado campesino. Su obra es una obra de madurez. Se constituye en «intérprete fiel del destino irrevocable y único de su tiempo». Detiene la decadencia interior y recorre las fronteras peligrosas del Imperio: el Rhin, el Danubio y el Eufrates. Todas las guerras de Trajano son meditadas. Aplica en ellas un método lento, pero aplastante. Era valeroso, pero también calculador y prudente. Su obra bélica era la guerra germánica, la guerra dácica y la guerra pártica. «Y en las tres no puede decirse que llegó, vio y venció, porque antes de llegar había vencido ya. Había previsto. Toda su obra es pura previsión.»

En 1993 J. González coordinó un simposio internacional sobre Trajano, que prueba el interés de los investigadores hispanos por el tema. Incluso revistas de gran difusión entre el público no especialista han publicado estudios sobre aspectos fundamentales de la personalidad y la obra de Trajano, 1998, como *Historia 16.*

Según Roldán, Trajano dio un paso adelante en la transformación del régimen imperial hacia una monarquía absoluta. En opinión de este autor, a Trajano se debe una imponente actividad administrativa. Fue un gran constructor de ciudades y de edificios, también excelente militar, administrador de talento, preocupado por los problemas de la cultura, de la filosofía y de la estética. Fue un pragmático hábil y un teórico eficaz. Era, por naturaleza, sencillo, generoso, conformista, humano y de gran coraje. Amante de la caza y de los deportes, pero también vanidoso y bebedor.

Otros libros debidos a autores hispanos sobre Trajano conviene recordar. El primero de ellos es obra de P. González Conde, 1991; la autora estudia las guerras en tiempos de Trajano y de Adriano. Defiende que entre los años 110 y 111 se observa un cambio radical. Aparece un partido, opuesto a la guerra, que busca un sucesor y lo encuentra en Adriano. Es muy probable que los *Municii Natales* estuvieran implicados en esta corriente contraria a la continuación de la guerra. Durante el gobierno de Trajano sólo ocuparon puestos sin gran importancia como en *Pannonia* y vuelven a desempeñarlos con el gobierno de Adriano. Según P. González Conde se debe a la propaganda de tiempos de Adriano la idea estereotipada de un Trajano partidario de la expansión territorial por la fuerza de las armas y en busca de la gloria militar a todo trance, a imitación de Alejandro Magno. Esta visión sobre Trajano no ha prevalecido al final de la Antigüedad con Aurelio Víctor y Eutropio. A. Canto, 2003, ha analizado las raíces béticas de Trajano, partiendo de los *Traii* de la *Turdetania*, tesis que es de gran novedad y que tiene muchos visos de probabilidad, pues un mosaico bético, hallado en Itálica y fechado en torno al 60 a.C., menciona a un *Traius*.

Recientemente se ha celebrado un curso de verano, organizado por el Departamento de Historia Antigua de la UCM, sobre Trajano y su época, coordinado por los profesores J. Alvar y J. M. Blázquez, y un segundo en la Universidad de Navarra dirigido por la profesora C. Castillo. Las actas de ambas reuniones se publicarán próximamente.

Capítulo 2

LA HERENCIA DE NERVA A TRAJANO

Durante el corto periodo del gobierno de Nerva (96-98), Trajano ocupó los primeros cargos públicos de carácter militar. Es conveniente hacerse una idea muy clara de la situación del Imperio al subir Trajano al poder y del gobierno de su predecesor, para poder conocer bien los aspectos en los que Trajano continuó la obra de su predecesor en la que pronto introdujo novedades sustanciales. Trajano, en su programa, siguió el de los emperadores Flavios (69-96) y más concretamente, a grandes líneas, el de Domiciano (81-86).

Desempeño de cargos administrativos y religiosos

M. Cocceio Nerva, nacido probablemente en el año 30, descendía por parte de padre y de madre de familias nobles. Desempeñó numerosas magistraturas y cargos sacerdotales. Fue abogado de profesión. No tuvo ninguna experiencia militar antes de ser nombrado emperador. El día 18 de noviembre del año 96 fue asesinado Domiciano, el último emperador de la dinastía Flavia, fundada por Vespasiano, en una conjura en la que participó el círculo más allegado del emperador, como su esposa y el prefecto del pretorio, con algunos miembros destacados de la clase dirigente de la época. El Senado, inmediatamente, ratificó el nombramiento de Nerva, que había sido siempre un fiel sostén del poder vigente. Esta norma de conducta ya la había seguido apoyando a Nerón en la conjura de

Pisón. En el año 71 desempeñó el consulado por primera vez junto con Vespasiano, probablemente gracias a su vinculación con la dinastía reinante. En el año 90 volvió a desempeñarlo, esta vez al lado de Domiciano.

Numerosos personajes notables de la sociedad romana apoyaron la candidatura de Nerva, al igual que luego lo harían con la de Trajano. Entre otros destacan L. Julio Urso y Sexto Julio Frontino.

Nerva fue proclamado emperador por la guardia pretoriana, nombramiento que inmediatamente fue confirmado por el Senado, que concedió a Nerva el proconsulado, la *tribunitia potestas* y el título de Augusto.

Se ha pensado que el nuevo emperador agradaba al Senado por ser un miembro de este consejo; tenía 66 años, y por tanto su gobierno sólo podía ser de transición; además, no tenía ninguna vinculación con el ejército. Otro punto a su favor era que se trataba de un hombre de gran cultura, que carecía de herederos. El ejército, en el momento del nombramiento de Nerva, se encontraba subordinado al poder central, vinculación que se debía a la obra realizada por los emperadores de la dinastía anterior; por ello no dio ninguna muestra de rebelión, al contrario de lo que sucediera a la muerte de Nerón en el año 68, cuando los ejércitos, cada uno por su cuenta, nombraron a tres emperadores diferentes al mismo tiempo: Otón (68-69), Galba (69) y Vitelio (69).

Las legiones, después de algunos movimientos sin mayor importancia en *Pannonia*, aplacados por el retórico Dión Crisóstomo de un intento de amotinamiento de la *Legio XXI Rapax* en el 97, y quizá del intento secesionista del ejército acuartelado en Siria, se tranquilizaron al adoptar Nerva como sucesor a un general de prestigio como era Trajano.

Política de Nerva

Los inicios del gobierno de Nerva fueron totalmente diferentes a los de Trajano. No se puede encontrar dos personas más opuestas, por formación y por profesión, que Nerva y Trajano. El pueblo no se intranquilizó con la llegada de Nerva al poder, pues su recelo fue aplacado con un donativo de 75 denarios por cabeza, que era la cantidad que normalmente se repartía entre la población. Con el Senado adoptó otra postura para tranquilizarlo, al contrario de lo realizado por Domiciano, no condenó a muerte a ningún senador, dejando en manos del propio Senado la jurisdicción criminal relativa a sus miembros. Se desinteresó por la causa de los senadores acusados de denunciar a Domiciano. Impidió los excesos de algunos miembros de la asamblea, empeñados en castigar a los delatores.

Prohibió que los esclavos denunciaran a sus dueños y lo mismo hizo con los libertos con respecto a sus antiguos amos. A pesar de estas medidas, que debieron agradar a la mayoría de los senadores, estalló una conjura contra el emperador, capitaneada, junto con otros, por C. Calpurnio Pisón Crasso Fruti Liciniano, que finalizó con el destierro a Tarento del jefe de los conjurados.

Sin embargo, Nerva no fue un fiel seguidor de los deseos del Senado, ya que su programa administrativo y financiero tendía a favorecer los estratos más bajos de la sociedad romana, como haría luego también Trajano.

Nerva tomó otras medidas que le hicieron muy popular, como traer del exilio a los desterrados por Domiciano, a los que devolvió, en la medida de lo posible, los bienes confiscados. Prohibió las acusaciones de impiedad y de judaísmo. Saneó las costumbres matrimoniales al prohibir que se pudieran contraer nupcias con los nietos.

También ordenó que se fundieran las estatuas fabricadas en metales preciosos dedicadas a Domiciano y hacer de ellas otras dedicadas al emperador. Readmitió a los pantomimos. Obligó a los *consules suffecti* a una mayor rotación, mantuvo en vigor algunas decisiones dictadas por Domiciano, como respetar los privilegios y los beneficios concedidos y prohibir el destierro a los corruptores de las vestales.

También entregó los cargos importantes a personas dignas y capacitadas para desempeñarlos. Nombró a Frontino *curator aquarum*, a Plinio el Joven *prefecto del erario* de Saturno y envió a Trajano a Germania Superior.

Política económica

Nerva dictó algunas medidas importantes en el campo de la economía, como reducir los gastos de los sacrificios y espectáculos, que Trajano no siguió. Vendió parte de los bienes propios e imperiales, algo que Trajano tampoco imitó. Nombró una comisión del Senado compuesta por *quinqueviri* para disminuir los gastos públicos.

Con la gran mayoría de las estatuas de Domiciano, confeccionadas con materiales preciosos y que había ordenado fundir, fabricó monedas.

Tomó otras medidas de carácter económico, como abolir los tributos añadidos a las ciudades multadas. Aumentó las exenciones a las ciudades nombradas recientemente de la *vicesima hereditatum*, entre padres e hijos por patrimonio no superior a 100.000 sestercios. Redujo los impuestos a los hebreos. Creó un pretor para las causas que aparecían entre los privados y el fisco.

Programa social

No introdujo novedades en los gastos de carácter social. Repartió entre la población 75 denarios, como donativo y congiario, en su proclamación imperial y unas *sportulae* de 125 denarios a los que estuvieran presentes en su funeral. Tomó dos medidas importantes para Italia, ya planeadas por Domiciano. Italia estaba arruinada económicamente y en parte despoblada, debido a la progresiva extensión de los latifundios. La primera medida consistió en una verdadera ley agraria, que pretendía crear una nueva pequeña propiedad. La segunda medida, que recibió el nombre de «institución alimentaria», remonta a Domiciano y fue llevada también a la práctica por Trajano. Creó una caja para mantener a muchachos pobres de condición libre con dinero obtenido de los intereses que producía el capital entregado a los propietarios agrícolas, o de créditos recibidos del Estado romano o del emperador. Se aseguraba así un pequeño capital para el comienzo de la mayoría de edad. Esta medida tenía un precedente en una ley de Samos del siglo II a.C.

Política constructiva y viaria

Nerva levantó nuevos edificios públicos o restauró los que existían. Esta política constructiva o reparadora y viaria fue seguida por Trajano. Ambos emperadores la extendieron a todo el imperio. En Roma, Nerva completó el Foro Trajaneo, comenzado a construir por Domiciano. Restauró, igualmente, el anfiteatro flavio, los acueductos y construyó *horrea*.

Los anfiteatros, al igual que los teatros y circos, eran los edificios donde se celebraban los únicos espectáculos de masas del Imperio romano que eran, en origen, rituales en honor de la tríada capitolina, Júpiter, Minerva y Juno, como lo indica la ley de la fundación de la colonia *Urso* (Osuna) del año 44 a.C. Por este carácter religioso los atacan los escritores cristianos, como Novaciano (siglo III), Tertuliano (mediados del siglo II), Juan Crisóstomo (347-407) y Salviano de Marsella (390-450). Este carácter religioso se conservó hasta el siglo v.

La traída de agua a las grandes ciudades fue uno de los grandes éxitos del Imperio romano. Algunos acueductos como el de Segovia han llegado en uso hasta el día de hoy.

También restauró la canalización del Tíber que, con frecuencia, inundaba la capital debido a sus crecidas, ocasionando grandes daños. Ayudó en sus necesidades a muchas ciudades de Italia como Ostia, *Tusculum*, *Antium*, *Veleia*, *Volsini*, *Augusta Taurinorum* y otras. Trajano igualmente demostró especial interés por las ciudades itálicas. Restauró las vías *Appia* y *Salaria*, política viaria también continuada por Trajano, y construyó otras nuevas en *Campania* y en la *Marsica*. En Hispania, a juzgar por una inscripción, construyó el *castrum*, de la *Legio VII Gemina*, asentada en la actual ciudad de León. Restauró las calzadas de la *Via Augusta* y de *Asturica Augusta* (Astorga), fundación de las guerras cántabras (29-19 a.C.), que era la capital del importante distrito minero aurífero del noroeste. En los Alpes, Nerva construyó un acueducto y prestó atención a las calzadas de Gallia, Germania y *Pannonia*. Esta misma política viaria fue continuada por Trajano en la provincia romana de Asia y en Palestina. Esta política viaria de Nerva no sólo fue mantenida por Trajano en Italia, sino también fuera de la península Itálica. En el norte de África a la época de Nerva se atribuye la construcción de la calzada de *Tacape* a *Leptis Magna*. Los gastos en todas estas construcciones o reparaciones de calzadas debieron ser altos, ya que la situación económica a la muerte de Domiciano era mala.

La red viaria fue una de las grandes herencias del Imperio romano, junto con el derecho, al mundo posterior. Roma cubrió el imperio de una tupida red de calzadas, cuyo trazado en su mayoría ha llegado activo hasta el siglo XXI. Las calzadas favorecieron las relaciones entre los pueblos, el fomento del comercio, las relaciones culturales, la propagación de las religiones mistéricas y del cristianismo, y el correo que estaba muy desarrollado.

Política militar

Son escasas las noticias transmitidas por las fuentes sobre la actividad militar, durante el corto periodo del gobierno de Nerva. Trajano, que en tiempos de Domiciano había sido trasladado al Rhin, en Germania Superior, fue enviado con una legión desde Hispania, contra Saturnino. Nerva en el año 97, por alguna victoria de Trajano, obtuvo el título de *Germanicus*, título que poco después fue a parar a Trajano, al ser nombrado corregente. Nerva condecoró al legado de Germania Inferior, T. Vestricio Surinna, con el honor de una estatua. En el año 98 obtuvo el segundo consulado en premio por haber colocado en el trono al príncipe de los bructeros.

Nerva, el Senado y los pretorianos

Nerva sostuvo siempre unas relaciones excelentes con los pretorianos, relación amistosa que fue importante para la adopción de Trajano por Nerva. Trajano, siguiendo la política de Nerva, mantuvo óptimos vínculos con el Senado y los pretorianos. Dos prefectos del pretorio, Petronio Secundo, y Partenio, que eran los dos más importantes asesores de Domiciano, fueron asesinados pensando con esta muerte congratularse con Nerva. El senador Calpurnio Crasso capitaneó una conjura contra Nerva, que se contentó con desterrarlo.

La adopción de Trajano

Las victorias militares de M. Ulpio Trajano en Germania Superior no movieron a Nerva a adoptarlo como sucesor.

No existía ningún lazo de sangre entre el adoptante y el adoptado en este caso. La adopción al trono sólo se basaba en que en aquel momento era el mejor para desempeñar la suprema magistratura, el cargo de emperador, del imperio, como puntualiza Plinio el Joven, en su *Panegírico*.

Plinio recuerda que en tiempos pasados se hicieron algunas adopciones para complacer a la esposa. El que adoptó a Trajano era el mismo *princeps*. Con esta adopción el divino Nerva se convirtió en el padre en base al principio de que el emperador era el padre de todos los ciudadanos. De este modo, y no de ningún otro, debe elegirse un hijo, cuando el que lo elige es el *princeps*. «¿El que hace entrega del Senado, del pueblo romano, de los ejércitos, de las provincias y de los aliados, a otra persona, debe buscar el sucesor en la familia de la esposa; debería, quizá, buscar al que heredase el poder más grande sólo en el interior de la propia casa? —se pregunta Plinio el Joven—. ¿No debería mirar a la totalidad de la ciudadanía y considerar su pariente más próximo, al que él juzga ser el mejor, el más semejante a los dioses? —sigue preguntándose Plinio el Joven—. El que debe reinar sobre todos, debe ser elegido por todos —puntualiza Plinio—.» Éstos son los criterios seguidos en la adopción de Trajano por Nerva, según el amigo del emperador. Como ya demostraron, en 1985 y 1998, Strobel y Christ, en 1992, la adopción como solución institucionalizada para acceder al trono imperial era sólo una fachada. El mismo Plinio, en opinión de Strobel, no defendía en su *Panegírico* que la adopción representase un concepto político filosófico de validez absoluta, como se desprende de que al final del *Panegírico* Plinio pide a Júpiter, padre de los hombres y de los dioses, y dios supremo del panteón grecorromano, que el sucesor de Trajano sea un hijo de sangre del emperador. La sucesión mediante la adopción era la prueba de que el principio dinástico era una realidad reconocida. La adopción, desde su origen, algo que se mantuvo en los casos sucesivos, estaba subordinada al principio dinástico. La adopción de Trajano, como sucesor de Nerva, justificaba la sucesión al trono que no tenía una legitimación dinástica. La personalidad de Trajano quedaba, mediante este procedimiento, elevada desde el punto de vista religioso y político. Así la adopción quedaba sublimada desde el punto de vista propagandístico e ideológico al elegirse al mejor.

Era también una adopción divina, al realizarla Nerva, que obraba como ministro de los dioses, y concretamente de Júpiter.

La adopción tenía, pues, un carácter religioso. Estaba legitimada por la voluntad de los dioses, y más concretamente por la deidad suprema del Estado romano. En opinión de Strobel, en el *Panegírico* de Plinio en honor de Trajano, el elemento central de la justificación ideológica consistía en la creencia de que se nombraba al mejor como soberano y representante de Júpiter en la Tierra, por intervención de los dioses, elección divina que eliminaba toda duda sobre la legitimidad del nuevo emperador. Plinio el Joven recalca que Trajano, desde el comienzo de su gobierno, alcanzó el rango divino, junto a su padre adoptivo divinizado, que de este modo se convertía en su padre carnal.

Sólo después de la consagración divina de Nerva por Trajano, que probablemente tuvo lugar al comienzo del año 113, Nerva está representado en las monedas siempre en compañía de Ulpio Trajano, padre. La adopción fuera de la familia recibió una notoria oposición por parte de los intelectuales. La adopción era una idea discutida en los escritos filosóficos de la época. Estas discusiones en las que se involucraron filósofos pitagóricos, estoicos y populares, considerados representantes de los cínicos, tenían un contenido político, y por eso Domiciano expulsó a todos los filósofos de Roma. La adopción respondía a las ideas que predicaba Dión Crisóstomo de que Dios elige, por ser el mejor de los hombres, al emperador y éste al sucesor. Trajano, Adriano y Marco Aurelio respondieron a la exigencia de este pensamiento filosófico de la época. El ejercicio del poder político era una carga impuesta por Dios. El emperador es el primer servidor del Estado. Se trata de una concepción liberal y religiosa con tendencia al sincretismo, desarrollada por el filósofo Epicteto (50-138).

Los historiadores han propuesto unánimemente que la adopción de Trajano por Nerva obedecía al hecho de que se trataba de un excelente general. Strober, por el contrario, sostiene que la adopción no responde al hecho de que se tratara de un general que gozaba del apoyo del ejército, ni a que fuera el candidato de los militares o de los generales. Al ser adoptado no pertenecía al grupo de los *viri militares*. La carrera militar de Trajano, antes de la adopción, no permite esta interpretación. La única intervención militar conocida se daba en el año 89. Tuvo lugar en Maguncia al frente de la *Legio VII Gemina* contra la revuelta capitaneada por Saturnino. Antes de esa fecha, recuerda Strober, Trajano no había desempeñado el cargo de gobernador de provincia, ni había participado en las campañas militares de *Pannonia* en tiempos de Domiciano. En el año 91 fue nombrado cónsul, como recompensa por su fidelidad demostrada en el 89. Al desempeño de esta magistratura seguiría, probablemente, un encargo en Roma. Para Strober, habría que incluir a Trajano entre el círculo de adeptos a Domiciano. Es muy inverosímil que en los últimos años de este emperador, de Domiciano, Trajano formase parte del círculo de opositores del Senado, hipótesis que es muy aceptable.

Plinio, en el *Panegírico*, enmascara esta falta en el desempeño de cargos importantes por parte de Trajano. En este escrito aparece como el soldado nombrado por el emperador, el conmilitón de la tropa y de los oficiales; en suma, una figura de excepcionales prendas, que se podía medir con los grandes líderes de la antigua República.

Es muy discutible la fidelidad de Trajano demostrada con motivo de la revuelta de Saturnino. Sí había probado, en esta ocasión, capacidad militar, y Plinio reconoce esta capacidad y presenta a Trajano como *vir militaris* que accede al trono imperial. Esta idea ha prevalecido entre los historiadores hasta el día de hoy, pero es una construcción ideológica y una propaganda del régimen presentada por Plinio y contribuyó a una posterior elaboración de conceptos relativos a tal superestructura ideológica. Hasta la primera y segunda guerra dácica, los términos ideológicos que se hallaban en la base del concepto de *imperator invictus* responden a la realidad de los hechos.

Se ha supuesto que el influjo del hispano L. Licinio Sura, que fue la mano derecha de Trajano durante su gobierno, estuviera en la decisión tomada por Nerva. Ésta es la tesis, bien documentada y muy aceptable, que presentan A. Canto y P. González Conde.

Los tipos de adopción imperial, que se habían dado en Roma antes de Nerva, eran tres. Dos llevados a cabo por Augusto, y uno por Galba.

Augusto había buscado un descendiente entre sus familiares más jóvenes y próximos a su persona, como Cayo, Lucio o Marcelo; o bien en personas más alejadas de la familia, pero ya famosas por sus hechos, o por ser parientes indirectos, como Agripa (63-12 a.C.), Druso (38-9 a.C.) y Tiberio (14-37), que sería finalmente quien le sucedería. El primer sistema de Augusto se aplicó años después en la sucesión de Tiberio por parte de Calígula (37-41) y en la de Claudio por Nerón (54-68).

Galba, excelente gobernador de la provincia Tarraconense, en época de Nerón, a pesar de tener parientes, siguió el concepto, grato al Senado, de nombrar sucesor al mejor de toda la República, que era en su opinión L. Calpurnio Pisón Liciniano, que tenía el inconveniente grave de no ser del agrado del ejército, que apoyaba a Marco Salvio Otón, excelente gobernador de Lusitania.

Nerva comunicó la noticia de la adopción de Trajano, sin haberla dado antes a conocer a nadie, el 27 de octubre del 97, cuando hacía un sacrificio a los dioses, en agradecimiento por la victoria alcanzada sobre los germanos.

El Senado, cogido de sorpresa, aceptó la adopción y la ratificó. En la adopción de Trajano se cometieron dos irregularidades: el elegido no estaba presente, y no era itálico. Nerva comunicó la noticia a Trajano por carta y le envió como regalo una piedra preciosa. Poco después, su cuñado Adriano (117-138) comunicó a Trajano la satisfacción por el nombramiento de las legiones acuarteladas en *Moesia*.

En enero del 98, se le nombró, a pesar de que todavía se encontraba fuera de Roma, cónsul con Nerva y recibió la *tribuni-*

tia potestas ese mismo día. En el año 98 moría Nerva, cuando acababa de cumplir 67 años, en su finca de los *Orti Salustiani*. Sus cenizas fueron depositadas en el mausoleo de Augusto. Pronto fue divinizado por orden de Trajano.

Luchas por el poder

Por la sucesión de Nerva peleaban dos facciones, lucha por el poder que ya se había dado a la muerte de Domiciano. Por una parte estaba la facción que apoyaba a M. Cornelio Nigrino Curiatio Materno, gobernador de Siria y excelente general en tiempos de Domiciano. El partido opuesto estaba capitaneado por Julio Urso y por Frontino, que favoreció a M. Ulpio Trajano, que formaba parte de los colaboradores más íntimos del emperador asesinado. Probablemente, a la muerte de Domiciano, ya había sido considerado como posible candidato a la sucesión del Imperio. Nerva, en un principio posiblemente no pensó en Trajano.

G. Alföldi, H. Hoffmann y E. Kunzl han publicado una inscripción hallada en el *Municipium Liria Edetanorum* (Valencia), que contiene la carrera de un oficial del ejército romano que obtuvo dos *coronae vallares*, dos *coronae murales*, dos *coronae classicae*, dos *coronae aureae*, dos *hastae purae* y ocho *vexilla*. Este número elevado de condecoraciones militares, obtenidas en la guerra dácica, como recuerdan los editores de la inscripción, sólo lo han obtenido cuatro senadores: un desconocido de la época de Vespasiano; L. Licinio Sura en tiempos de la guerra dácica de Trajano; C. Aufidio Vittorino y T. Pomponio Próculo Vitrasio Pollión que participaron en las campañas danubianas en tiempos de Marco Aurelio (161-180).

Algunas alusiones en las fuentes mencionan a un ambicioso comandante de las legiones de Oriente, que aspiraba a suceder a Nerva. Según los autores anteriores, este aspirante al trono imperial era Marco Cornelio Nigrino Curiatio Materno, cuyo *currículo vital* se conoce por una inscripción de Liria.

Debió nacer en torno al 40. Su espléndida carrera militar fue: tribuno militar de la *Legio XIIII Gemina*, bajo Vespasiano y Tito (39-81), *legatus legionis VIII Augustae*, en *Argentorate* (Estrasburgo), posiblemente en los años 75-78 y gobernador de la provincia de *Gallia Aquitania*. Era uno de los *homines novi* procedente del ordo ecuestre, que Vespasiano llevó al Senado. En el año 83 fue *cónsul suffectus*. Participó activamente en la guerra dácica, que hizo Domiciano. Como recompensa el emperador le nombró gobernador de *Moesia*. En el año 85 Domiciano le envió a *Moesia* saqueada por los dacios. En el año 86 el propio Domiciano tomó la dirección de la guerra junto al prefecto del pretorio Cornelio Fusco. Al final de la guerra, en el 89, M. C. Nigrino permaneció en el frente dacio. Fue nombrado primer gobernador de *Moesia* y, en el 96, representante de *Moesia Inferior*. No se tiene ninguna noticia de su actividad entre los años 89 y 93. No antes del 94/95 fue *legatus Augusti propraetore*, o sea, gobernador de Siria, uno de los cargos más importantes del Imperio.

Plinio, en una de sus cartas, alude a las ambiciones de un comandante de las legiones de Siria, que la investigación posterior ha identificado con este personaje.

En el año 97, el gobernador de Siria fue sustituido por el comandante de la legión, A. Larcio Prisco. Se desconoce con qué apoyos contaba en el Senado. Con la adopción de Trajano al trono imperial, Marco Cornelio Nigrino Curiatio Materno desapareció de la escena política y volvió a Hispania.

Nerva debió ser presionado, quizá por L. Licinio Sura, como ya hemos adelantado, y el año 97 Trajano obtuvo el mencionado gobierno de Germania, que tenía la gran ventaja de que contaba con una guarnición de tres legiones. Cuando Trajano, antes de partir para Germania, cumplió los votos a los dioses, la muchedumbre le aclamó como si fuese ya emperador. Plinio, en su *Panegírico*, ha cambiado esta aclamación popular en un presagio de los dioses, cuando en realidad se trata de una demostración política de los ciudadanos que apoyaban su candidatura al poder.

El partido contrario a las aspiraciones de Trajano como sucesor probablemente forzó a Nerva a tomar la decisión, lo que motivó la rebelión de los pretorianos guiados por el prefecto Casperio Eliano, de proclamar la adopción de Trajano y a nombrarle César. La divulgación de la adopción y el nombramiento de César eran un acto público mediante el cual formalmente quedaba nombrado sucesor, confirmado por la asamblea presente en el Capitolio y por las imágenes de los dioses, en representación del Senado y del pueblo. Se daba, pues, el *consensus universorum*, necesario para legitimar la adopción, confirmada por el Senado. Se le concedió el título de César; se le nombró emperador, nombramiento que le hacía corregente; finalmente se le otorgó la *tribunitia potestas* y el *imperium proconsular maius*.

Capítulo 3

RELACIONES FAMILIARES DE TRAJANO

La familia de Trajano

Los estudios más recientes sobre la familia y los orígenes remotos de Trajano, y a la vez los más revisionistas, se deben a Alicia M.ª Canto, una de las mejores conocedoras sobre Itálica y sus emperadores.

En recientes trabajos de 1998 y 2002-2003 esta autora resume en primer lugar las muchas oscuridades que rodean a los familiares más directos del emperador antes de su llegada al trono: desconocemos casi todo sobre sus abuelos paternos y maternos, padre, madre, hermana o hermanas, sobrinas, primos, primas, y hasta sobre su esposa, de la que no hay certeza ni siquiera en cuanto al origen familiar, que se viene suponiendo galo nimés. Todo ello parece confirmar la sentencia de Eutropio acerca de que era una *familia antiqua magis quam clara* («más antigua que noble»). Del mismo modo, Canto recuerda el consenso casi unánime de la moderna historiografía al afirmar que la *origo vetustior* o más antiguo solar de Trajano se encontraba en Italia. De allí, y concretamente de la ciudad de *Tuder* (hoy Todi, en la Umbría), sería desde donde la familia Ulpia vendría emigrada a Hispania, como la Aelia de su sobrino-nieto Adriano, en tiempos de Escipión. Estas ideas fueron muy reforzadas por R. Syme en 1954, al detectar la existencia en Todi de un epígrafe (*CIL* XI, 4686) con un individuo de (supuesto) apellido *Traius*.

La persistente opinión favorable al origen italiano, e incluso a la minusvaloración del origen hispano de Trajano, dice Canto,

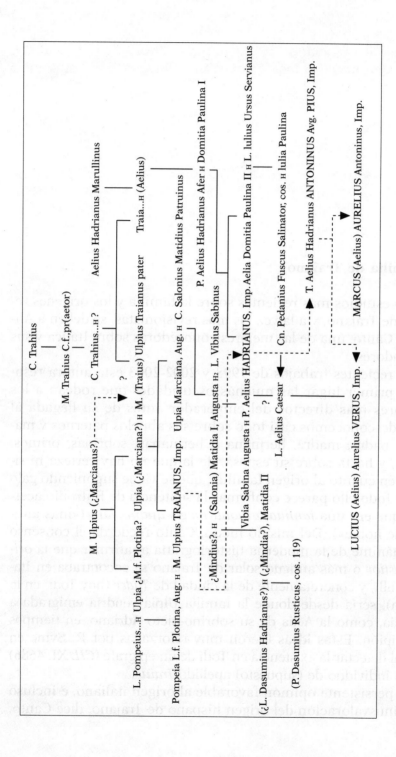

Fig. 3.1. *La familia del emperador Trajano.*

ha acabado propiciando que algunos autores, como el alemán W. Eck, den un paso más y sugieran incluso, aunque sin aportar prueba alguna, el nacimiento de Trajano en Roma y no en Itálica, ciudad que, dice este historiador, «seguramente ni siquiera visitó en su vida». O también, cuando el origen italicense inmediato se admite, el presentarlo como objeto de escarnio o mofa, como ocurre en la reciente edición de la prestigiosa *Cambridge Ancient History* (2000), donde la británica M. Griffin afirma que «... Trajano venía de Itálica... pero los Ulpii mismos eran de origen italiano... de la ciudad de Tuder... Dión (Casio) refleja la sensación contemporánea de desprecio («sneer») porque Trajano era un español... aunque en la realidad Trajano no era un hispano, sino un hispaniense...». Puntos de vista uno y otro que no pueden ser admitidos, ni admisibles, desde la documentación realmente existente.

Una vez presentado el problema en todos sus términos, la autora se centra primero en el más importante de los textos antiguos que nos informan sobre la ciudad de origen de Trajano y sobre sus ancestros paternos. Se trata del resumen o *Epítome sobre los Césares*, debido a un anónimo compilador del historiador Sexto Aurelio Víctor que, en la versión filológicamente más aceptada, dice: *Ulpius Traianus, ex urbe Tudertina, Ulpius ab avo dictus, Traianus a Traio paterni generis auctore vel de nomine Traiani patris sic appellatus, imperavit annis viginti* («Ulpio Trajano, natural de la ciudad de Tuder, llamado Ulpio por su abuelo, y Trajano por Trayo, fundador del linaje paterno, o por el nombre de su padre, reinó veinte años»).

Éste es el texto antiguo que Canto somete a una exhaustiva revisión. Comienza por defender la corrección de la ciudad natal, desde el *ex urbe Tudertina* («natural de la ciudad Tudertina») que figura en los manuscritos, hasta un *ex urbe Tu<rdeta>na* («natural de una ciudad turdetana»), para lo que aportará después sucesivas pruebas. En los últimos cuatro siglos, esta propuesta sobre el error de origen en el arquetipo del manuscrito ha sido defendida sólo en tres ocasiones anteriores: en 1600 por Justo Lipsio, en 1868 por J. Dierauer y en 1974 por J. Schlumberger, sin ser secundados en general, salvo escasas excepciones, y sin que sus argumentos convencieran a los historiadores, que siempre fueron y siguen siendo mucho más partidarios, como en otros muchos aspectos del brillante siglo II d.C., de vincular de algún modo a Trajano con Italia. La autora añadirá ahora algunos otros.

La posición mayoritaria a favor de creer en el *ex urbe Tudertina*, dice Canto, no tiene en cuenta sus diversos problemas: la lectura del citado epígrafe de Todi, perdido de antiguo, no es segura, y lo que se mencionaba era probablemente un *Attius*; el término *urbs* no es correcto para definir a una ciudad italiana, pero sí se documenta para Itálica (tanto en el modelo del Epitomador, Aurelio Víctor, como epigráficamente); y, sobre todo, como se puede demostrar por textos e inscripciones, los naturales de *Tuder* no se llamaban *Tudertini* (por tanto, tampoco el gentilicio de la ciudad), sino *Tuderni* y *Tudertes*.

En favor de la lectura *ex urbe Tu<rdeta>na*, en cambio, la autora argumenta que la Turdetania no era, como recientemente se ha vuelto a decir, un término «obsoleto», sino en vigor y usado en esta época y después, principalmente en una fuente geográfica tan importante como Ptolomeo, que relaciona a Itálica, a mediados del siglo II d.C., con otras cuarenta ciudades turdetanas; que esta forma de expresar un lugar de nacimiento coincide con la habitual en el Epitomador; y que puede comprobarse, comparando los textos de Aurelio Víctor y de su extractador, que ambos copiaron la información sobre el nacimiento de Trajano de otro autor anterior que la daba más completa, posiblemente así: *...ortus ex Italica, urbe Turdetana Hispaniae.* Pero lo más importante, concluye Canto sobre este punto, es que *ex urbe Turdetana*, es decir, originario y nacido en la provincia Bética, es confirmado por los datos ofrecidos en otros autores, como Dión Casio, Herodiano y Aurelio Víctor, cuando afirman que Trajano, a efectos de sus orígenes, era un *álloethnès*, un *advena* y un *externus*, esto es, un hombre «de otra raza» y un extranjero —aunque fuera romanizado, senador y cónsul—, que es lo que admiró a Dión Casio cuando Nerva designó a Trajano como sucesor, porque por primera vez un verdadero «provincial», de ancestros locales, llegaba al trono de Roma.

Dilucidada la cuestión de la procedencia, el estudio continúa con un detenido análisis del resto del texto del Epitomador, esto es, lo relativo a su padre, abuelo y origen del nombre *Traianus*, así como, para los demás miembros de la familia directa del emperador, de los a veces escasísimos datos que sobre ella se conocen (por ejemplo, de su madre, de la que no se sabe seguro absolutamente nada), y comienza un repaso a cada uno de esos familiares, lo dicho y lo que aún puede averiguarse sobre ellos, llegando finalmente a una serie de innovadoras conclusiones. Las principales de ellas, en extracto, son:

1. El párrafo citado del *Epítome sobre los Césares* debe ser reinterpretado en su sentido literal, esto es, dando por *avus* (abuelo) y como *auctor* (fundador) del linaje paterno de Trajano no a dos Ulpios, sino a sendos Trayos. El nombre *Traianus* de Trajano se debía a que la familia paterna de origen del futuro emperador no era la familia o *gens Ulpia*, sino la *Trahia* (más tarde *Traia*).

2. La citada *gens Trahia* no procedía de Italia, y por tanto no llegó a Hispania con los contingentes romanos o itálicos, ni en el 206 a.C. ni más tarde, sino que era de origen turdetano puro, según demostrarían a juicio de la autora tanto la práctica ausencia en Italia de *Traii* en la República y el Imperio como la existencia del vocablo agrícola, de muy posible origen hispano meridional, *trahea/traha* (cuya raíz y evolución analiza), que coincide con la presencia de *Traii* de forma casi exclusiva en la provincia Ulterior o Bética.

3. Ampliando lo anterior, puede probarse que la familia o *gens Traia* se documenta rarísimas veces fuera de Hispania y que, dentro de ésta, al menos 11 de los 12 casos conocidos (si no los 12) proceden de la Bética.

4. Según la autora, los *Trahii* serían un ejemplo de las élites indígenas admitidas por los romanos a la cohabitación o «sinoicismo» en las fundaciones romanas de primera época, por su prestigio, riqueza o posición social previos. Analiza en este sentido los casos de Itálica (205 a.C.), Córdoba (fechado por ella hacia 200 a.C.) y Carteya (171 a.C.), todos ellos sinoicísticos. Por ello la romanización de la familia y su integración completa, en la vida de la ciudad, tuvieron que ser tempranas y profundas.

5. La mayor antigüedad y el prestigio de tal *gens Traia* pueden probarse a la vez sólo y precisamente en Itálica, la patria de

Trajano, en una fecha aproximada entre loa años 100-70, como máximo el 50 a.C. El que para la autora sería el cuarto o quinto abuelo paterno de Trajano, *M. Trahius C.f.*, era ya *praetor* de Itálica en la fase de la ciudad como colonia de derecho latino, y tenía a la vez influencia política y capacidad económica, según demuestra un importante pavimento de *opus signinum* republicano hallado en 1984 en la zona del foro viejo, que ella acaba de revisar y redatar hacia tal fecha (no en la de Augusto, como todos los autores han venido haciendo).

6.   El *avus* o abuelo del emperador Trajano, tal como alude a él el Epitomador de Aurelio Víctor, tiene que ser el paterno. Por lo tanto, el *cognomen Traianus* que llevaba ya el padre de Trajano, por no poder proceder de un topónimo (como sí *Hadrianus*, de la ciudad picena de *Hadria*), tiene que deberse a una adopción legal en época muy próxima a la del emperador. Canto sugiere entonces, con apoyo otra vez en el texto precitado, que el padre de Trajano, luego famoso general flavio, fue un *Traius* de origen, y debió de contraer matrimonio con una de las hijas de un *M. Upius ¿Marcianus?*, italicense (éste sí posiblemente descendiente de inmigrantes o italiotas), entroncado con los prestigiosos Marcios, uno de los cuales, magistrado, se documenta como italicense en época tan antigua como los años 143-142 a.C.

7.   El nombre de la madre de Trajano, pues, pudo ser *Ulpia Marciana, M.f.*, y ello explicaría tanto el mismo nombre en la hija que conocemos (la hermana de Trajano), como la denominación de las fábricas de ladrillo o *figlinae Marcianae*, que más tarde aparecerán siempre vinculadas al patrimonio imperial.

8.   A su vez la autora sugiere que una segunda hermana de Trajano padre, una *Traia*, casada con un Lucio Domicio de Gades, pudo ser la madre de *Domitia Paulina* I y futura abuela de Adriano, con lo que se eliminaría la aparente contradicción entre dos afirmaciones contenidas en Eutropio («Adriano era hijo de una prima de Trajano») y en la *Vida de Adriano* de la *Historia Augusta* («... era hijo de un primo...»).

9.   La hipotética madre de Trajano, *¿Ulpia Marciana?*, pudo tener otra hermana —por tanto una *matertera* o tía materna del emperador— que podría identificarse con una rica *Ulpia Plotina*, también *M.f.* («hija de Marco»), documentada al comienzo de la

época de Vespasiano en tablillas *(tabulae ceratae)* de Herculano (junto a Pompeya), con varios esclavos y libertos; puede establecerse en una de dichas *tabulae* su conexión con el liberto de un *Salonius*; *Salonius* se llamó el marido de la hermana conocida de Trajano, y de su nombre el de la que sería sobrina de Trajano y de ella, la célebre *(Salonia) Matidia Augusta* la Mayor, tan amada por Trajano y Adriano.

10. Sería esta misma *Ulpia Plotina* la que, a través de su matrimonio con un *L. Pompeius* (documentados en época republicana en la Bética, y con un ejemplo muy significativo en Itálica), habría tenido como hija a la más tarde emperatriz *Pompeia L.f. Plotina*, la esposa de Trajano. La emperatriz Plotina no sería, pues, natural de la francesa Nîmes (como sin base sólida se viene suponiendo), sino italicense o al menos bética (sólo H. Temporini supuso que bética, como más lógico), y prima carnal de Trajano. Para reforzar esta última idea la autora alega la frecuencia del matrimonio entre primos entre los senadores y emperadores originarios de esta provincia hispana.

11. Termina el estudio con un nuevo *stemma* o árbol genealógico que recoge todas sus propuestas (y alguna otra ya avanzada por ella en 1991, como el parentesco de Adriano con los *Dasumii* italicenses, por vía de su prima Matidia II).

El conjunto de este estudio probaría razonablemente bien la frase del Epitomador, así como el aserto del cronógrafo tardío Eutropio: que la de Trajano era una familia «más antigua que noble». Ya que los tres troncos que dieron lugar a ella, los Trayos, los Marcios y los Ulpios, eran familias antiguas y distinguidas dentro de la élite municipal de Itálica, y habían participado incluso en la gobernación municipal y provincial de la *Hispania Ulterior* durante la República. Aunque su rastro se podía seguir durante mucho tiempo atrás, y seguramente habían sido muy ricos durante muchas generaciones, para poder pasar a ser contados entre la verdadera nobleza romana, esto es, para ser *clari* o *clarissimi* —miembros del Senado de Roma—, tuvieron que esperar, como muchas otras familias hispanas, a los reinados de Claudio, Nerón, Vespasiano-Tito y Domiciano, que les trajeron su ennoblecimiento senatorial y su definitivo ascenso a las verdaderas élites. Cuando estas familias poderosas se van imbricando en el tejido político y social de Roma, y mucho más a partir del ascenso de emperadores italicenses y por tanto provinciales (novedad que Dión Casio constata al admirarse del sentido del bien común de Nerva al elegir a Trajano), puede empezar a hablarse, no sólo de la existencia de un «partido español», sino también (según el nuevo concepto sugerido por la autora en 1998), de la «hispanización» de Roma. Hasta aquí sus principales novedades y propuestas.

Dinastía Ulpia Aelia

Tradicionalmente los historiadores de la Roma antigua han utilizado y utilizan diversas definiciones para caracterizar el siglo de gobierno, bastante homogéneo, que comenzó con Nerva y Trajano (96-98 d.C.) y que E. Gibbon caracterizó en 1776 como «la mejor centuria de la historia del mundo». Dichas definiciones son principalmente las de «los Antoninos», «los Buenos Emperadores», «los Emperadores Adoptivos» y «el Apogeo del Imperio», o combinaciones de ellas.

Se publicará próximamente en la revista *Gerión* de la Universidad Complutense de Madrid (n.º 21/1, 2003, en prensa) una reflexión sobre el problema historiográfico que en realidad subyace bajo tales definiciones y tanta diversidad, seguida de una detallada revisión de los problemas que presenta cada una de ellas. El estudio, muy crítico con los orígenes de estas caracterizaciones convencionales, se debe a Alicia M.ª Canto, siendo su título «La dinastía Ulpio-Aelia (96-192 d.C.): Ni tan "Buenos", ni tan "Adoptivos", ni tan "Antoninos"».

En este trabajo se sistematizan una larga serie de objeciones (algunas apuntadas ya en anteriores trabajos suyos desde 1991) sobre todo a las tres primeras de las definiciones clásicas, de las cuales la autora considera sin duda la más injusta históricamente la de los «emperadores antoninos» o «época, dinastía antoniniana», que es también la más extendida y utilizada desde hace siglos en manuales, monografías y artículos de todo tipo, y que la autora estima especialmente inadecuada para aplicarla a los propios Trajano o Adriano, como con tanta frecuencia se ve hacer, pero también a los demás llamados «Antoninos», que debían más bien ser llamados «Ulpio-Aelios». La conformidad con sus principales conclusiones y el interés por la reflexión que a raíz de ellas se nos propone sobre este problema justifican el interés de insertar aquí un avance en resumen de dicha investigación inédita y sus premisas.

A diferencia de con los Julio-Claudios, Flavios o Severos, los historiadores de Roma no se ponen de acuerdo en cómo agrupar y denominar a los emperadores del siglo II d.C. Las definiciones más utilizadas por las diversas escuelas desde el siglo XVIII son «los Antoninos», «los Buenos Emperadores» («the Good Emperors» o «the Five Good Emperors», según se presenta en el mundo anglosajón) y «los Emperadores Adoptivos» («die Adoptivkaiser», ya que es preferida por autores alemanes).

Según Canto, la propia discrepancia en la forma de llamarlos y de agruparlos (en lo que tampoco existe consenso), que no se produce con otras dinastías o épocas de la historia de Roma, ya delata el grave problema historiográfico de fondo que subyace tras ellas, pues es obvio que ninguna ha conseguido convencer plenamente a la totalidad de los estudiosos. A pesar de su amplísimo uso y longevidad, todas las definiciones son más o menos insatisfactorias a la hora de incluir, excluir y reagrupar a los emperadores, y se ven contradichas por los hechos y por al menos medio centenar de fuentes antiguas (reunidas en el trabajo), lo que sugiere su inexactitud. Los principales métodos y sus problemas serían éstos:

SUCESIÓN CRONOLÓGICA SIN RELACIÓN INTERNA APARENTE

Una primera manera de analizar los historiadores a estos emperadores es haciendo con ellos cinco o seis grupos o capítulos distintos: Nerva y Trajano (juntos o por separado) / Adriano / Antonino Pío / Marco Aurelio y Lucio Vero / Cómodo. Es decir, una sucesión meramente cronológica y descriptiva, sin vínculo nominal alguno entre ellos. Parece entonces que lo que les une es apenas el haberse sucedido unos a otros dentro del mismo siglo, aunque en los análisis internos vayan luego surgiendo, imparables, nexos más profundos entre todos ellos. Este método, sin embargo, tiene la ventaja de resolver el molesto problema que supone el clasificar a Cómodo.

APOGEO DEL IMPERIO

Una segunda serie de autores modernos, más minoritaria, opta por una definición de tipo económico-social, agrupando a estos soberanos dentro de un periodo de «apogeo del Imperio» que para algunos puede llegar hasta Alejandro Severo, y que precede a otro de «Declive y Decadencia» que, naturalmente, desde Gibbon se hace inaugurar a Cómodo aunque, según Canto, las fuentes no registran durante su reinado cambios esenciales en la sociedad o economía del Imperio con respecto al de Marco Aurelio, cuyo trono y éxitos él mismo compartió durante varios años. En algunos casos se mezclan ambos modos de sistematizar, el anterior y éste.

LOS (CINCO) BUENOS EMPERADORES

La autora continúa destacando cómo fue sobre todo la escuela anglosajona, muy reluctante a reconocer en el siglo II definiciones por familias (aunque sí las aceptan para Julio-Claudios, Flavios o Severos), o por el sistema político (del tipo de «los Adoptivos»), la que optó por considerar la *bondad* de los reinados. Un concepto algo escabroso en cuanto que no se habla de lo público, y que choca de frente, por ejemplo, con las concepciones cristianas acerca de la bondad de un príncipe, que tanto peso tuvieron en la historiografía europea antes de la Ilustración. Por ejemplo, Trajano o Marco Aurelio, que fueron «buenos emperadores» ya para sus coetáneos, no podían ser vistos de igual forma por los historiadores cristianos, o por los simples cristianos, por cuanto fueron ordenantes de sucesivas y sangrientas persecuciones. Aunque la Iglesia consintió más tarde en que, milagrosamente, Trajano pudiera ser el único pagano en entrar al

Paraíso (y así lo atestiguó también Dante), el rechazo parcial por escrúpulos religiosos debió de ser lo que impidió una aceptación más amplia de esta definición.

Aunque en este caso hay apoyo en el testimonio del emperador Aureliano, que señala a cinco de los emperadores como *boni principes*, los conflictos se suceden al «sobrar» alternativamente Nerva, Lucio Aurelio Vero II y Cómodo, y así en la práctica se ven incluidos con frecuencia, no a los cinco, sino a seis o los siete emperadores, e incluso algunos de los *boni* no lo fueron para los romanos. Comenzando por el propio Adriano, asesino de senadores y de familiares (un crimen nefando y no perdonable), que llegó a ser un *divus* o dios contra la opinión de todos y sólo como consecuencia de un pacto político. O Lucio Vero, al que se suele intercambiar por Nerva (debido a la brevedad del reinado de éste), pero cuya poco ejemplar conducta fue motivo de grave preocupación para su hermano y corregente, el buen Marco Aurelio. La serie deja completamente fuera a Cómodo (181-192 d.C.), a pesar de que éste fue hijo legítimo de Marco Aurelio y en realidad el primer emperador «porfirogéneta» —es decir, nacido ya en la púrpura— y se ve, sin embargo, habitualmente expulsado a un «periodo de crisis» del que él mismo, por su previo asesinato, nada llegó a saber ni vivir. Y todo ello suponiendo que conceptos éticos como la «bondad» o la «maldad» de un soberano (muy subjetivos siempre, pero más sabiendo quiénes escribían la Historia en época romana) puedan ser criterios historiográficamente válidos para agrupar series de gobernantes (de hecho, nunca se han utilizado para ninguna otra época histórica o país).

LOS EMPERADORES ADOPTIVOS

Los principios de la adopción imperial expresados por Tácito y Plinio el Joven (recogiendo los casos de Galba-Pisón y Nerva-Trajano) son ciertamente hermosos. Sirven muy bien como paraguas teórico, y son religiosamente comentados y desarrollados por casi todos los historiadores modernos de esta opción cuando van a introducir el estudio de «el siglo de los emperadores adoptivos». Pero en realidad —dice Canto— las «adopciones» fueron más bien una operación de maquillaje político, y todas esas bellas reglas tácitas y plinianas ni se respetaron de verdad ni fueron la causa de la paz y la prosperidad del *beatissimum saeculum*. Porque para poder considerar que estamos *realmente* ante un «Adoptivkaiser» deben darse cuatro condiciones: que no tenga con el emperador que le adopta ningún parentesco *(cognatio)*, ni algún vínculo determinante *(necessitudo)* previo; que pueda ser considerado tan *optimus* y *dignus* como aquél, y que sea el resultado de una cuidadosa inspección entre todos los ciudadanos, siendo entonces él, el *coniunctissimus inventus*, elegido en función de inmejorables cualidades humanas y políticas, las más ventajosas para el Estado.

Canto sostiene que ningún historiador reflexivo podrá dar seriamente el nombre de alguno de los emperadores del siglo II, excepto Trajano (y éste no completamente), que haya cumplido ni de lejos, no ya todos, sino al menos algunos de los requisitos de la adopción política tal como ésta fue definida idealmente por Tácito y por Plinio el Joven. Este último incluso no reconocía precedentes en la adopción de Trajano, y menos que lo fuera la de Pisón por Galba. Adriano era el único pariente varón directo de Trajano. Es verdad que, según Dión Casio, Adriano hizo una presentación más bien literaria de las cualidades de Antonino Pío; pero no fue ningún acto oficial, lo hizo en su casa, acostado en su cama, y sólo ante un grupo de senadores, sus *amici*. Y sabemos también que no fueron las cualidades humanas y políticas del futuro Pío (aunque así suelen presentarlo autores sobre todo franceses) el auténtico motivo de su designación, sino el ser tío del verdadero heredero (el *Verissimus*) y un hombre honesto que guardaría el trono para tan joven sobrino, siendo una de sus principales ventajas precisamente que no tenía ya hijos propios que le pudieran apartar de su promesa a Adriano. El sucesor ideal de éste, Marco Aurelio, será el único del que se afirme que, con sólo 17 años de edad, apuntaba buenas cualidades para gobernar. Pero este dato no parece que responda a un *coniunctissimus inventus*, esto es, a una adopción fundada en la madurez y los méritos de un candidato según el interés de la *res publica*...

En esta sexta parte de su trabajo es donde la autora ha recopilado por primera vez 49 fuentes literarias antiguas que demuestran los numerosos vínculos de parentesco *necessitudo* que existieron desde Trajano hasta Cómodo, y que les unían entre sí formando una verdadera dinastía familiar, textos que por sí solos desmontan la tesis de las adopciones, que quedan como un recurso secundario y de utilidad política. De estos testimonios se servirá también más adelante para impugnar la tesis «antonina», pues es obvio que el nexo de sangre fue conservado y encomendado principalmente a las Ulpias y Annias béticas.

LOS EMPERADORES «ANTONINOS»

Alicia Canto plantea cómo la serie imperial que dominaría el siglo II comenzó con Nerva y Trajano (96-98 d.C.), pero que el primer Antonino propiamente hablando, Antonino Pío, no se sentó en el trono hasta el año 138 d.C. Pío, como más frecuentemente le denominan las fuentes, era casualmente el único de todos de estirpe gala (de la ciudad de Nîmes), y el único que no tenía relación de sangre con la familia de los Aelios. Sin embargo, y a pesar de que ello se suela ignorar o quede sin destacar, estaba muy directa y determinantemente ligado a la *factio* o partido hispano, un vínculo nacido —o quizá reforzado— de su matrimonio con la hija del poderoso triple consular bético cordobés M. Annio Vero. Era además un funcionario honrado y conformista, carecía de hijos propios y era el tío político del verdadero heredero de Adriano, el joven Marco Aurelio. Canto sostiene que fueron éstos los cuatro factores realmente decisivos a la hora de que Adriano, muy cerca ya del fin de su reinado, y habiendo perdido inesperadamente a su primer heredero (y probable hijo bastardo), Lucio Aelio Vero I, se decidiera a nombrar a Antonino, y eso incluso lo amarró mediante una *lex* y fuertes condiciones que sujetaban al marido de Annia Faustina I a la *gens Aelia*, prohibiéndole la capacidad de hacer sus propias «adopciones», pues Adriano le impuso también a sus futuros dos herederos. Antonino Pío, por tanto, fue según esta investigadora un heredero *in extremis* y un regente para los verdaderos herederos de Adriano, un joven de

17 años y un niño de 7. Por otro lado, según las fuentes de la época, sólo hubo dos *Antonini* (Pío y Marco Aurelio), y ambos eran legalmente dos *Aelii*. Esto basta para comprobar que es un contrasentido histórico hacer de Antonino Pío o de su *cognomen* el *auctor*, la cabeza o el personaje y nombre principal de una dinastía a la que se incorporó tarde y, como suele decirse, «por los pelos», independientemente de que fuera un buen emperador y de que gozara de una longevidad mal calculada por Adriano.

Por qué una «dinastía hispana», y por qué llamarla «Ulpio-Aelia»

Alicia Canto termina sus reflexiones justificando su propia propuesta: para ella, tras Nerva como introductor de la dinastía (una «correa de transmisión» con la legitimidad Julio-Claudia y Flavia), los seis emperadores siguientes —*externi* según Aurelio Víctor— muestran entre sí, como se dijo, claras pruebas de consanguinidad y parentesco, así como nacimiento, raíces y/o poderosas conexiones con la Bética. Por ello sugiere considerar a la del siglo II d.C., con Nerva como su *auctor necessarius*, como una verdadera dinastía de origen hispano, abarcando desde Trajano hasta Cómodo (muerto en el 192 d.C. como un *Aelius*, dato muy relevante, aunque sea poco conocido) y para la que sugiere la nueva definición de «Ulpio-Aelia» o «de los ulpio-aelios», a semejanza de otras como la Julio-Claudia, la Flavia o la de los Severos.

Aporta numerosas pruebas que abonan la idea de verlos como una sola dinastía, en la que los apellidos *Ulpius* y, más aún, *Aelius* son los fundamentales, y como una de origen hispano. Para ello rescata textos de escritores antiguos como el Epitomador de Aurelio Víctor o Herodiano, que demuestran, el primero de ellos, que los emperadores que siguieron a la muerte de Domiciano (96 d.C.) fueron considerados por los propios romanos como un conjunto, y todos ellos de origen *advena*, esto es, externos o extranjeros de origen con respecto a Roma e Italia. Y el segundo (Herodiano) que los propios romanos sí vieron a Cómodo (181-192 d.C.) como «un emperador de la cuarta generación», ya que era descendiente directo de Trajano, por la vía femenina, a través de Matidia II y de las dos Anias Faustinas.

Canto sugiere que si los historiadores de los siglos XVI al XIX, que sentaron el *corpus* documental y teórico de la Historia de Roma (Lipsio, Bossuet, Le Nain de Tillemont, Montesquieu, Gibbon...), no quisieron verlo así, e incluso omitieron o desdeñaron en sus manuales con frecuencia tales textos, en ello tuvo bastante que ver la actitud hostil de los historiadores europeos de los siglos XVII al XIX hacia España, seguida de la ausencia en nuestro país de unos historiadores lo bastante al corriente y combativos como para no haber dejado triunfar de lleno, como pasó, toda esta panoplia de sistemas y definiciones, ninguna de las cuales reconocía la existencia de una verdadera dinastía y, menos aún, el componente hispano que predominaba en ella.

El estudio, bien provisto de notas, tanto para los autores antiguos pertinentes como para los modernos más relevantes dentro de las distintas definiciones (ya que, como ella aclara, una relación detallada sería imposible por el número) concluye manifestando la autora su especial interés en puntualizar que su trabajo (que complementa otros en la misma línea, que ella viene publicando hace años) no se inscribe en ninguna acción ciegamente patriótica, pero tampoco admite los patriotismos que inversamente se hayan podido practicar, en el pasado o en el presente, desde otros países. Se trata de poner hechos, textos y personajes históricos, a veces claramente deformados, en su estricta dimensión, o por lo menos de abrir un debate necesario en torno a ello.

Llama por fin la atención de los modernos estudiosos de la Historia de Roma para hacer un esfuerzo crítico (que muchas veces será autocrítico) por revisar los conceptos al uso, sobre todo los de «Emperadores Buenos», «Emperadores Adoptivos» y «Emperadores Antoninos», por ser todos ellos inadecuados y antiguos, originados en los historiadores europeos del siglo XVIII y en sus prejuicios acerca de España como la más odiada potencia europea en muchos momentos, y que ni los textos literarios ni los epigráficos confirman en los términos en que suelen ser presentados y repetidos.

CAPÍTULO 4

FORMACIÓN MILITAR
Y DE GOBIERNO DE TRAJANO

La formación militar y de gobierno de Trajano va unida a la ciudad de *Mogontiacum* (Maguncia). Se trataba ésta de la ciudad más importante de la provincia de Germania Superior. La ciudad fue visitada por Trajano, ya que fue nombrado gobernador de esa provincia en el año 96 y residió en ella hasta ser adoptado como sucesor de Nerva. Estaba situada próxima a los límites del Imperio romano. Fue fundada en tiempos de Augusto, cuando el emperador trasladó tropas de Gallia al Rhin entre los años 15-13 a.C. A lo largo de las orillas del Rhin se levantaron varios campamentos romanos, de los que los más importantes fueron *Mogontiacum* y *Xanten*. El campamento de *Mogontiacum* se colocó en un lugar elevado en la confluencia del Rhin y del Meno. Ocupaba una extensión entre tres y seis hectáreas y en él estuvieron acuarteladas hasta finales del siglo I dos legiones: la *XIV Gemina* y la *XVI Gallica*. Las tropas estacionadas en Germania se subdividieron en dos ejércitos, uno estacionado en Germania Inferior, y el segundo en Germania Superior. Este último estaba asentado en *Mogontiacum*. La permanencia de las tropas en la ciudad ha dejado una considerable cantidad de monumentos fúnebres, de edificios, así como numerosas piezas del equipo militar, que se conservan en el *Landesmuseum* de la urbe. La sede del comandante de la tropa estaba decorada con relieves. Un acueducto surtía de agua al ejército y para atravesar el Rhin fue necesario construir un puente.

Las inscripciones funerarias y los diplomas militares han conservado los nombres de los soldados y su procedencia. En el siglo I los soldados eran mayoritariamente oriundos de Italia; también llegaban del sur de Gallia.

Los catos eran la tribu germana más próxima, que, a veces, a lo largo del siglo I, atacaron el campamento, tal y como sucedió en el año 49-50, en tiempos de Claudio (41-54). Después de la muerte de Nerón, en el 68, la tranquilidad reinó en la región. El general de Germania Inferior, Vitelio, aspiró al trono a la muerte de Nerón y arrastró a las dos legiones de Germania Superior, la *IV Macedónica*, que había estado en Hispania después de las guerras cántabras (29-19 a.C.) y la *XXII Primigenia*. En esta ocasión los dos ejércitos de Germania estaban reunidos ante el peligro de un ataque de la tribu germana de los batavos. Los catos y otras tribus germanas atacaron *Mogontiacum*. Vespasiano marginó a Vitelio y pacificó el territorio. Poco después sustituyó las legiones fieles a Vitelio por la *Legio XIV Gemina Martia Victrix*, que llegó desde Britannia, y la *Legio I Adiutrix*, que procedía de Hispania.

En la política de Domiciano, el acuartelamiento de *Mogontiacum* desempeñó un papel importante en el año 83, en la guerra contra los catos. El emperador estaba necesitado de un resonante triunfo militar. Para reforzar las dos legiones, Domiciano bajó de Bonn la *Legio XXI Rapax*. En el otoño del 83 Domiciano celebró el triunfo sobre los catos, aunque los combates duraron hasta el 88. Poco después, la *Legio I Adiutrix* fue trasladada al Danubio. Domiciano tomó dos medidas importantes. La primera fue la creación de varios presidios militares, programa que se continuó hasta mediados del siglo II. La segunda fue la transformación de dos distritos militares, que hasta ese momento pertenecían a la provincia de Gallia Bélgica, en dos provincias, hecho que sucedió, probablemente, entre los años 84 y 97. El comandante del ejército se convirtió en gobernador. Tal fue la situación que encontró Trajano a su llegada a Germania Superior.

Entre el final del año 88 y el comienzo del año siguiente, Antonio Saturnino, gobernador de Germania Superior, se rebeló contra el poder imperial, con el apoyo de dos legiones acuarteladas en *Mogontiacum*. Domiciano se personó en el campo de operaciones y desplazó a él tropas procedentes de otras regiones. Con ocasión de esta revuelta, Trajano llegó a *Mogontiacum* por vez primera, al frente de la *Legio VII Gemina*, procedente de Hispania.

La rebelión de Antonio Saturnino fracasó. Las otras dos legiones de Germania Superior se quedaron a la expectativa de los acontecimientos y los dos gobernadores de Germania Inferior y de Raetia no se unieron a los sublevados.

Los catos, aliados de Antonio Saturnino, no lograron pasar el Rhin. Trajano intervino, al parecer, en alguna acción militar de menor importancia contra los catos. Domiciano nombró gobernador de Germania Superior a Javelino Prisco y sacó de *Mogontiacum* a la *XXI Legio*. En *Mogontiacum* permaneció sólo la *Legio XIV*.

En el año 96 Trajano regresó a *Mogontiacum*, nombrado gobernador de la provincia de Germania Superior por Nerva. La ciudad que recibió a Trajano había evolucionado favorablemente en los siete años transcurridos desde su primera visita. El campamento militar se había asentado a lo largo del Rhin. Vespasiano construyó el campamento de piedra, decorándolo con numerosos relieves en los que se representaba a soldados romanos venciendo a los bárbaros. En el año 97, la *Legio XXII* sustituyó a la *Legio XIV*. Las *canabae legionis*, formadas por personal civil y por mujeres vinculadas con las legiones, se extendían por los muros sur, occidental y oriental del campamento.

En las *canabae* vivía una población heterogénea: comerciantes; vendedores de todo tipo de mercancías; hombres y mujeres; prostitutas; veteranos del ejército; esposas, hijos y parientes de soldados; artesanos; servidores de santuarios y de baños, etc. Muchas de estas *canabae* alcanzaron el estatuto de municipio, como es el caso de León en Hispania. Los soldados, hasta la dinastía de los Severos (193-235), no podían contraer matrimonio legal durante el servicio militar. Las mujeres, con las que cohabitaban, vivían en las *canabae*, en espera de poder legitimar su situación al licenciarse.

El acueducto, que suministraba agua al campamento militar, en su primer tramo, era subterráneo, después tenía una serie de arcadas que han llegado hasta el día de hoy. Terminaba en el *castellum aquae*, desde donde se distribuía el agua por la ciudad mediante tubos de terracota.

Mogontiacum tuvo un cenotafio que visitó Trajano. En el año 9 a.C., las legiones romanas en su retirada del Elba trasladaron a *Mogontiacum* el cadáver de Druso y celebraron una ceremonia en su honor. El cenotafio era de base cuadrada y la parte superior cilíndrica. Recordaba los magníficos monumentos fúnebres de las grandes familias itálicas. De este monumento se conserva el interior. Todos los años llegaban gentes de Gallia para celebrar una ceremonia fúnebre en honor del difunto. A unos 300 m, ya en el siglo I, se levantó un teatro.

A una distancia de unos cuatro kilómetros del campamento, se construyó un segundo recinto militar, que cubría una superficie de una hectárea, que se data, posiblemente, en los tiempos de Calígula o de Domiciano.

Este segundo campamento se abandonó a finales del siglo I. La producción de cerámica recogida en la ciudad es grande, lo que indica la existencia de alfares, en número elevado, que trabajaban intensamente.

A dos kilómetros y medio del campamento militar se construyó, coetáneo, un puerto mercantil para proveer de alimentos al ejército. Llegaban al puerto ánforas de todos los lugares del Mediterráneo. Los habitantes de la ciudad, en las proximidades del fondeadero, levantaron una columna de más de 16 m de altura, decorada con relieves que representan divinidades. Estaba consagrada a Júpiter. Su fecha es mediados del siglo I. Esta columna ha llegado en pie hasta nuestros días.

En el puerto debía atracar la flota militar que patrullaba el Rhin. A finales del siglo I el puerto fue perdiendo importancia, dando lugar a que en esa época o a comienzos del siglo II se construyeran otros dos puertos, uno de carácter militar y otro mercantil. A finales del siglo I, *Mogontiacum* disponía ya de un verdadero centro urbano. El puente, construido durante el gobierno de Vespasiano en sustitución de uno anterior, fabricado de madera, unía la ciudad con la orilla opuesta del río. A partir de finales del siglo I, existía una fortificación que vigilaba el paso del río.

A pocos metros de esta fortificación se levantó un arco honorífico, que lleva las marcas de la *Legio XIV*, asentada en *Mogontiacum* desde el 13-12 a.C., hasta el año 43 la primera vez, y la segunda desde el 71 al 97. Se ha pensado que el arco estuviera dedicado a Germánico, muerto en el 19. Podría tratarse, quizá, de un arco honorífico levantado por Domiciano, después de sus campañas contra los catos. Se dataría, entonces, después del 83. Las calzadas que llevaban a la ciudad estaban rodeadas de necrópolis, según una costumbre generalizada entre los romanos... De sus orillas procede gran número de inscripciones y de monumentos funerarios. En los alrededores de *Mogontiacum*, se erigieron dos santuarios. Uno de ellos estaba consagrado a Marte Leucezio y a la diosa Nemetona. Fabricio Veintone, consejero militar de Domiciano, y su esposa dedicaron un pequeño exvoto en bronce a esta diosa Nemetona. El otro santuario se consagró a Mercurio y a la diosa Rosmerta.

Los altares votivos dedicados a Mercurio son numerosos. De la diosa se conserva una cabeza fabricada en bronce de tamaño natural. Estaban abiertos al culto otros santuarios de los que el más importante era el del dios iranio Mitra.

Tal es, a grandes rasgos, el urbanismo de la ciudad, cuando residió Trajano en ella, siendo gobernador de la provincia de Germania Superior en el año 97. En *Mogontiacum* recibió la noticia de la adopción al trono imperial por Nerva. En la ciudad, un pariente suyo, Elio Adriano, llevó a Trajano la noticia de la adhesión del ejército de la provincia de *Moesia Inferior*. Trajano desde *Mogontiacum* se desplazó hasta la colonia, capital de Germania Inferior. Antes de marchar había nombrado a un cuñado de Adriano, Julio Serviano, gobernador de Germania Superior.

Capítulo 5

PRIMERAS MEDIDAS DE GOBIERNO DE TRAJANO

Después de la muerte de su protector, Nerva, hasta octubre del año 99, Trajano permaneció en las provincias del Rhin y del Danubio, que fueron la base de su poder. En este aspecto Trajano imitó la política de Vespasiano, que nombrado emperador por las tropas no se dirigió inmediatamente a Roma a ponerse al frente del gobierno. La base del poder de Vespasiano también fue el ejército.

Trajano controlaba la situación fuera y dentro de Roma. Este dominio del momento debió ser bien percibido por el Senado y por la plebe de la capital del Imperio, como una señal del poder absoluto que desde los primeros instantes de su nombramiento ejerció el nuevo emperador. Trajano inmediatamente tomó tres medidas: ordenó al prefecto del pretorio que ajusticiase a los pretorianos rebeldes a Nerva; divinizó al emperador difunto levantándole además un templo; y se aseguró la fidelidad del Senado prometiéndole, como ya había hecho anteriormente su predecesor en el poder, que no sentenciaría a muerte o a infamia a ningún senador. Durante los años de gobierno de Trajano tan sólo se tiene noticia de que fuera condenado un senador, que lo fue directamente por sentencia del propio Senado sin la participación de Trajano.

Las bases del poder de Trajano

La consolidación del poder de Trajano en la política interna de Roma se debió gracias a la concordia alcanzada entre el Senado, la aristocracia senatorial y el *princeps*, concordia que se mantuvo incluso después del 106, cuando conquistada Dacia la situación de Trajano era inestable. Trajano fue muy hábil en enmascarar el poder absoluto bajo una fachada de que se mantenían las instituciones, siguiendo en este aspecto la mascarada política emprendida por Augusto.

Trajano prescindió en su gobierno de toda demostración de poder autocrático restaurado por Vespasiano y por su hijo Domiciano. Como hemos dicho, se mantuvo siempre en buenas relaciones con el Senado, que le aseguró su fidelidad. De este modo logró que los senadores le apoyaran personalmente a él y a su política. Nunca fue considerado por ellos como un tirano, sino el *dominus*. En esta política, Trajano tenía el precedente de la propaganda emprendida por Domiciano, cuyo gobierno era ligeramente autoritario. La situación política había cambiado bastante desde los años del gobierno del último de los Flavios, pero la percepción que había era que se trataba de un cambio positivo, ya que Domiciano sí que fue considerado como un tirano y un asesino por las personas más allegadas al emperador, como su propia esposa.

Trajano establecía fácilmente relaciones de amistad que vincularon a su persona y a su familia a muchos individuos. Este comportamiento era una gran virtud del *princeps*. El régimen imperial se apoyó en relaciones personales que fueron fundamentales para la concentración del poder a nivel central. Esta cualidad del carácter de Trajano había quedado de manifiesto cuando era aún un simple particular, antes de formar parte de la élite social, que se movía alrededor del emperador. De este modo, Trajano logró el consentimiento del grupo dirigente. Igualmente supo interpretar y llevar a buen término las corrientes espirituales y los ideales del ejército, de la plebe romana y de las clases cultas. También destacó, entre todos sus contemporáneos, llevando a la perfección la tendencia de Domiciano desde el punto de vista militar y carismático. Ya Plinio el Joven, en su *Panegírico*, leído a los comienzos del gobierno de Trajano, presentó al Senado, y después a toda la ciudadanía, a Trajano como un ejemplo del gobernante ideal. Le consideró muy próximo a los dioses, creando de este modo una vecindad entre Trajano y lo divino, señalando la ausencia de un límite bien determinado entre los dioses y el emperador. Esta concepción de Plinio el Joven queda clara en el apelativo que recibió Trajano a partir de 109 de *optimus maximus*, que le aproximaba a la principal divinidad del Imperio: Júpiter Óptimo Máximo.

Se dio cierto carácter religioso y carismático al gobierno de Trajano, quedando la personalidad del emperador por encima de la de cualquier otro mortal.

Fell piensa que el título de *optimus princeps* significaría que es el príncipe amigo del Senado. Strobel descarta esta interpretación y también la de que el título de *optimus* subrayara el aspecto civil del principado de Trajano en relación con el militar. Ya Domiciano había establecido una relación directa entre Júpiter y el príncipe. Esta concepción se desarrolló en el *Panegírico* de Plinio y se reforzó con las imágenes de las monedas y en las inscripciones.

El régimen autocrático recibió de este modo una legitimación religiosa y carismática que queda bien patente en las victorias militares. Esta concepción, que arranca de Domiciano, es la base del sistema monárquico romano. Vespasiano y Domiciano convirtieron al emperador en el punto de referencia de la sociedad y del Estado romano. En las inscripciones dedicadas por el Senado, por las comunidades cívicas y por los simples particulares, queda muy patente que el programa ideológico fue muy bien recibido por todo el mundo. Trajano sigue en todo al régimen de Domiciano.

Las frases de las inscripciones difundían los conceptos oficiales o del emperador, de sus íntimos o del Senado, que de este modo pretendían congratularse con el príncipe. La dedicatoria del Arco de Benevento, levantado por el Senado y por el pueblo, respondía al programa de propaganda del emperador. Lo mismo sucedió en las termas de Trajano en Roma.

Después del año 96 no se modificó sustancialmente la naturaleza del régimen imperial. Nerva no lo intentó ni siquiera en sus años de gobierno. Se intensificaron después algunos aspectos fundamentales del programa de gobierno planeado por Vespasiano y por Domiciano, como es el cuidado de las provincias. Se intensificó, dentro y fuera de Italia, la política edilicia emprendida por Domiciano.

Aparentemente, el gobierno de Trajano suponía una ruptura con respecto al de Domiciano, pero ello fue sólo en apariencia. En realidad, en muchos aspectos, se trataba de una continuidad con el régimen precedente, y en muchos elementos fue aún más allá, como en la política exterior, de carácter imperialista, que alcanzó su cumbre durante el gobierno de Trajano, con las conquistas de Dacia y de Oriente. El punto de partida de esta política exterior obedecía a motivaciones internas.

Trajano fue uno de los primeros en desarrollar el concepto de invencibilidad del emperador como fuente de carisma, que Domiciano había colocado ya en el centro de su ideología del soberano, ligada al mando del ejército, que ejercía directamente el emperador, y a su presencia en las principales batallas.

Hasta el año 101 este concepto fue, lógicamente, un elemento ideológico y propagandístico, a la espera de la llegada de los grandes triunfos militares. Domiciano había sido el primer príncipe en alcanzar la supremacía del Imperio desde el campo de batalla, y en este aspecto es predecesor de Trajano. Domiciano vinculó el papel del emperador al de general del ejército. Al faltar los vínculos de carácter dinástico con el emperador anterior, la exaltación del carácter militar del principado como fuente de legitimación, ejerció una poderosa presión política en torno al emperador y le obligaba a una determinada política exterior en busca de victorias militares. Trajano no había participado en las victorias de Domiciano en el Danubio Medio en el año 97.

Esta característica del principado ha sido muy bien señalada por Strobel y explica perfectamente la personalidad de Trajano. Este emperador estaba obligado a proseguir una expansión imperialista, ligada al concepto de *princeps*, que en ese momento se había generalizado en Roma.

Plinio utilizó en su *Panegírico* la visión totalmente negativa de la política exterior de Domiciano, como contraste con el programa seguido por Trajano en los primeros años de su gobierno y como justificación de la guerra de conquista contra los dacios de Decébalo, cuya preparación data del año 98. La paz que en el 89 había firmado Decébalo con Roma había sido juzgada deshonrosa. La ausencia de campañas militares en el Rhin y en el Danubio hasta el año 100, se interpretó como prueba de la moderación del emperador. Roma, como había hecho frecuentemente durante las guerras celtíberas (154-133 a.C.), no se sentía obligada a respetar estos tratados, que juzgaba humillantes, y los quebrantó continuamente. La interpretación de Roma era que se veía forzada a hacer la guerra para salvaguardar la dignidad del Imperio. Las razones personales del emperador quedaban marginadas.

Trajano necesitaba una victoria aplastante allí donde Domiciano había fracasado, y una venganza, todavía no realizada hasta el momento, por las derrotas sufridas. En base a todo esto se calificaba la guerra como justa. Plinio, en el *Panegírico*, profetiza la derrota aplastante de los dacios.

Adriano se vio obligado a abandonar la política de anexión de territorios, pues no tenía ningún tipo de justificación. También tuvo que renunciar a gran parte de los territorios conquistados. Hatra, defendida por una potente muralla, no pudo ser tomada.

La revuelta en el Danubio

En el año 117, la situación en el Bajo Danubio se agravó. Para ponerle solución se envió al gobernador de Siria, reputado militar, C. Julio Quadrato Basso, que murió en el campo de batalla en el invierno del 117/118. Trajano se puso en camino de Roma, pero murió en agosto del 177, en Solino, Cilicia.

Trajano fue un militar nato, sus guerras obedecían a la necesidad de justificar su adopción y a la ideología dominante en Roma en el momento en que vivió. Estas guerras merecen que el historiador se ocupe de ellas más detenidamente, pues describen aspectos fundamentales de su personalidad y de su política.

Las victorias de Trajano no solucionaron el peligro parto. Probablemente no era ésta la finalidad de la guerra. Contra los sasánidas, sucesores en el trono de los partos, lucharon Lucio Vero, Septimio Severo, Alejandro Severo, Valentiniano, quien acabó sus días limpiando las caballerizas reales del monarca sasánida, y Juliano (331-363).

Capítulo 6

PRIMERAS CAMPAÑAS DE TRAJANO

Para el estudio de las campañas militares de Trajano hemos optado por seguir un orden cronológico de las mismas, agrupándolas todas en un único capítulo.

Fuentes arqueológicas de las guerras dácicas

La Columna Trajana

Para muchos autores es la fuente principal para el conocimiento de las guerras dácicas. Se supone que es obra de Apolodoro de Damasco, que era el arquitecto y el ingeniero de Trajano, que fue una gran personalidad artística. La columna de Roma es una invención completamente nueva. Este excepcional monumento debió scr construido entre los años 110-113. Se trata de un friso historiado que se desarrolla de forma espiral en torno a la columna, en definitiva, un relieve continuo de más de 200 m de longitud.

Los antecedentes de la composición de los relieves han sido buscados en las pinturas triunfales. La base va decorada con armas amontonadas, tema que se encuentra en el santuario de Atenea Polias en Pérgamo. Los relieves siguen un orden cronológico. Se recoge con gran detalle todo el armamento del ejército. La Columna Trajana fue la expresión más alta y original del relieve histórico romano. El relato de las expediciones responde a unos temas fijos como son: la partida, las batallas, las arengas de Trajano a las tropas, tema que se representa más de 50 veces, la sumisión de los enemigos vencidos, las ceremonias religiosas, la construcción de calzadas y fortalezas, la persecución del enemigo en los bosques, el asalto de las fortalezas, los combates de los dacios, el sacrificio de los prisioneros, la huida y el suicidio de Decébalo, el saqueo y destrucción de los pueblos, la deportación de las poblaciones dacias, y la hecatombe de poblaciones bárbaras. A Trajano se le representa vestido de militar. A veces está en el campo de batalla. Generalmente va acompañado de su estado mayor (entre ellos destaca la figura de L. Licinio Sura), de su guardia pretoriana y de las insignias militares. El paisaje ocupa el fondo de la escena, pero siempre con un sentido simbólico. R. Bianchi Bandinelli subraya al estudiar este monumento que los enemigos dacios son representados con simpatía. El artista insiste en presentar la guerrilla, siempre actuando en los bosques; la grandeza de ánimo en los suicidios colectivos, y la miseria de los campesinos, obligados a abandonar las montañas. También hay composiciones profundamente humanas, como los niños en la escena de las seis aras, la mujer que parte hacia la cautividad llevando a su hijo en brazos, el cuidado de los heridos, etc. Igualmente hay figuras simbólicas como el Danubio protegiendo al ejército romano, que pasa la corriente del río, y Júpiter bendiciendo el primer encuentro entre romanos y germanos. Algunas figuras simbolizan la paz, como el jabalí, el buey y el ciervo que pastan tranquilamente en un prado. Los relieves ofrecen una gran unidad. La Columna Trajana es un documento único y completo para comprender los sucesos de toda la guerra.

EL *TROPAEUM TRAIANI* DE ADAMKLISI

Es el segundo monumento importante, que describe gráficamente la guerra dácica. Comprendía un altar funerario y una tumba tumular con infraestructura de piedra y madera. Los relieves celebraban los duros combates entre dacios y sus aliados sármatas contra el ejército romano. Se eligió para su emplazamiento un lugar extremadamente adecuado, asentado sobre una colina de 1.200 m de altura, situado al noreste del *Municipum*

Tropeum Traiani. Era visible desde 40 km de distancia, en la ribera izquierda del Danubio. El altar se levantó a unos 200 m al noreste del túmulo funerario y a 100 m del trofeo. El túmulo era de planta circular, con un diámetro de 44 m y una altura de unos siete metros. La infraestructura estaba compuesta de cuatro muros circulares concéntricos. El tercer anillo estaba rodeado de un cinturón de pilastras de madera, distantes entre sí 30 cm. Una fosa circular de 120 m de diámetro se excavó delante del primer anillo. Al parecer era una tumba de incineración. Esta infraestructura servía, posiblemente, de estructura a una segunda monumental, de carácter funerario.

El altar tenía planta cuadrada y se subía a él mediante una escalinata. Hojas de hiedra decoraban las esquinas y guirnaldas del arquitrabe.

Los nombres de los soldados caídos en la campaña de Cornelio Fusco estaban escritos en las paredes del altar. Uno de los muertos era un *praefectus castrorum*, procedente de *Neapolis*.

El *Tropaeum Traiani* estaba decorado con 54 metopas distribuidas en seis grupos con cierta unidad temática y colocadas simétricamente respecto a las metopas de composiciones del ejército romano. En una de ellas se ha visto un retrato del propio Trajano. Los artesanos que construyeron este magnífico monumento procedían del Rhin y del Alto y Medio Danubio. El diseño de los relieves y la concepción global del monumento son obra de un artista áulico, que utilizó ideas sacadas de la Columna Trajana. Los dos monumentos celebran las victorias romanas en las guerras dácicas. Radu Florescu, que ha estudiado recientemente el monumento, ha recogido las diferentes interpretaciones propuestas, entre las que destaca la hipótesis de que se trata de un programa iconográfico simbólico.

En el tambor cilíndrico, hacia la mitad de su altura, corría un friso formado de metopas que alternaban con pilastras. En las metopas se representaron combates de bárbaros con romanos, al ejército en marcha, a las poblaciones de la provincia y a las tropas romanas y a sus oficiales. El monumento se dedicó a Marte Ultor, según rezan las dos inscripciones del registro superior. Sobre la base se levantó la estatua trofeo, acompañada por dos grupos de prisioneros.

Las·metopas se subdividen en seis grupos, cada uno de ellos con nueve. La posición central de cada episodio está ocupada por una metopa imperial, a cuyos lados se colocan cuatro pares de metopas simétricas. En cada par, dos metopas son parecidas y complementan a las otras dos. Los seis episodios se agrupan en dos círculos, que se refieren a una misma batalla. La narración es parecida a la seguida en la Columna Trajana. Después de la marcha de la caballería, siguen los criados del emperador a caballo y la lucha entre la caballería romana y los bárbaros a pie. El segundo episodio narra el combate cuerpo a cuerpo de la infantería romana. En una metopa imperial se describe gráficamente el asalto a un campamento de carros, que termina con la muerte de los soldados bárbaros y de sus familiares. Este ciclo de escenas se cierra con la presentación de la población civil autóctona de *Moesia Inferior* y de los prisioneros al emperador.

Al comienzo del segundo ciclo marchan las legiones con sus banderas, con los tocadores de cuernos, los trompeteros y el ejército. Se describe gráficamente, a continuación, una gran batalla. Este ciclo termina con una revista de las tropas y el discurso del emperador.

Estas escenas son de gran importancia, no sólo por su simbolismo, sino por la información histórica que proporcionan. El artista del monumento demuestra en su obra una gran formación técnica y humanística. Se han identificado dos estilos narrativos en las escenas de las metopas.

Se ha observado una falta de secuencia iconográfica entre las escenas de la Columna Trajana y el *Tropaeum Traiani*. En la Columna Trajana se representan soldados y civiles, grupos de bárbaros entre los que se diferencian: sirios (?), sármatas, germanos, gentes del sur y mauritanos. Sólo los sármatas, con su típico uniforme, *catafractari*, luchan con los dacios como aliados. Combaten con las armas típicas de sus países de origen. Todos los demás son *sinmachiari*.

En los relieves del *Tropaeum Traiani*, además de los dacios, sólo se representan suevos, caracterizados por el cabello, y sármatas. Se han representado los *burri* y sármatas roxolanos, que eran vecinos de Dacia, y que participaron en la campaña de Decébalo en *Moesia Inferior*. La presencia en las luchas de estos pueblos no es convincente en opinión de Radu Florecu. En la escena equivalente de la Columna Trajana se representan únicamente germanos luchando junto al ejército romano contra los dacios.

En otros cuadros de guerra se repite la misma escena de ambas guerras dácicas. Esta incongruencia se encuentra en el *Tropaeum Traiani* y en la Columna Trajana. Radu Florescu presenta la hipótesis de trabajo de que el autor del trofeo había planeado el monumento y los cartones de la decoración con esquemas e indicaciones escritas que remitían a modelos de los talleres de lapidarios diseminados por todo el Imperio, mientras la ejecución se confiaba a talleres provinciales, dirigidos por capataces experimentados, pero no de gran cultura arquitectónica y artística. Se han señalado tres talleres y tres estilos. El primero se caracteriza por una técnica de representación casi bidimensional. El segundo por formas que llenan todo el campo de la composición. El tercero por un dominio más articulado del espacio y de la perspectiva, con superposición de planos. Este mismo estilo se repite en otros monumentos del Rhin y del Danubio, fechados entre finales del siglo I y comienzos del siguiente. Se piensa que con las tropas procedentes de otras regiones se alistaron, en el ejército romano, artesanos.

El *Tropaeum Traiani* es una de las obras cumbre del arte triunfal romano. Es obra de una gran personalidad, fuera de serie, que une conceptos recibidos del arte helenístico y de la artesanía provincial romana.

Se han encontrado tumbas que fueron decoradas con escenas de guerra en el siglo I, como la de los Julios en St. Remy, Gallia, que es un precedente para el *Tropaeum Traiani*.

En Roma otros monumentos describen gráficamente las guerras dácicas. El *Forum Traiani* iba decorado con un friso, del que se conserva un relieve firmado por M. Ulpio Orestes. Se representan en él dos actos: el sacrificio de las víctimas y el examen de las vísceras del toro sacrificado y el ofrecimiento de los votos. Esta escena está vinculada con la del relieve que se conserva en el Museo Lateranense de Roma, en la que el emperador, acompañado de su séquito y lictores, participa en una ceremonia civil delante de un templo. En un tercer relieve se esculpieron diferentes episodios de la vida de Trajano.

Relieves trajaneos del Arco de Constantino

Otros documentos gráficos de la guerra contra los dacios son cuatro relieves de la época de Trajano conservados en el Arco de Constantino, en Roma.

El Arco de Constantino fue levantado entre los años 313-315 por el Senado y el pueblo romano, en honor de Constantino por su victoria sobre Majencio, después de la batalla del Puente Milvio, en el año 312. Dos lastras se encuentran empotradas en las paredes del vano central y dos en el ático de los lados menores del arco. Las cuatro tienen una unidad temática y forman un friso continuo. Otros varios fragmentos se conservan en museos de Roma, Berlín y París. Se ha supuesto que proceden del Foro de Trajano, pero en este caso el foro se encontraría en ruinas a comienzos del siglo IV y se sabe, por la visita de Constantino II a Roma, en el año 356, que no era así. También se ha propuesto que pertenecían al arco que daba acceso al Foro de Trajano, o que pertenecían al templo de Trajano divinizado. En este último caso se fecharían ya en la época de Adriano. Estos relieves interesan como documento de las guerras dácicas, miden 30 m de longitud y 3 m de altura. Son el conjunto más impresionante y monumental de relieves que ha dado Roma. En ellos se describe una acción guerrera. Comienza la parte conservada, con la llegada triunfal de Trajano a Roma. Una Victoria alada corona al emperador. La Dea Roma precede a Trajano. La ceremonia se celebra ante un arco, que sería el de entrada a la ciudad. Soldados y oficiales con sus estandartes y lanzas están presentes en la ceremonia. Sigue una escena guerrera que no tiene relación alguna con la composición anterior. En ella se representa una carga de caballería contra los bárbaros que, al parecer, son dacios. La escena siguiente es una continuación de la anterior. Al fondo de la composición ondean los estandartes y los músicos hacen sonar las tubas y las trompetas. En la tercera losa, el emperador, a caballo, seguido de los pretorianos, entre los que destacan los alféreces, *signiferi*, que llevan las insignias legionarias, ataca entre las filas enemigas. Unos bárbaros huyen despavoridos, otros yacen por el suelo y otros están en actitud suplicante. La última losa describe el final del sangriento combate. Los soldados romanos victoriosos muestran las cabezas cortadas a los vencidos, en señal de triunfo. En esta misma losa, algunos jinetes alancean a enemigos que huyen. Al fondo están las cabañas, de madera, que habitan las poblaciones indígenas.

Los lejanos precedentes de las escenas de guerra, descritas minuciosamente en la Columna Trajana y en otros monumentos, podrían buscarse en la pintura con composiciones de guerra que el pintor Fabio Pictor pintó en el templo dedicado a Salus en el Quirinal. Las escenas, al parecer, describen determinadas acciones de la segunda guerra samnita, en el 304 a.C. Estos cuadros debían de ser verdaderas pinturas murales. Con anterioridad, aparecieron tablas transportables, que se llevaban de un lugar a otro. Valerio Máximo Mesala fue el primero que utilizó este procedimiento de propaganda. En el año 264 a.C., expuso al público, en la Curia Hostilia, un cuadro descriptivo de sus campañas en Sicilia. L. Escipión Asiático, vencedor de Antioco III, celebró con cuadros sus triunfos contra el rey seleúcida; L. Papirio Cussor, vencedor de los samnitas y tarentinos en el 272 a.C., se hizo retratar en el momento de realizar sus gestas y colocó la pintura en el templo de Consus, en el Aventino. En el 264 a.C., M. Fulvio Flaco imitó el ejemplo y depositó un cuadro con el tema de Volsini en el templo de Vortumnus.

El origen de toda esta pintura histórica hay que buscarlo en el arte helenístico. Ejemplos de ella se dieron hasta finales de la República romana. Pompeyo, para celebrar sus victorias en Oriente, en el año 61 a.C., exhibió el día de su triunfo cuadros en los que figuraban los enemigos vencidos. En uno de ellos estaba representado Mitrídates VI Eupator, rey de Ponto, huyendo y en otro en el momento de su muerte rodeado de sus familiares más próximos. César, en el año 46 a.C., presentó, en el día de su desfile en Roma, 27 cuadros alusivos a sus victorias militares. Estos cuadros eran carteles de propaganda política.

Los monumentos examinados tienen igualmente precedentes en el Arco de Orange, dedicado a Tiberio en conmemoración de las luchas de la *Legio II* en la guerra gálica y en la guerra contra Marsella. En él se representa gran número de armas. En el monumento funerario de la familia Julia en St. Remy-les-antiques, los frisos están decorados con escenas militares históricas, al igual que hicieron los griegos, entre romanos y bárbaros. En el friso del muro se colocaron tres togados a los que se acerca una Victoria con trofeos. En el rincón izquierdo, el lugar de la lucha está simbolizado por un dios fluvial. En el friso del norte se repitió la misma composición, con influjo del arte itálico.

En la puerta de la ciudad de *Glanum*, hoy St. Remy-les-antiques, en forma de un arco de triunfo, a los dos lados se esculpieron trofeos con galos atados y mujeres galas tristes. Se fecha este documento en el cambio de era. Las paredes laterales de una puerta de ciudad, en Campentras, que tiene la forma de un arco de triunfo, fechada a comienzos del siglo I, están decoradas con un trofeo, acompañado de una pareja de prisioneros, armenio y germano. Conmemora las victorias de Augusto obtenidas entre los años 1 y 3.

El Arco de Tito, en Roma, celebra el triunfo imperial contra Jerusalén y el traslado del candelabro de siete brazos tomado del templo.

LAS GUERRAS DÁCICAS Y LAS MONEDAS

Ha sido un gran acierto de Oberländer estudiar las representaciones de las imágenes de las monedas acuñadas durante las guerras dácicas para captar la ideología de Trajano en esos años, ya que la acuñación de moneda era imperial. En las monedas queda bien patente la ideología imperial y aspectos fundamentales de carácter religioso, artístico y económico del momento, tal y como los concebía y le interesaban al emperador.

La mejor fuente para acercarse a la ideología de Trajano es el estudio de sus representaciones monetales, que eran al mismo tiempo la mejor propaganda imperial. Trajano era consciente del importante papel desempeñado por las monedas para transmitir sus mensajes ideológicos y políticos. Las monedas llegaban a todo el Imperio y eran usadas por todo el mundo. Junto a los motivos tradicionales, en monedas acuñadas por Trajano se encuentran otros nuevos relacionados con las guerras dácicas, lo que era una innovación en la numismática romana. Piensa E. Oberländer que la acuñación de estas monedas por Trajano responde a un programa bien definido de propaganda militar y de participación del propio emperador en la guerra. Las monedas se acuñaban en emisiones sucesivas destinadas al pago con ocasión de determinados acontecimientos. Las acuñaciones de la primera guerra dácica llegaron hasta el 104, y las de la segunda hasta el 116. Durante la primera guerra dácica se acuñaron en Roma 11 emisiones con 114 tipos, de los que 87 se refieren a acontecimientos de la guerra, y a los sucesos políticos y sociales que siguieron. Algunas emisiones se acuñaron en las provincias, como en Alejandría.

Las monedas no aluden a los preparativos de la guerra, ni al desarrollo de las operaciones. E. Oberländer piensa que algunas se refieren a la guerra de los Balcanes del 101-102. Las monedas conmemoran el final victorioso de la campaña.

Este autor concede mucha importancia a las divinidades representadas en las acuñaciones entre los años 101-104, que señalarían algunos aspectos de la propaganda política de los años de guerra y su justificación.

Las imágenes de los dioses revelan los planes de gran envergadura de Trajano, no sólo en el campo de la política exterior, sino la instauración de un nuevo modelo de funcionamiento de los mecanismos constitucionales del Estado romano.

Veintiocho tipos monetales acuñados por Trajano durante la primera guerra dácica llevan imágenes de dioses o personificaciones bajo cuya protección ha dirigido la guerra. Estas deidades son Minerva, Marte, Hércules y Virtus. La Dea Roma figura en monedas acuñadas después del conflicto. En trece ocasiones el dios representado es Hércules, de pie y con la piel del león de Nemea al hombro, apoyado en la clava. Estas monedas en ocasiones se repartían como donativos a las tropas, a los funcionarios y a la población con ocasión de la toma de posesión del tercer consulado, por ejemplo, o con motivo de la celebración de fiestas quinquenales de Trajano. La imagen de Hércules se encuentra en monedas emitidas en el año 101 con ocasión de la celebración del cuarto consulado y en ocho de los trece tipos. Este tipo se repitió cuatro veces en los años 103 y 104. El modelo se originó en Alejandría y en algunas monedas de Siria o de Asia

Menor. Hércules iba ligado a la altísima misión del cargo de emperador y a su destino. Trajano se asimiló a Hércules *Adsertor*, liberador, del peligro de los dacios.

Marte aparece en las monedas acuñadas entre los años 101-104, como hipóstasis de *gradivus*, con el cuerpo desnudo, envuelto en la clámide, con yelmo de cimera, con lanza y con trofeo. Marte está presente en ocho tipos de monedas. Tres se acuñaron en el 102. El dios Marte en sus hipóstasis de *Victor, Ultor, Pacifer* había patrocinado la guerra. *Virtus* era el símbolo de la fuerza, se encuentra en cuatro tipos monetales acuñados en los años 102/103 y 104. Un tipo es el de la *Virtus Augusta*.

La posición de Minerva es secundaria. La diosa sólo se halla en tres tipos acuñados en el 101. Piensa E. Oberländer que, como Domiciano acuñó muchas monedas con la imagen de Minerva, Trajano no siguió su ejemplo.

La imagen de la Victoria está en 38 tipos monetales. En 23 ocupa el centro de la composición. Victoria simboliza los éxitos militares del emperador. Victoria se representa, generalmente, con alas, con un ramo de palma y con corona. A veces se posa sobre una proa de nave. Este tipo se remonta a Augusto después de la victoria de *Actium*. La imagen de Victoria reaparece en monedas acuñadas en Alejandría en el quinto año del gobierno de Trajano, que cayó en el 102-103.

Las monedas acuñadas en Siria, Asia Menor o los Balcanes son de cronología dudosa y podían aludir a cualquier episodio de las guerras de Trajano.

Las representaciones monetales alusivas al triunfo son varias. Se representó la invocación a la deidad artífice de la victoria; a Trajano, autor de la victoria, o la ceremonia de levantar el triunfo; también se representaron figuras alegóricas de los vencidos; la alabanza de la paz y de la tranquilidad obtenidas; alusiones a la generosidad de Trajano así como a construcciones conmemorativas del triunfo. En algunas monedas se lee la frase *EX VIRTUTE de DACICUS*. El título aparece en compañía de Marte, de Hércules o de Victoria. Las monedas con títulos escritos en lengua griega se fechan entre los años 103-106.

La idea de triunfo se vincula a la del *adventus*, a la llegada victoriosa del emperador a Roma, montado a caballo.

Siguen las monedas con Trajano sobre una cuadriga, con el brazo derecho levantado, y con el cetro o ramo de laurel en la otra mano.

En el año 103 Trajano celebró algunos acontecimientos importantes: el quinto consulado, la celebración del primer triunfo dácico, y la segunda *largitio* (donativo). Todos estos acontecimientos quedan bien reflejados en las acuñaciones monetales, que fueron 32, de las que 26 lo fueron con ocasión del triunfo dácico. Se acuñó gran cantidad de monedas, lo que indica que el emperador hizo donativos costosos y continuos. El fabuloso botín permitió costear estos elevados gastos. El triunfo era un acto de grandísima propaganda imperial.

El año siguiente 16 tipos monetales celebraban el triunfo dácico. Se representaron los dioses que hicieron posible la victoria como Hércules, Marte o Virtus; la Victoria; Trajano, artífice del triunfo; los vencidos solicitando conmiseración. Igualmente se representaron el Danubio, Roma, los edificios monumentales construidos para conmemorar los acontecimientos, símbolo de la generosidad de Trajano.

Las emisiones que celebraban el triunfo del emperador eran de un gran impacto propagandístico y estaban vinculadas con la ideología del culto imperial.

En algunas monedas, Trajano, de pie, viste la lórica y sostiene en su mano derecha la lanza. La Victoria le corona. E. Oberländer piensa que estas representaciones, como la parecida del Arco de Constantino en Roma, se debían inspirar en paneles pintados, que se sacaban, en la época republicana, el día del triunfo celebrado al regreso de los generales victoriosos, cuando desfilaban por Roma. En estos paneles se describían gráficamente diferentes acciones de las campañas, como hicieron Lucio Cornelio Escipión Asiático en el 188 a.C., con ocasión de su victoria sobre Antíoco III; T. Sempronio Graco, por sus éxitos sobre los sardos en el 175 a.C.; Paulo Emilio, por su triunfo sobre Perseo en el 168 a.C., y Pompeyo, por su victoria sobre Mitrídates VI Eupator en el 63 a.C.

Monedas acuñadas en el 104 vinculan a Trajano con los dacios vencidos. En una de ellas aparece Trajano montado en su caballo al galope y atraviesa a un dacio con un dardo. Los lejanos prototipos de estas acuñaciones se encuentran en monedas del emperador idealizado. En otro grupo de monedas, Vespasiano de pie, vestido con coraza y armado con lanza, pisotea a un noble dacio, que cubre su cabeza con un pileo. Esta escena recuerda a algunos grupos del altar de Zeus en Pérgamo, que representa la lucha de Zeus con los gigantes, raza monstruosa de guerreros nacidos de Gea (Tierra) y de Urano (Cielo), empezado a construir, probablemente, el año 180 a.C. con motivo de las victorias de Eumenes sobre el Ponto y Bitinia y la fundación del festival de las Niceforia.

El arco de triunfo se representó, igualmente, en monedas. No es aceptable que represente sólo una puerta monumental. La idea expresada en estas monedas es que el triunfo de Trajano es el triunfo del Senado y de Roma. Incluso la Dea Roma, en la hipóstasis de Virtus, está representada en dos tipos de monedas. Viste como una amazona, con lórica y yelmo. Esta composición sugiere la idea de que la guerra dacica fue obra de todo el pueblo romano y no sólo del emperador. En una emisión se representó al Senado a donde Trajano conduce a un dacio vencido, de rodillas, que implora clemencia. Posiblemente, esta escena aluda a que, después de la derrota de *Sarmizegetusa*, Trajano dejó en manos del Senado la decisión final. En monedas queda bien expresada la vinculación de Trajano con el Senado, punto clave de su programa político.

Los dacios vencidos

Hay varios tipos de monedas con esta figura, que representan a dacios, a trofeos y a armas dácicas. En cuatro de ellos van representados prisioneros dácicos, de rodillas o de pie. Visten bragas. Se montan sobre las armas, la lanza, el puñal y los escudos. Los tres primeros tipos monetales se fechan en el año 103. En otros dos, los dacios están próximos a un trofeo.

La daga es el arma típica de los dacios. Cuando aparece representada puede aludir a este pueblo, pero también a otros. Queda bien patente en las monedas acuñadas por Trajano sobre Dacia el influjo de las imágenes de Germania y de Judea en monedas de Vespasiano, de Tito y de Domiciano. Algunas de ellas representan los trofeos y los *spolia* (botines). Tres tipos de acuñaciones de Trajano llevan *spolia* y una, trofeo.

A los donativos de denarios aluden los tipos de monedas del 103-109. Estas distribuciones de dinero eran muy frecuentes desde antiguo. L. Cornelio Escipión, y su hermano P. Cornelio Escipión, el vencedor de Aníbal en Zama, en el 203 a.C., repartieron parte del botín obtenido por indemnización de guerra después de la batalla de Apamea, en el 188 a.C., entregado por Antíoco III.

Una moneda celebra el segundo *congiarium*, reparticiones de bienes, ofrecido por Trajano y otras dos alaban la *liberalitas*, amabilidad del emperador. La moneda que representa al Circo Máximo de Roma, donde Trajano durante varios días dio combates de fieras contra gladiadores, fue una de estas liberalidades.

E. Oberländer recoge un dato verdaderamente importante. Las imágenes de las monedas de Trajano no tienen precedentes, ni en la numismática, ni en el arte romano. La moneda con el emperador a caballo se encuentra ya en tiempos de Augusto, y años después en las de Galba, y en las de los emperadores Flavios (Vespasiano, Tito y Domiciano). Trajano montado en una cuadriga sigue un prototipo de monedas de Augusto, de Calígula y de Claudio que estuvieron de moda en tiempos de Vespasiano y de sus hijos Tito y Domiciano.

Lo mismo cabe afirmar de los prototipos del enemigo vencido, que hacen su aparición desde finales de la República romana. Con César gozaron de gran aceptación y después, durante los años de gobierno de los emperadores Flavios, fueron frecuentes las representaciones de trofeos con prisioneros.

La figura de la *Pax* aparece en monedas a comienzos de la guerra de Trajano contra Dacia. La primera emisión data del 102. Anuncia la llegada de la paz. La *Pax* reaparece en acuñaciones de los años 103 y 104.

La *securitas*, seguridad, se encuentra en monedas a partir del año 102. La alegoría del río Danubio en las monedas alude a la primera guerra dácica, pero profetiza la segunda. Es un tema nuevo en la numismática romana. Hace aparición en sestercios acuñados en el año 104. Domiciano acuñó monedas con la figura del río Rhin inclinado ante el emperador. La gran novedad de la acuñación de Trajano es representar al Danubio como dios, vestido con pantalones y manto, que alude a Dacia. La emisión celebra la construcción sobre el río de un puente, obra de Apolodoro de Damasco, el arquitecto sirio que muy probablemente levantó la Columna Trajana. La construcción de este puente responde a la idea, acariciada por Roma, de convertir Dacia en provincia romana.

Esta acuñación se encuentra a caballo entre la primera y la segunda guerra dácica, y se consideró importante, pues esta imagen fue retomada en acuñaciones de los años 105-107. La figura del Danubio se vuelve a encontrar en monedas del año 107.

De las 316 acuñaciones que se realizaron entre los años 105-116, 242 tipos se refieren a sucesos acaecidos durante las guerras dácicas; 196 de ellos pueden fecharse entre los años 106-110.

Estos tipos monetales aparentemente son continuaciones de los anteriores, ya que presentan pocas innovaciones, pero introducen notables cambios en el programa. El aspecto más importante es la representación de Trajano como vencedor y guerrero sobre las personificaciones de Dacia y de Roma. Estas monedas conmemoran el programa constructivo, en Roma e Italia, emprendido por Trajano. Las mismas representaciones monetales se repiten en acuñaciones de los años 105-106.

Preparativos de la guerra

Los sestercios con el discurso de Trajano en compañía de dos oficiales, dirigido a los ciudadanos, que tuvo lugar en el Circo Máximo, como interpreta acertadamente E. Oberländer, sólo pueden referirse al viaje de Trajano a través de los Balcanes, hasta el territorio de la Puerta de Hierro, tema tratado varias veces en escenas de la Columna Trajana.

El puente sobre el Drobeta

Las monedas de Trajano también conmemoran la construcción del puente, de gran importancia estratégica, tendido sobre el río Drobeta. Las monedas no reproducen la realidad del puente, aunque sí señalan la monumentalidad de la construcción. Este puente está representado en siete tipos monetales, acuñados entre los años 105 y 107. La imagen del puente en las monedas tenía un gran efecto propagandístico en todo el Imperio. Todo el mundo se enteraba de su grandiosidad. Se siguen representando todavía imágenes protectoras de Roma y de Trajano como Júpiter Invicto, y su atributo, el águila, es representado ahora por vez primera en las monedas de Trajano; Marte y las otras deidades ya mencionadas. En Alejandría se acuñaron monedas con la Virtus, en los años 106-108 y 108-109.

El segundo triunfo dácico

Se encuentra en 34 tipos monetales. Se mantiene la escena de Trajano a caballo, atravesando con la lanza a un noble dacio caído a tierra. Se introduce la composición de Trajano haciendo un sacrificio. Ahora se pone de moda la figura del emperador a caballo que anima a sus tropas a atacar al enemigo, antes poco usada. El tema se generalizó a partir del año 105. En el año 107 se encuentra la composición del emperador a caballo que atraviesa a un dacio. Esta escena ha sido relacionada por E. Oberländer con el relieve de Trajano del Arco de Constantino. El grupo de Trajano a caballo, galopando, se documenta en monedas acuñadas en Roma, en Alejandría, en los años 107-108 y 108-109, y en Odessus.

La Dea Roma

En acuñaciones monetales posteriores al año 105, la Dea Roma va asociada al triunfo del emperador. Roma se suele representar como la hipóstasis de Victrix, como amazona, con yelmo sobre la cabeza y con la lanza en la mano. Roma sobre los *spolia* pisa la cabeza de un dacio. Tres veces se repite la figura de Roma en emisiones monetales del año 107, al celebrarse el triunfo sobre Dacia. Es probable que la escena de Roma o de *Pax* pisando la cabeza de un dacio sea una alusión a la exposición en público en Roma de la cabeza de Decébalo.

En una emisión del año 105 se representan tres *vexillia*, estandartes, alusión al ejército, caso raro, pues se nota la falta del ejército en las acuñaciones que conmemoran el triunfo.

Dacia capta

Esta figura es frecuente en las acuñaciones de los años 105-106, ya sola ya en compañía de *Pax*, de Roma, de Marte, del emperador, del Danubio, de tropas. Está presente en 55 tipos acuñados entre los años 105 y 113.

Es una modificación de este periodo el empleo de la inscripción DAC[IA] CAP[TA], con la figura de un prisionero. Esta emisión se fecha a finales del año 106. Celebra la terminación de la guerra y la conversión de Dacia en provincia romana.

El trofeo

Las imágenes del trofeo aparecen en muchas emisiones a partir del año 105 y durante los años 106 y 107. Aluden a la terminación de la guerra. Igualmente se representa el trofeo en monedas griegas, como en las de *Tomis*, acuñadas a nombre de Trajano. El trofeo se asienta sobre un cilindro troncocónico. Sobre él se colocan un yelmo y dos escudos ovales. La acuñación debe responder al trofeo levantado en Adamklisi, en el lugar de la batalla. Las monedas con trofeo fueron acuñadas a partir del año 109. La primera de ellas debe datarse a finales de ese año.

El arco de triunfo

El arco de triunfo se encuentra en monedas de Trajano del año 105, antes de acabar la guerra, cuando ya la daba por terminada, y continúan las acuñaciones en los dos años sucesivos. También se representó en acuñaciones de Alejandría fechadas en los años 109-110. La guerra terminó con una importante distribución de dinero, conmemorada en las emisiones monetales con la inscripción CONGIARIVM TERTIVM. La imagen de *Pax* está presente en 20 tipos de monedas, acuñadas entre los años 105 y 109. Se representa también a la *Dea Pax*, generalmente, con la pierna colocada sobre la cabeza de un dacio.

En otras acuñaciones el dacio, de rodillas, está en actitud de súplica. Esta primera acuñación se data en el año 105 y dura hasta el 107; la fecha de la segunda cae entre los años 106-107. En opinión de E. Oberländer, estas dos hipóstasis responden a las dos diferentes actitudes ante la invasión romana, de sumisión o de lucha.

La fundación de una colonia

En monedas acuñadas bajo Trajano figura un sacerdote que pica a una pareja de bueyes. Esta misma escena se encuentra en monedas de Augusto, acuñadas con ocasión de la fundación de la colonia *Caesaraugusta* en Hispania y de *Nicopolis* en Epiro, así como en varias acuñaciones de Vespasiano. En las monedas de Trajano con este tema es el propio emperador vestido de *flamen* el que delimita el área sagrada de la ciudad. La primera vez que se usó este ritual fue con la fundación de Roma. Estas monedas conmemoran la fundación de la colonia *Ulpia Traiana Augusta Dacica Sarmizegetusa*, la futura capital de la provincia romana de Dacia. Son monedas que podemos fechar en los años 106-107.

La provincia romana de Dacia

Una moneda conmemora la creación de la *Dacia Augusti Provincia*. Dacia es representada sentada sobre una roca. Viste túnica, sujeta por un cinturón, que desciende hasta las rodillas. Sostiene el estandarte de la *Legio XIII Gemina*. La dama dirige la mano hacia un racimo de uvas.

Esta acuñación ofrece dos novedades. Conmemora la creación de una provincia recientemente conquistada. Las representaciones de Gallia o de Hispania en la escultura de Augusto de

Prima Porta en Roma llevan sus atributos. Una segunda novedad es la representación de una provincia vinculada con una legión. La moneda conmemora el primer contacto de Dacia con los romanos, después del año 103, lo que prueba que Roma consideró en esa fecha la creación de la provincia romana de Dacia, aunque de hecho lo fuera más tarde, terminada la segunda guerra dácica.

Monumentos

Muchas monedas acuñadas por Trajano conmemoran el grandioso programa edilicio del emperador, que siguió a la conquista de Dacia. Igualmente aluden a la institución alimentaria de Italia. El fabuloso botín tomado a los dacios y los ingresos obtenidos de la explotación de las riquezas de la nueva provincia, riquísima en minerales, podían sufragar sin dificultad los cuantiosos gastos de las guerras.

El primer tema tratado en las monedas de Trajano es la representación de la Columna Trajana, presente en 14 tipos de monedas. Las escenas de esta columna son la mejor fuente gráfica de información de la guerra dácica, perdidas las memorias de Trajano. Eran un medio de propaganda política de primer orden, aunque lo fuera sólo para los visitantes de Roma. En el año 107, fecha del comienzo de la construcción de la Columna Trajana, ya se representó en monedas. La mayoría de los tipos con esta columna se acuñaron en el año 114, un año después de la inauguración del monumento. Las emisiones continuaron hasta el 116.

Dos emisiones de los años 114-115 conmemoran el Foro de Trajano, inaugurado en el 112. Las monedas reproducen la puerta principal coronada por una estatua de bronce dorado de Trajano, por trofeos y por esculturas de las victorias. También se representó la Basílica Ulpia en cuatro tipos monetales diferentes, acuñados en los años 111, 114 y 115.

El *Aqua Traiana* está representada en acuñaciones de los años 110 y 114. La construcción de la *Via Traiana*, que unía Benevento y Brindisi, se celebró en seis tipos monetales. La emisión se fecha en los años 113-114.

Alimenta Italiae

Las instituciones alimentarias de Italia, a las que se alude más adelante, aspecto fundamental del programa político de Trajano, se conmemoran en 20 tipos de monedas. Aparecen en el año 110 y a continuación en los años 113-114.

Piensan G. C. Picard, E. Bianco y E. Oberländer, apoyados en las representaciones de las monedas acuñadas por Trajano, que para este emperador la conquista de Dacia y la creación de la provincia tuvieron la misma importancia que la batalla de *Actium* para Augusto o la conquista de Judea para Vespasiano, hipótesis que es muy probable. La conquista de Dacia legitimaba la adopción hecha por Nerva, al igual que la conquista de Judea, la subida al trono de Vespasiano y de sus dos hijos. Esta conquista era querida por los dioses, de ahí las imágenes de Júpiter, Hércules, Marte y Roma Victrix. La victoria se debía al ejército, al Senado y a Roma por igual.

Las monedas celebran aspectos fundamentales del programa político de Trajano, como la construcción de edificios y monumentos dentro y fuera de Roma, de calzadas y las *Alimenta Italiae*. En ellas se representa a Trajano como hombre profundamente religioso y agradecido a la protección otorgada por los dioses.

Composición del ejército en las provincias de Germania en la época de Trajano

Este importante tema últimamente ha sido tratado por T. Fischer. El cuerpo de élite del ejército romano eran las legiones. Cada una de ellas estaba compuesta por 6.400 hombres, que eran todos ellos ciudadanos romanos. En tiempos de Trajano había 230 legiones asentadas en las fronteras del Imperio. Las tropas auxiliares, en número semejante al de las legiones, estaban formadas por hombres libres, pero que no disfrutaban de la ciudadanía romana, a la que tenían acceso después de 25 años de servicio. La unidades auxiliares eran de infantería o de caballería. A veces las tropas auxiliares iban armadas según la procedencia de los soldados.

El tipo de campamento romano para albergar las legiones y las tropas auxiliares, que heredó Trajano, estaba protegido por un foso y por un muro. Era de planta rectangular, con las esquinas redondas. Tenía cuatro puertas y varias torres de defensa y vigilancia. La *via principalis* dividía el campamento en una parte anterior, de dimensiones más pequeñas, y una posterior de mayor tamaño, llamada *retentura*. La vía unía las dos puertas principales: la *porta principals sinistra* y la *porta principalis dextra*.

En el centro del campamento se hallaba el edificio del comandante de la legión, llamado *principia*. De este edificio partía la *via praetoria*, que llevaba a la puerta principal del campamento, *porta praetoria*. Detrás de los *principia* partía la *via decumana*, que conducía a la *porta decumana*. Un camino de ronda recorría el campamento, la *via sagularis*. Los cuarteles de los tribunos y de las tropas militares se encontraban en la *pratentura*. Los castillos eran edificios más reducidos y albergaban las tropas auxiliares en la *pratentura*.

A los lados de los *principia* se colocaban las *fabricae*, oficinas, los *horrea*, almacenes para conservar los alimentos, y el *valetudimarium*, hospital. Detrás de los *principia* estaba el cuartel del comandante o *praetorium*. En la *retentura*, también se podían encontrar las *scholae*, para hacer ejercicios físicos y reunirse en asambleas. Pronto los campamentos contaron con las *canabae*, donde se asentaban civiles, y más lejos los *vici*. Ambos, con el tiempo, se convirtieron en ciudades.

No existían tropas de reserva; sin embargo, la *Ley de Urso* (Osuna, Sevilla), colonia fundada con ciudadanos de la plebe de Roma, les obligaba a acudir a las armas si se les llamaba.

En casos de peligro, se destacaban legiones y tropas auxiliares de un lugar a otro, las *vexillationes*. Estos desplazamientos los hizo Trajano durante las guerras de Dacia y contra los partos. Era un traslado de tropas que estaba ya planeado en los años de Domiciano. Los campamentos en tiempos de Trajano estaban asentados en las riberas del Rhin y del Danubio. Los campamentos de Dacia se encontraban en *Sarmizegetusa*, en *Apulum* y en *Potaissa*. Los de las dos Germanias ya se han mencionado anteriormente. Los castillos se extendieron de Britannia a *Moesia*. Con la terminación de la guerra dácica, algunas legiones fueron trasladadas a Oriente.

EL ARMAMENTO MILITAR EN EL EJÉRCITO DE TRAJANO

El armamento y el equipaje de los soldados en época de Trajano son bien conocidos por las figuras de las estelas funerarias, por los relieves de la Columna Trajana en Roma, por el monumento de Adamklisi y por los hallazgos arqueológicos.

El equipaje lo obtenía el soldado al alistarse, y para ello recibía un dinero. Era propiedad suya. Los soldados se encargaban de procurarse nuevas armas, de mantenerlas en buen uso y de repararlas. Al licenciarse podían llevarlas o venderlas a otros compañeros. El armamento se fabricaba en los *vici* o en las *canabae* y era muy uniforme.

El legionario vestía una amplia túnica de lino o de lana, que cubría hasta la parte alta de la pierna. Un cinturón rodeaba la cintura. El manto era de dos tipos. Uno se sujetaba con una fíbula, el *sagum* copiado del vestido ibero por el ejército romano, al final de la guerra de Numancia (133 a.C.). Era una prenda hispana que abrigaba mucho, muy apta para climas fríos. La *paenula* se usaba sin sujetarse con una fíbula. El rigor del clima obligó a las tropas romanas de Gallia y de Germania a usar pantalones de piel o de paño, utilizados por los celtas. Un pañuelo al cuello defendía del sol o del frío. Los pies calzaban unas sandalias, *caligae*.

El soldado romano se protegía la cabeza con el yelmo, fabricado de bronce o de cuero, que tenía paranuca, visera, apertura para los oídos y protecciones metálicas para los carrillos. El emperador y la alta oficialidad vestían coraza, que protegía el busto. Constaba de dos partes de bronce que se ajustaban. Iba decorada y adornada con figuras. Buenos ejemplos de corazas son las usadas por Augusto, como la que viste en la estatua de Prima Porta, Roma. La coraza va decorada con varios sucesos históricos y alegóricos en repujado. En el centro, un militar recibe del legado parto las insignias militares arrebatadas a Craso. Hispania y Gallia vencidas lloran sus derrotas. En la parte alta del pecho, el cielo cubre con su manto el curso del sol, cuya cuadriga guían las personificaciones del Rocío y de la Aurora, esta última sostiene la antorcha de Phosphoros. En la zona interior se encuentra Tellus (la Tierra), con la cornucopia repleta de frutos y acompañada de dos niños. Los oficiales vestían un corsé de manga corta.

En la época de Trajano, los legionarios se protegían el cuerpo con una armadura formada por láminas yuxtapuestas de hierro. El escudo, abombado, rectangular con *umbo* en el centro y decorado con figuras, era el arma defensiva por excelencia y por lo que se diferenciaban los legionarios de las tropas auxiliares. Estaba fabricado de cuero y de madera. El borde, la decoración y la abrazadera solían ser de metal.

El arma ofensiva era el *gladius*, que se generalizó a partir de mediados del siglo i, formado por láminas y terminado en punta. A final del siglo i se sujetaba por el lado derecho al cinturón, *cingulum*, mediante cuatro anillas de bronce, o a una bandolera, el *balteus*. En el lado izquierdo, el soldado llevaba el puñal, *pugio*. También el infante iba armado con la lanza, *pilum*, fabricada de madera, terminada en punta de hierro con forma de pirámide. Se lanzaba al comienzo del ataque. El soldado, igualmente, atacaba con flechas y proyectiles, que durante el gobierno de Trajano sufrieron importantes innovaciones técnicas.

En la Columna Trajana, la diferencia del armamento del soldado legionario y del auxiliar están bien patentes. Las tropas auxiliares usaban como armas ofensivas, al igual que los legionarios, el *gladius* y el *pilum*. Las tropas de origen oriental luchaban con arco y con flechas. Las armas defensivas eran los yelmos y la coraza de cuero con escamas. Las corazas solían tener abrazaderas de hierro.

El escudo de las tropas auxiliares de infantería era de forma oval y plano. Las tropas auxiliares de caballería eran la élite del ejército romano. El uniforme era parecido al de los infantes. Bajo la túnica llevaban pantalones de cuero. Las armas defensivas eran el yelmo, mejor trabajado, y la coraza, que era más flexible. La caballería usaba un escudo hexagonal.

Las armas ofensivas de la caballería eran la espada larga, *spatha*, las lanzas y los dardos.

En combates lúdicos o en paradas, en espectáculos o en entrenamiento, los jinetes utilizaban armas de parada, más ligeras, ricamente decoradas, por lo habitual con imágenes de dioses o de héroes, con figuras y simbología militar. Los yelmos llevaban decoraciones de máscaras de hierro o de bronce. Las cabezas de los caballos llevaban frontales de metal o de cuero y anteojeras de bronce. El pecho del animal se cubría con faleras y con máscaras humanas de carácter apotropaico.

EL EJÉRCITO ROMANO SEGÚN LA COLUMNA TRAJANA

Los relieves de la Columna Trajana proporcionan datos muy interesantes sobre el ejército que guerreó en Dacia. La totalidad de los efectivos militares ascendía a 350.000 hombres, de los que 140.000 eran legionarios, algunos miles de pretorianos y las tropas auxiliares. El ejército romano en la época de Trajano ha sido estudiado por A. M. Liberati, apoyándose en los relieves de la Columna Trajana. Este ejército defendía unos 9.000 km de frontera; por tanto, era un ejército pequeño en número. Dificultades financieras y de reclutamiento fueron las causas que llevaron a Roma a disponer de un ejército relativamente pequeño e insuficiente como para poder cubrir todas sus necesidades.

A partir del siglo II se alistaban en el ejército reclutas locales o hijos de legionarios. Desde mediados del siglo I Italia dejó de ser cantera de las legiones, que a partir de ese momento se reclutaban en las provincias, ocupando Hispania el lugar más destacado en los primeros años.

El emperador nombraba la suprema autoridad del ejército, que era el *legatus*, que pertenecía al *ordo* senatorial. Los *tribuni* del orden senatorial o ecuestre ayudaban al *legatus*. Cada legión tenía seis *tribuni*. Seguían en la escala militar los centuriones, cuyo número ascendía a 60 en cada legión, al frente de los cuales se encontraba el centurión *primus pilus*. Durante los años del gobierno de Trajano, los dos supremos cargos de las legiones no eran de carrera. El símbolo de la legión era el águila con las alas desplegadas. En la Columna Trajana abundan las representaciones de soldados en plena acción.

La caballería ocupaba un puesto subalterno con respecto a la infantería, en el ejército. Fue un cuerpo que sufrió profundas transformaciones con Augusto. En la Columna Trajana están representadas las *alae* y *cohortes equitatae* de las tropas auxiliares y los *numeri*.

Cada legión contaba con 120 jinetes agrupados en *turmae*, al frente de las cuales se encontraba el *decurio*. La caballería tenía un signo distintivo, llamado *vexillum*. En las guerras dácicas la caballería desempeñó un papel importante en las acciones guerreras.

Las *cohortes praetoriae* formaban la guardia personal del general. En tiempos de Augusto, las *cohortes praetoriae* eran nueve, de las que tres se encontraban en Roma y las restantes en Italia. Domiciano empleó las *cohortes praetoriae* en sus campañas contra los catos y dacios. Años antes, los emperadores Calígula (37-41) y Claudio (41-54) las habían usado en Germania y en Britannia. Trajano siguió el ejemplo de sus antecesores en este punto. Al principio, los pretorianos procedían de Italia, y a partir de Claudio de las provincias. Las *cohortes praetoriae* estaban formadas por jinetes. Se calcula que cada *cohors* estaba formada por unos 1.000 hombres, al frente de los cuales se encontraba un tribuno. Trajano llevó consigo a la guerra la *cohors X*, al frente de la cual se encontraba Claudio Libanio.

Las tropas auxiliares desempeñaban un papel importante en el ejército romano. Eran infantería, *cohortes*, o caballería *alae*, con 500 *(quinquenariae)* o 1.000 *(miliariae)* soldados. No está claro si la *cohors miliaria*, que se colocaba en primera fila, fue ya usada por Trajano. Al frente de las tropas mercenarias se encontraban los *praefecti*, que pertenecían al *ordo ecuestre*. El armamento era un asta terminada en punta de lanza.

Las cohortes llevaban el nombre del origen de los soldados. Así existían la *cohors Batavorum miliaria*, del nombre de la nacionalidad de origen; la *cohors I Bosporiana miliaria sagittorum equitata*, que tomaba el nombre de su armamento; la *cohors II Flavia Bessorum*, del nombre del emperador que la había fundado o concedido ciertos honores; y la *ala Siliana*, del nombre del oficial que la organizó.

En las guerras dácicas, preparadas con gran cuidado, participaron numerosas tropas auxiliares. Así sabemos que sucedió en la batalla de *Tapae*, y aparecen representadas en la Columna Trajana.

La caballería maura intervino en la guerra dácica como demuestra un relieve de la Columna Trajana. Al frente de ella se encontraba Lusio Quieto. El mauro Lusio Quieto, por sus méritos de guerra, llegó a ser íntimo de Trajano. Su ascensión data de la primera guerra dácica. Aconsejó a Trajano la guerra contra los partos, para solucionar definitivamente los problemas militares de Oriente. En el 114 conquistó Mesopotamia. En el 117 se trasladó a Judea, donde fue legado de la *Legio X Fretensis*. En el 118 fue asesinado con el pretexto de que había tomado parte en una conjura contra el emperador Adriano. Los jinetes mauros lucharon también contra los partos. Se puso en práctica ahora una nueva estrategia militar, al dejar la infantería los puestos decisivos a la caballería. Los jinetes representados en la Columna Trajana vestían una túnica corta; su arma principal era la lanza, que permitía a la caballería una gran libertad de movimientos. La excelente actuación de la caballería en estas campañas queda patente en el hecho de que también la empleó Trajano en las guerras pártica y judaica, y años después, igualmente contra los partos, Lucio Vero.

En los años que transcurren entre finales del siglo I y comienzos del siguiente, aparecen junto a los ejércitos los *numeri*, que procedían de los pueblos amigos o aliados del Imperio romano. Podían ser jinetes, soldados o formar unidades mixtas. Su número variaba entre 300 y 900. En los relieves de la Columna Trajana se representan entre los *numeri* arqueros orientales, honderos y germanos.

Piensa A. M. Liberati que la razón de su utilización por Trajano obedece a que se necesitaban tropas de procedencia extranjera, al estar las legiones y los *auxilia* formados casi en su totalidad por soldados del país.

Los *numeri* tomaban los nombres de las regiones de origen, así se conocen *numeri Brittorum*, *Palmyrenorum*, *Divitenses*, *Cattarhensium*. Las unidades de *numeri* estaban mandadas por un prefecto o por un tribuno. Luchaban con el armamento y la táctica de sus lugares de procedencia.

A. M. Liberati puntualiza que al llegar Trajano a Dacia se enfrentó con los roxolanos, pueblo de origen sármata, aliado de los dacios. Su táctica era típicamente oriental, por conservar la

táctica de los pueblos de la altiplanicie irania. Tenían caballería pesada. Los romanos usaban en la guerra numerosas unidades de arqueros, principalmente orientales y tracios. Trajano
creó el *ala Ulpia contariorum civium romanorum*, que luchaba
con una larga lanza.

DACIA PRERROMANA

Los dacios eran una rama de los getas. Los romanos entraron en contacto con ellos a finales del siglo ii a.C. A mediados de
ese mismo siglo, la cultura geto-dácica fue muy floreciente, lo-
grando una gran unidad en el territorio cárpato-danubiano. Esta
cultura pervivió hasta el 106.

En el siglo ii a.C., según A. Vulpe, se ponen las bases de la
mayoría de los asentamientos de tipo *oppidum* de Dacia. La gran
mayoría de ellos tienen topónimos con el sufijo *–dacia*, que indican su carácter de centros religiosos, artesanales o residenciales.

Las formas cerámicas son específicas de la región. Se trabajaban los metales preciosos, principalmente la plata, con técnicas que, por la decoración, son fácilmente reconocibles. En la
decoración aparecen figuras antropomorfas. Se trata de una
forma de trabajar que también está documentada en el Danubio y en Transilvania.

Los santuarios son todos muy semejantes: de planta basili-
cal, con dos o tres naves absidiales. El segundo tipo de santuario es de planta rectangular, con el interior subdividido por pilastras, posiblemente de piedra. Estos dos tipos de santuarios
se localizan en los alrededores de *Sarmizegetusa Regia*, en las
montañas al norte de Transilvania y en el sureste de esta región. Se acuñaban monedas de plata entre los años 150-50 a.C.,
siguiendo modelos monetales tracio-helenísticos. Estas monedas circulaban en Transilvania y en el Bajo Danubio. En el espacio cárpato-danubiano, las monedas seguían el prototipo de
las acuñaciones de Filipo II.

Los textos literarios sobre Dacia son muy escasos. Las fuentes romanas se interesaron por ella a partir del reino de Burebista, el creador del primer estado dacio centralizado, quien pro-

cedía, seguramente, de la zona gética del Bajo Danubio y gobernó entre los años 72-44 a.C., sobre las tribus getas y dacias.

Destruyó las tribus celtas de los boyos y de los escordiscos. Con sus incursiones llegó hasta la frontera de Macedonia. Burebista supo aprovechar la desaparición de Mitrídates VI Eupator, rey del Ponto, vencido por los romanos en el año 63 y se apoderó de la mayoría de las colonias griegas situadas entre *Olbia* y *Apollonia*. Prometió ayudar a Pompeyo en la guerra civil antes de la batalla de Farsalia, en el 48 a.C. César preparó en revancha una gran expedición militar contra Dacia. Con este fin reunió en Macedonia 16 legiones y 10.000 jinetes. En el año 44 a.C. desaparecían asesinados tanto César como Burebista. El reino de este último se desintegró inmediatamente después de su muerte y se subdividió en cuatro formaciones políticas. La desaparición de Macedonia en el 168 a.C. y la creación en el 148 de la provincia de Macedonia, dejaron a los romanos abierto el camino de los Balcanes. Entre los años 109 y 107 a.C., el general M. Minucio Rufo luchó duramente contra dacios y escordiscos. En el año 74 a.C., C. Escribonio Curio, gobernador de Macedonia, llegó al Danubio y su sucesor conquistó la desembocadura del río. En el 72-71 a.C., se apoderó de *Dobrogea*. En el año 61 a.C., Antonio Hybrida, procónsul, fue derrotado por los getas.

Los reyes dacios intentaron intervenir en las luchas civiles de Roma. Antes de la batalla de Filippos, en el 42 a.C., el rey dacio Coson, al parecer, prometió ayudar a Bruto, uno de los asesinos de César. Antes de la batalla naval del 31 a.C., en *Actium*, el rey dacio Dicomes prometió socorrer a Marco Antonio. A. Vulpe sugiere que los reyes dacios apoyaban a los romanos, que representaban los intereses de Oriente.

Hacia el año 4 a.C., el comandante militar romano, Elio Cato, trasladó a *Moesia* 50.000 dacios, a la orilla izquierda del Danubio. Entre los años 29-27 a.C., M. Licinio Craso introdujo sus tropas en el espacio comprendido entre la desembocadura del Danubio y el mar Negro. En el año 15, Tiberio creó la provincia romana de *Moesia*. En el año 66, Tiberio Plauto Escribano Eliano asentó al norte de la desembocadura del Danubio a 100.000 sármatas, bastarnos y dacios.

Entre los años 10 y 12, el gobernador de *Pannonia* Cn. Cornelio Léntulo penetró en Dacia en una operación de castigo.

A partir del asesinato de Burebista se conocen los nombres de algunos reyes dacios. Deceneo, gran sacerdote de Burebista, fue su sucesor. Parece que intentó aglutinar a las tribus geto-dacias. La política de entendimiento con Roma fracasó. Los dacios, a la muerte de Nerón, el 68 a.C., aprovechándose de la guerra civil del año de los tres emperadores y de la salida de *Moesia* de algunas legiones, para intervenir en la guerra, atacaron. La provincia fue salvada por la rápida intervención del general romano Muciano. Durante los años del gobierno de Domiciano, las relaciones entre Roma y los dacios se deterioraron. En el año 85-86, el rey dacio, Duras, atacó *Moesia*, y arrasó muchos campamentos romanos, perdiendo la vida con sus soldados el gobernador de la provincia, C. Oppio Sabino.

En el año 87, el prefecto de pretorio, Cornelio Fusco, al frente de algunas tropas se dirigió a *Sarmizegetusa Regia*. En un encuentro con el enemigo murió el prefecto del pretorio y gran número de soldados.

En el año 88 Domiciano rodeó a *Moesia*. Encomendó el mando de las tropas a Tettio Juliano, que obtuvo un triunfo con grandes pérdidas de hombres contra el rey Decébalo. En el año 89, Domiciano firmó una paz desfavorable para Roma. Con Trajano llegó la verdadera conquista de Dacia y la conversión a provincia.

La primera guerra dácica

Esta política exterior expansionista, que se analizará detenidamente más adelante, responde a las ideas ya expuestas, que justifican todas las campañas militares de Trajano. Inmediatamente después de subir al trono se iniciaron los primeros preparativos para la guerra. Durante los años 98-99, Trajano permaneció en las provincias danubianas. Hacia el año 101, con la fundación de la *Porta di Ferro* se aseguró la navegabilidad por el Danubio. En el año 101 Trajano partió de Roma para ponerse al frente del ejército acuartelado en el Bajo Danubio. Se encaminó a *Viminatium*, lugar donde habían acuartelado 12 legiones. El ejército romano penetró en el reino tracio, en la Transilvania occidental, obteniendo una dudosa victoria en *Tapae*. En el otoño del 101 Decébalo lanzó una dura contraofensiva hacia la *Moesia Interior*, que Trajano logró frenar en una batalla en torno al futuro *Tropaeum Traiani* en Adamklisi. En el año 102, el ejército de Trajano tomó la ofensiva y penetró en el interior del reino de Decébalo. La guerra terminó ese mismo año con una paz de compromiso, que confirmaba a Decébalo como rey de los dacios, y su reino se convirtió en vasallo del Imperio romano. El caudillo dacio se comprometió a destruir las fortalezas y a admitir una guarnición, la *Legio XIII* en *Sarmigezetusa,* que después se convirtió en la colonia *Ulpia Traiana Augusta*. El territorio dacio quedó mermado. La mayor parte de Benato pasó a *Moesia Superior*. La propaganda imperial anunció, falsamente, la liquidación de los dacios. Trajano, a finales de diciembre del año 102, celebró en Roma el triunfo. Estas campañas militares no legitimaron la soberanía mediante una aplastante victoria militar; se hizo necesaria una segunda campaña para derrotar definitivamente al ejército de Decébalo y someter Dacia a Roma. Esta guerra estaba motivada por razones ideológicas y de política interna. En los años siguientes se reorganizó la frontera del Danubio, ante los posibles ataques de los bárbaros. Se erigieron fortalezas en lugares estratégicos, como en la entrada de los valles de los Cárpatos. La provincia de *Pannonia* se subdividió en dos; subdivisión que reforzó el *limes* ante la presión de marcomanos, yazigas y cuados. Dos nuevos acuartelamientos de *Moesia Inferior* defendían los pasos del Danubio de yazigas y sármatas roxolanos.

Anexión del reino nabateo

En el invierno del 104/105, Trajano se anexionó el reino de los nabateos y creó la nueva provincia de Arabia, importante región que era la cabecera de la ruta caravanera, que atravesaba desde el sur toda la península de Arabia, y que inundaba Oriente de productos de lujo, como especias, piedras preciosas, maderas finas, vestidos de excelente calidad, metales preciosos y esclavos, que después llegaban a Roma a través de Damasco y de

Antioquía, capital de la riquísima provincia de Siria. Trajano, al morir el último rey nabateo, negó a su sucesor el derecho a acceder al trono; anexionando al Imperio romano el reino nabateo, Trajano tenía las manos libres para actuar en Dacia.

La segunda guerra dácica

En el año 108 estalló por sorpresa la segunda guerra dácica, al atacar Decébalo las posiciones romanas de Transilvania occidental.

En junio del año 105, Trajano partió de Roma hacia el Danubio, donde estabilizó la situación y preparó la ofensiva del año siguiente. Decébalo atacó los fuertes romanos del Banato y pretendió cruzar el Danubio, sin conseguirlo. A continuación se dirigió al territorio de los yázigas, posiblemente con intención de levantarlos contra Roma. Trajano se presentó en el frente de operaciones, pero hasta el comienzo del año siguiente no pudo controlar la situación. En el año 106, el ejército romano penetró en el reino de Decébalo. Trajano cruzó el Danubio y logró recuperar el Banato. La captura de *Sarmizegetusa Regia* agotó la resistencia de los dacios. Decébalo huyó y se refugió en las montañas del norte del país. Cercado por las tropas romanas, se suicidó. La guerra continuó unos pocos meses más, para limpiar de enemigos el territorio.

El cuartel general del emperador estaba en *Porolissum*. Dacia perdió el estatuto de estado-cliente. La región danubiana se incorporó a la provincia de *Moesia* y el resto fue declarado la nueva provincia Dacia, a la que se añadieron algunos territorios septentrionales. Los veteranos se asentaron en una nueva capital, de nombre colonia *Dacica*, años después.

Se fundó, en tiempos de Adriano, una nueva capital llamada *Colonia Ulpia Traiana Dacica Sarmizegetusa*, que fue el centro administrativo y un importante nudo de comunicaciones. Desde el año 108, una magnífica calzada unía la ciudad con la guarnición de *Porolissum* y *Apulum*. La nueva provincia se romanizó inmediatamente. Trajano asentó en Dacia a veteranos licenciados. Sirvió, también, de tapón contra el mundo germano.

Diez legiones estaban acuarteladas en su territorio. Dacia era rica en minas. Su conquista fue un río de dinero para las arcas del Imperio. Al año siguiente, Trajano volvió a Roma vencedor, donde celebró un triunfo sin precedentes en la historia de Roma. Los juegos duraron 117 días. Se celebraron durante tres años. Trajano había recibido los títulos de *Germanicus*, *Dacicus*, y en el 116 el de *Parthicus*. El título de *Germanicus* lo recibió Druso el Mayor a título póstumo y se transmitió a sus descendientes como nombre de familia. Domiciano también recibió el título de *Germanicus*. Después de Trajano, sería nuevamente otorgado a Lucio Vero (161-169) con el añadido de *Magnus*. A partir de la victoria en Dacia de los años 102 y 106, el camino y la propaganda política en torno a la persona de Trajano alcanzaron una altura que nunca había logrado Domiciano, manifestada en el Foro inaugurado en el 112 y en la Columna Trajana, que describe gráficamente la guerra dácica, en Roma. Ambos monumentos son la mejor representación de la heroización y de la apoteosis del emperador en vida. El gigantismo y la pomposidad de los monumentos encajan muy bien en la concepción del poder de Trajano. Ambos monumentos reafirman el poder y el expansionismo militar de Trajano, que intentan superar la obra militar de César (100-44 a.C.), de Augusto y del propio Alejandro Magno, que era el modelo de César.

Conflicto dinástico en Armenia

Liquidado el reino de los dacios, la única región donde se podía continuar la guerra era la ocupada por los partos. Craso (115-52 a.C.), en el 52, ya había sido derrotado estrepitosamente en Carras. César, cuando fue asesinado en el 44 a.C., estaba preparando una campaña contra los partos. Probablemente, Trajano sólo planeaba la anexión de Mesopotamia al Imperio. En el año 105 murió Pacoro II, rey parto, que con el consentimiento de Roma concedió el trono de Armenia a su hijo menor Exedares o Axidares. Cosroes, nuevo Gran Rey de los partos, prefería al hermano mayor de Axidares, de nombre Partamasiris en el trono de Armenia, en el año 113. Este cambio, aceptado por Roma, podía ser considerado una ruptura del tratado romano-parto del año 63. Las causas de la actuación de Cosroes responden a la situación interna del reino parto. Cuando Cosroes fue entronizado, Media y otras regiones del reino parto proclamaron rey a un usurpador en las regiones septentrionales. La corona parta en realidad correspondía a Partamasiris, que era el sucesor directo de Pacoro. La expulsión de Axidares, persona más próxima a Roma, motivó la intervención de Trajano, que pensaba que la actitud de Cosroes perjudicaba los intereses romanos en Armenia. Estando Trajano en Atenas recibió una embajada del rey parto, en la que se le suplicaba que reconociera a Partamasiris como rey vasallo de Roma.

En el año 114 comenzaron las operaciones. La región fue ocupada sin mayores problemas. Partamasiris, aunque tributó pleitesía al emperador, no fue confirmado en el trono, sino que se proclamó Armenia provincia romana. Partamasiris fue asesinado por la escolta de soldados romanos, mientras que se marginó a Axidares, lo que prueba que los planes de Trajano eran muy diferentes. En las monedas del año 112 hay ya claras alusiones a una guerra de proporciones gigantescas. Armenia, convertida ya en provincia romana, se reveló como imprescindible para atacar a los partos desde el norte. Ya en el año 36 a.C., Marco Antonio la visitó con un ejército en el que iban 10.000 soldados celtas e iberos.

La guerra contra los partos

La guerra contra los partos era diferente de la de Dacia al no existir una frontera bien definida y al haber alcanzado los partos una cultura muy avanzada. La guerra no obedecía sólo a problemas de frontera. Existía un contraste ideológico. Trajano conocía bien el problema al haber participado en el año 76, a las órdenes de su padre, gobernador de Siria, en la breve guerra contra Vologeso I. Trajano intentó solucionar el problema parto partiendo de las ideas de César y de Marco Antonio, o sea, conquistando el territorio. Las causas verdaderas de la guerra parta, según J. Martínez-Pinna, obedecen al deseo de gloria del emperador, aumentado por el clima de euforia que reinaba en Roma después de la conquista de Dacia; a la preocupación por consolidar la parte oriental de Mesopotamia, siempre amenazada por el reino parto; al deseo de controlar el comercio procedente del Medio y Lejano Oriente que afluía a través de las antiguas rutas caravaneras a Siria y a Egipto. Aspecto este último vinculado con la idea del Imperio Universal defendido por Trajano.

En el año 113 se trasladaron a Oriente gran número de tropas. Este mismo año Trajano dejó Roma. En el año 114 colocó su cuartel general en Antioquía.

La ciudad de *Nisibi* se tomó por las armas. El potente principado de *Osroene* regido por Abgar se convirtió en aliado de Roma. Su capital, *Edessa*, fue elegida por Trajano como cuartel de invierno. L. Quieto continuó el avance hacia el sur, conquistando la importante ciudad de *Singara*. En 10 meses conquistaron Armenia y Mesopotamia septentrional. El éxito acompañó a Trajano en estos primeros momentos de la conquista. En el 115 se tomó, quizá, la importante ciudad de *Dura-Europos* y se consolidaron los territorios ocupados con los que Trajano creó la provincia de Mesopotamia, con las regiones comprendidas entre el Eufrates y el Tigris, excepto *Osroene*.

El emperador, pensando en nuevas conquistas, construyó una poderosa flota naval. Durante el año 116 tuvo lugar la tercera campaña. Ya el Senado, antes de comenzarla, le había otorgado el título de *Parthicus*. Esta campaña se planeó mediante el avance simultáneo de dos columnas, una apoyada en el Eúfrates y en la flota naval, otra seguía la llamada ruta de Alejandro. Ambas columnas planearon llegar a *Ctesifonte*, capital del reino parto. Las operaciones se desarrollaron según el programa previsto. Trajano mandó la columna oriental y pasó por *Adiabena, Gaumela, Arbela*, lugares todos visitados por Alejandro Magno. Con estos territorios Trajano creó la provincia de Asia. El emperador, a continuación, se puso al frente de la columna que operaba en la cabecera del Eufrates. Ocupó Babilonia y *Seleúcida del Tigris* y cercó *Ctesifonte*, que se rindió en el 116. Cosroes, sin embargo, logró huir, pero su hija cayó prisionera. El impacto en Roma de la toma de *Ctesifonte* fue enorme. Se decretaron todo tipo de honores al emperador y se le ofreció un arco de triunfo. La caída de *Ctesifonte* no significó la desaparición del reino parto, al conservar éste toda la meseta irania. Trajano continuó avanzando hasta las orillas del golfo Pérsico, recibiendo la sumisión de los príncipes locales. Desde aquí pasó a Babilonia, después de seguir las huellas de Alejandro Magno. En Babilonia residió en el palacio en el que había muerto Alejandro Magno.

Trajano llevó al Imperio romano a su máxima extensión territorial. Las conquistas de Oriente no tuvieron a corto plazo consecuencias beneficiosas para Roma. Quizá Trajano pensaba, siguiendo el modelo de Alejandro Magno, llevar sus conquistas hasta la India.

La política oriental de Trajano fue abandonada por su sucesor, Adriano, inmediatamente.

La revuelta judaica

La gran guerra judaica (66-70), que terminó con la destrucción de Jerusalén por las legiones romanas a las órdenes de Tito (79-81), no resolvió definitivamente el problema judío.

En el año 115 estalló una gran revuelta judaica debida al fanatismo religioso, que se extendió por la Cirenaica, Chipre, Egipto, Mesopotamia y Palestina, regiones de gran importancia para el Imperio romano.

Ciertas razones obligan a separar la insurrección judía del norte de África y Chipre de las de Asia, aunque sean contemporáneas. La verdadera situación era diferente. En unas regiones el enfrentamiento era entre las comunidades judía y griega, y en Palestina se trataba de un desafío de la comunidad hebrea a la dominación romana. Antes del año 113, un papiro egipcio informa de sendas embajadas, de griegos y de judíos de Alejandría a Trajano. Los contenciosos de las comunidades de Alejandría datan, pues, de años antes del estallido frontal de las hostilidades, según los datos que se deducen del papiro. Trajano, su casa imperial y el Senado eran favorables a los judíos. Las causas de enfrentamiento entre ambas comunidades en Alejandría eran de carácter ideológico, además de que debieron existir otros motivos de carácter social y económico.

La revuelta estalló en *Cirene* en el 115 y duró un año. Al frente de la sublevación se puso un tal Andrés. Los judíos asesinaron a muchos ciudadanos e hicieron grandes destrozos en los monumentos de la ciudad. Los altercados debieron desembocar en una revuelta nacionalista, algo que en principio era sólo un contencioso radical, basado en un planteamiento de independencia política y de mesianismo.

La revuelta de *Cirene* se extendió a Egipto y aquí adquirió mayores proporciones al haber un caldo de cultivo previo. Los judíos lograron controlar el país del Nilo al unirse a ellos los egipcios; mientras, Alejandría permaneció en poder de griegos y romanos. El prefecto romano, M. Rutilio Lupo, fue capaz de reducir a los revoltosos. Al final los judíos fueron vencidos y sus bienes confiscados. Trajano envió tropas desde Asia a las órdenes de un gran militar, Q. Marcio Turbón. El enfrentamiento entre griegos y judíos acabó como una guerra formal entre romanos y judíos.

En Chipre las comunidades judías también se revolucionaron. Los acontecimientos se desarrollaron con gran dureza. Al frente de los insurrectos se puso Artemión, quien llevó al judaísmo chipriota a la casi extinción. Antes, los judíos hicieron en la población griega una auténtica masacre. Trajano, para sofocar la rebelión judía, trasladó efectivos de la *Legio VII Claudia* a la isla, a las órdenes del tribuno C. Valerio Rufo. La represión romana fue rigurosa.

Los judíos de Mesopotamia igualmente se levantaron. En esta región los judíos acababan de incorporarse al dominio de Roma. Por lo tanto, debe desligarse la revuelta de Mesopotamia de las de *Cirene*, Chipre y Egipto. Los hebreos de Mesopotamia luchaban a favor de los partos. Había, también, razones económicas en la sublevación, al tener los judíos de Mesopotamia una gran libertad de comercio, que se tambaleaba bajo Roma y la fiscalidad romana. La comunidad judía de Mesopotamia no había sido humillada por Roma con anterioridad a la revuelta. Roma tenía en la región una gran concentración de tropas, llevadas hasta allí a causa de la guerra contra los partos. En el año 116 se levantó la comunidad judía. Trajano, en opinión del historiador eclesiástico Eusebio de Cesarea, que vivió a caballo entre los siglos III y IV, temió un ataque judío en Mesopotamia y ordenó a Lusio Quieto hacer una limpieza preventiva.

La revuelta judía de Palestina fue independiente de las anteriores. Sobre esta sublevación se está mejor informado por la *Historia Augusta. Vita Hadriani*, obra de finales del siglo IV de autor anónimo. Trajano confió Judea a Quieto, quien solucionó el problema judío.

El resultado de estas revueltas fue funesto para los judíos de *Cirene*, Chipre y Egipto, que vieron mermada su población. La comunidad judía de Alejandría se empobreció, vio su sinagoga cerrada, su jurisdicción propia suspendida y se vio obligada a soportar una mayor presión fiscal. Cierto éxito tuvo la insurrección de Mesopotamia. Ello debido a que Adriano abandonó los territorios tomados a los partos por Trajano. Adriano heredó de Trajano el problema judío sin resolver.

Capítulo 7

POLÍTICA DE TRAJANO EN ORIENTE

Tracia

Durante los años del gobierno de Trajano, Tracia, rica en minas de oro, no fue gobernada por un procurador, sino por un legado pretoriano. Este cambio fue acompañado de una reorganización interna de la provincia. El objetivo de esta política, como indica A. H. M. Jones, fue abolir el sistema centralizado de gobierno y entregar la administración del país a las autoridades locales. El primer paso fue la creación de nuevas ciudades, ya que en el interior había muy pocas. Ocho de ellas llevan nombres alusivos a Trajano: *Traianopolis*, en la costa oeste del monte *Hebrus*; *Augusta Traiana*, en la ladera del *Haemus*, y *Ulpia Nicopolis* en el *Nestus*. Cuatro ciudades mantuvieron sus nombres primitivos, añadiendo la palabra *Ulpia*: *Serdica*, próxima a las fuentes del *Oescus*; *Pantalia*, próxima a la fuente del Estrimón; *Topirus*, en el interior de *Abdera*, y *Bizye* en el interior de *Astice*. Además de estas fundaciones, Trajano fundó dos más al norte de la provincia de *Haemus*: *Ulpia Nicopolis ad Istrum* y *Ulpia Marcianopolis*. Nueve de estas ciudades fueron nuevas creaciones. Cuatro conservaron sus nombres antiguos. *Traianopolis* era la antigua fortaleza de *Doriscus*, y *Augusta Traiana* en la época bizantina volvió a su antiguo nombre de *Beroe*. Algunas ciudades eran capitales de tribus, como *Bizye*, que antes había sido la principal ciudad de *Astae*. *Serdica* llegó a ser la ciudad más importante de *Serdi*. Estas ciudades debieron ser las capitales de sus respectivas *strategiae*, al ser creadas en áreas tribales. Mantuvieron su importancia aun después de ser las áreas tribales subdivididas en varias *strategiae*. La economía de Tracia era eminentemente agrícola a nivel de las aldeas. Existían también tres ciudades griegas antiguas en el interior: *Philippolis* y dos colonias romanas, *Aprus* y *Deultum*. El número de ciudades era bajo en Tracia en tiempos de Trajano. El emperador se sirvió de las ciudades ya existentes en el interior para su nuevo esquema administrativo. Dio la impresión de que prescindió de las viejas ciudades de la costa, a excepción de *Anchialus* y *Perinto*, que reciben el nombre de *Ulpia* y debieron ser ampliadas. Al parecer, Trajano benefició en su organización las ciudades de la costa de la Propóntide y del Egeo. A algunos kilómetros de *Abdera*, el emperador fundó *Tyopirus* y *Traianopolis*, al oeste del *Aenus*, sobre la costa.

El objetivo de Trajano en Tracia parece ser transferir el gobierno del territorio de una burocracia centralizada a algunas autoridades locales.

El reino nabateo

En el reino nabateo, incorporado en el 106 a Roma, en vez de Petra como capital, que estaba situada demasiado lejos para la administración romana, rehizo *Bostra*, como indican las monedas, para ser sede del gobierno y de la guarnición. Trajano incorporó a la nueva creación un extenso territorio, incluyendo la fértil llanura de Nukra y las colinas del Jebel Hauran al este.

Bitinia

El programa edilicio de Trajano también se aplicó a la provincia administrada por su íntimo amigo Plinio el Joven. *Prusa* fue convertida en ciudad autónoma.

El Ponto

La política de Trajano, después continuada por su sucesor, Adriano, consistió en coronar a los reyes de las tribus y así mantenerlos vinculados a Roma. Los romanos colocaron guarniciones en determinados puntos a lo largo de la costa. Una guarnición se encontraba en *Hyscus*, próxima a la frontera de Trapezunte; la segunda en *Apsarus*; la tercera en el monte de *Phasis*, y una cuarta en *Sebastopolis*.

Capadocia

Trajano entregó al consular de Capadocia la administración de *Armenia Minor* y el distrito del Ponto.

CAPÍTULO 8

LA OBRA DE TRAJANO EN EUROPA CENTRAL

A modo de ejemplo dos ciudades de Europa central, ampliamente reformadas por Trajano, sirven de modelo a su actuación en otras muchas ciudades.

Colonia *Ulpia Traiana* (Xanten)

Esta ciudad recibió el estatuto de colonia por Trajano, no antes del 98. De esta colonia trajanea se conoce bien la estructura urbana y social. La colonia se asentó, probablemente, sobre un establecimiento indígena de germanos cugerni. La costumbre romana de establecer colonias sobre poblaciones indígenas era antigua. Ya Augusto fundó la colonia *Caesaraugusta* (Zaragoza), sobre una población indígena de nombre *Salduba*. La colonia *Caesaraugusta* se fundó hacia el año 19 a.C., con veteranos de la *Legio IIII Macedonica*, de la *Legio VI Victrix* y de la *Legio X Gemina*. La colonia *Iulia Illici* (Elche) se estableció sobre una ciudad ibera con una *deductio* de veteranos, y la colonia *Urbs Iulia Nova Carthago* (Cartagena) con militares, sobre la ciudad creada por los Bárquidas durante la segunda guerra púnica. Estos germanos, que según la constitución romana eran peregrinos, habitaban la colonia en compañía de mineros veteranos del ejército, que eran ciudadanos romanos. Muchos cugerni ricos obtuvieron la ciudadanía. A finales del siglo I, el territorio estaba plenamente romanizado. Precisamente la fundación de colonias fue uno de los procedimientos de que se valió Roma para extender la civilización y difundir la romanización.

En las colonias convivían romanos e indígenas. Se vivía según las leyes del derecho romano. Los nativos conocían la lengua, la escritura, la religión, el derecho y la administración de Roma. El urbanismo de las colonias, como el de la colonia *Ulpia Traiana*, era de tipo romano. El estatuto de ciudadano romano tenía ciertos privilegios, principalmente de tipo fiscal. La colonia favorecía el mestizaje. La presencia de ejército era, igualmente, un gran vehículo para integrar a las poblaciones indígenas en la civilización romana. Los *peregrini*, o sea, los indígenas, que no habían obtenido la ciudadanía romana, dependían directamente del gobernador y los que disfrutaban de ella tenían cierta autonomía e independencia.

El *ordo decurionum* en las colonias promulgaba leyes y controlaba la administración y la vida del asentamiento. El urbanismo de la colonia *Ulpia Traiana*, como en el resto de los casos, era de tipo romano, con el *cardo maximus* y el *decumanus maximus* como ejes de la ciudad. Los habitantes vivían en *Insulae*. En la planta urbana de la colonia queda bien patente la estratificación social. Las ciudades romanas estaban rodeadas de murallas, que limitaban el área sagrada de la ciudad, dentro de la cual no se podían enterrar cadáveres, dado que convertían el ambiente en impuro. Roma fue una excepción. Dentro del pomerio sólo se enterraron Rómulo y Trajano, por los grandes servicios prestados a Roma. Este último caso indica bien claramente la alta popularidad de que gozó Trajano.

La muralla era un símbolo de prestigio de la ciudad. Frecuentemente no tuvo carácter defensivo. Muchas se construyeron en época de los Antoninos (138-192), años de gran tranquilidad para el Imperio. La longitud de los muros era de 3,4 km. Tenía 22 torres. La planta era rectangular y la ciudad se levantó próxima al Rhin. La extensión de la ciudad era de 73 ha, lo que la convertía en una urbe de tipo medio. *Augusta Praetoria*, Aosta (Italia), fundada por Augusto en el año 23 a.C., tenía 42 ha de extensión. *Augusta Taurinorum*, Turín, creación también de Augusto en el año 28 a.C., era de la misma extensión que la anterior. *Augusta Treverorum*, fundada por Claudio, llegó hasta las 72 ha. Las colonias estaban rodeadas del *ager publicus*. El de *Augusta Emerita*, capital de Lusitania, fundación de Augusto en el año 25 a.C., con veteranos de las guerras cántabras, alcanzó una extensión de más de 22.000 km². El número de colonos asentados variaba de unas colonias a otras. En *Cales* fue de 2.500; en *Lucerna* la misma cifra; en *Alba* el número subió hasta los 6.000 y en *Sora*, ciudades todas ellas de Italia, 4.000.

La muralla tenía cuatro puertas de ingreso defendidas por torres rectangulares. Por el exterior, un foso rodeaba la ciudad. Los fundamentos de la muralla eran de basalto, de 3,5 m, que se apoyaba en troncos de encinas. Dos torres contaban con pasos que llevaban al puerto. La muralla tenía también un paseo de ronda.

EL FORO

El Foro era el lugar de reunión de los ciudadanos y el centro de la vida civil. El Foro de la colonia *Ulpia Traiana* ocupaba, como frecuentemente era habitual, el lugar de cruce ente el *cardo* y el *decumanus*. La fecha de construcción del Foro es el siglo II, pero debió tener lugar muy a principio de él, pues no se concibe una colonia sin Foro. Estuvo rodeado de colinas. Los edificios más importantes de la ciudad eran la *curia*, lugar de reunión del *ordo decurionum*; los templos consagrados a la tríada capitolina: Júpiter, Minerva y Juno; la basílica, que era una gran nave destinada a las audiencias y a efectuar negocios.

EL CAPITOLIO

Roma levantó en las colonias los tres templos dedicados a la tríada capitolina, como en *Baelo*, Bolonia, Cádiz. El Capitolio de la colonia *Ulpia Traiana* medía 30 × 40 m. La *cella* se subdividía en tres estancias con columnas, cada una dedicada a una deidad. Capitolios en la Baja Germania existían sólo dos: uno en la colonia *Ulpia Traiana* y un segundo en la colonia *Claudia ara Agrippinensium*, la actual Colonia. El Foro estaba rodeado de *tabernae*, locales para vender productos, como en *Baelo*.

Un segundo templo se construyó en el puerto. Su altura llegaba a los 27 m, que era considerable. La altura del *podium* era de tres metros, y se subía al templo por una escalinata colocada en el lado sur. Estaba recubierto de piedra calcárea. El interior de la *cella* estaba decorado con estucos y revestimientos de mármol de diferentes colores. El templo estaba rodeado de columnas, nueve por cada uno de los lados mayores y seis en los lados cortos. Los capiteles, que coronaban las columnas, eran corintios y estaban rodeados de guirnaldas. A 16 m de la escalera se colocó el ara. Un vestíbulo separaba el área sacra de la profana. Próximos al santuario se han descubierto relieves con figuras que debían de decorar su friso. Una estatua con coraza, hallada en el área del templo, indicaría que había una imagen del emperador.

SANTUARIO DE LAS *MATRES*

Un pequeño santuario estaba dedicado a las diosas celtas *matres* o matronas, deidades muy veneradas en Bonn y en Hispania. Se trataba de diosas de la fertilidad natural y humana.

Las dimensiones de la *cella*, de planta cuadrada, eran de 5,70 × 5,20 m. Estaba rodeada por un corredor con columnas. Columnas que delimitaban también el área sagrada.

Las matronas veneradas en la colonia son las *aufanias*, epíteto indígena de las *matres*. Este templo estaba rodeado de un vestíbulo.

LAS TERMAS

Roma introdujo en su colonización las termas, que eran edificios públicos frecuentados por los ciudadanos por ser lugares de encuentro, de deporte, de diversión y de higiene corporal. Algunas veces eran de tamaño descomunal, como las de Caracalla (211-217) o de Diocleciano (243-313), en Roma. Las de la colonia *Ulpia Traiana* ocupaban un barrio entero y su planta media 106 × 107 m. El edificio estaba rodeado de vestíbulos que seguían la acostumbrada tipología. Tenían un local para las damas y una *palaestra* rodeada de columnas que era el lugar destinado a juegos y ejercicios gímnicos. A la espalda del pórtico septentrional se encontraban unas dependencias de tamaño reducido destinadas a masajes y a consultas médicas. En una de ellas se han recogido diversos instrumentos de cirugía.

En el lado sur de las termas se colocaron las letrinas. Se conoce bien el sistema de desagüe que llevaba el agua a las letrinas y de allí al Rhin.

Las casas se calentaban mediante un sistema de conductos de aire en los suelos y en las paredes, sistema que ha llegado hasta el día de hoy en Castilla.

ANFITEATRO

Roma implantó por todo el Imperio los espectáculos típicamente romanos de teatro, anfiteatro y circo, que en origen fueron rituales en honor de la tríada capitolina. Con frecuencia, en los tiempos más antiguos, estos edificios se construían de madera y, después, lo fueron de piedra. El anfiteatro de la colonia *Ulpia Traiana* fue de madera hasta finales del siglo II.

Los anfiteatros en las provincias imitaban el de Roma, el famoso Coliseo, construido por los emperadores Flavios. El anfiteatro de la colonia *Ulpia Traiana* se levantó en el exterior de la ciudad, en la zona sudoriental. El aforo se ha supuesto que podía calcularse en unos 10.000 espectadores. La longitud del eje longitudinal era de 99 m. La forma era oval y tenía puertas reservadas para los gladiadores.

LOCALES DE VIVIENDA

Como todas las ciudades romanas, la colonia *Ulpia Traiana* disponía de diferentes locales destinados a albergar la población, como casas de comida y hostales que recibían a los viajeros, a los comerciantes, a los albañiles, a los artistas de espectáculos y, en general, a todas las personas que, temporalmente, visitaban la ciudad. Un hostal muy completo se encontraba próximo al puerto. Este hostal recibía a las personas que llegaban a la ciudad por mar. Medía 80 m de longitud. Las habitaciones más pequeñas medían de 12 a 16 m² y las más amplias alcanzaban los 60. Esta diferencia indica que al hostal llegaban gentes de todas las escalas sociales. Delante de las habitaciones había un corredor descubierto. El edificio tenía dos plantas. La superior estaba dedicada a albergar a las personas menos pudientes. Algunas habitaciones amplias, colocadas al norte y sur del edificio, eran locales de reuniones de mucha gente. Próximas al hostal, algo más al sur, se encontraban unas termas de reducidas dimensiones, usadas por los huéspedes y por personas ajenas al hostal, pues la entrada principal de las termas no conducía al hostal, sino que el acceso era directamente desde la calle al vestíbulo del baño.

CASAS

Más de la mitad de la colonia *Ulpia Traiana* estaba ocupada por viviendas privadas. Se calcula la población de la colonia en 10.000 habitantes. Las casas seguían los prototipos de las viviendas itálicas. Solían tener dos plantas y habitualmente las paredes internas estaban revestidas de madera. Casas de dos pisos están documentadas en Pompeya ya en época de Sila (138-78 a.C.) y en Cádiz, cuando Posidonio (135-55 a.C.) visitó la ciudad para conocer el fenómeno de las mareas, poco antes de la guerra sertoriana (82-72 a.C.).

EDIFICIOS COMERCIALES Y ARTESANALES

En la colonia *Ulpia Traiana* se han descubierto dos *insulae* subdivididas en 20 compartimentos iguales. Cada *insula* ocupaba 700 m². La planta era alargada. Un espacio de 140-160 m², que daba a la calle, servía de almacén y de tienda al mismo tiempo. El piso superior estaba ocupado por dormitorios y el resto de los edificios de las *insulae* servían a las actividades comerciales.

Se han localizado en las colonias varios talleres. En uno se fundían objetos de bronce; otro se dedicaba a los trabajos del marfil; además, en este último no estaba separada la vivienda del lugar de trabajo. También se ha descubierto una carnicería.

En la zona occidental de la ciudad se encontraba el barrio de la gente rica, con casas de 400 m² de superficie; tenían calefacción y estaban decoradas con frescos.

En definitiva, el urbanismo de la colonia seguía normas bien establecidas y a grandes líneas coincidía con las directrices emanadas de Roma.

La frontera romana de las dos Germanias

Esta frontera del Imperio fue importante, pues en ella se formó Trajano militarmente. Sufrió sustanciales transformaciones desde tiempos de Domiciano, año 81, a la muerte de Trajano en el 117.

Ya se ha aludido de pasada a las campañas de Domiciano contra los catos. Interesa a este libro la situación de la frontera romana en época de Trajano. Desde finales de los años del gobierno de Domiciano se observa un progresivo enfriamiento de la política de hacer la guerra a las tribus germanas en esta frontera, en primer lugar al transferir la *Legio X Rapax*. Esta política fue seguida por Nerva y se abandonó en tiempos de Trajano.

La razón de la progresiva disminución de la presión romana contra las tribus germanas vino motivada por la ausencia del peligro germano después de la derrota de los catos y por la progresiva presión en *Pannonia*, en la frontera danubiana, que obligó a concentrar legiones en esta región. En el año 97, la *Legio XIV Gemina* fue trasladada desde *Mogontiacum* al Danubio y sustituida por la *Legio XII Primigenia*, acuartelada en *Vetera* (Xanten). Defendían ahora las dos Germanias seis legiones. La *Legio X Gemina*, en *Batavodurum* (Nymegen, en Holanda); la *Legio I Minerva* en Bonn; la *Legio XXII Primigenia* en *Mogontiacum*; la *Legio VII Augusta* en Estrasburgo; la *Legio XI Claudia* en Windish. Se desconoce si en el año 96/97, o todo lo más tarde en el 103, la *Legio VI Victrix*, estacionada en *Novaesium* (Neuss), fue enviada a Xanten. Tal es la distribución de las legiones por los años en los que Trajano anduvo por Germania.

Esta concentración de legiones en tierras germanas podía ser un peligro para el emperador, como quedó patente con la revuelta de Saturnino y con la marcha del ejército sobre Italia en el año 69; o después con Maximino Tracio (235-238), que también invadió Italia al frente de las legiones.

H. J. Salles piensa que en la adopción de Trajano por Nerva, amenazado de enemigos políticos internos, que serían los antiguos seguidores de Domiciano, asesinado, el emperador intentaba atraerse el poder militar de Trajano, gobernador de Germania Superior. Trajano, muerto Nerva, pasó la primavera en el Rhin. Siguió la política emprendida por sus predecesores e impulsó en las provincias el proceso de urbanización.

En esta ocasión, entre los años 98-100 fundó la mencionada colonia *Ulpia Traiana*, según se desprende de los destacamentos militares, *vexillationes*, de todas las legiones de Germania que se dedicaban a la construcción de edificios de la colonia. Se utilizó el ejército como albañiles y arquitectos, y en la explotación de las minas de oro del noroeste hispano se le empleó como ingenieros y arquitectos. En el año siguiente, ayudaron también en los trabajos las tropas de la *Legio XII Primigenia*.

Trajano favoreció el urbanismo de *Batavodurum*. Poco después del año 100 disfrutó del derecho de tener mercado. Ahora cambió el nombre por el de *Ulpia Noviomagus Batavorum*. La ciudad tenía termas y un santuario dedicado a Mercurio y a Fortuna.

El emperador igualmente desarrolló la administración romana en el territorio del Taunus, de Wetterau, y de los campos decumanos, que era una región subdesarrollada, habitada por poblaciones celto-romanas. A impulso de Trajano esta región mejoró económicamente. La política de Trajano se amplió a otros puntos. Así, se desmantelaron numerosas fortificaciones militares y las tropas se asentaron sobre el *limes*. Próximos a los campamentos se desarrollaron centros urbanos que se convirtieron en importantes lugares de tráfico, de comercio y de concentración de tribus. Al norte del río Meno, a esta política emprendida por Trajano responden *Aquae Mattiacorum* (Wiesbaden), asentamiento principal de la *Civitas Ulpia Mattiacorum*, y *Nida* (Frankfurt-Heddernheim, ambas en Germania), asentamiento principal de la *Civitas Ulpia Taunensium*.

En los campos decumanos, el asentamiento principal fue el de la *Civitas Ulpia Suevorum Nicrensium*. Hacia el año 100, según puntualiza H. J. Schalles, en los alrededores de Ladenburg, aparecieron numerosas factorías, que siguen el modelo romano de la *villa rustica*. Esta política condujo al abandono de los asentamientos romanos del Neckar. Los objetivos ambiciosos del programa urbanístico quedan bien patentes, según este investigador, en la construcción, que quedó inacabada, de una basílica de 75 m de longitud.

La política internacional emprendida por Trajano tuvo efectos profundos para Germania, con la preparación de la guerra contra Decébalo, en la primera guerra dácica, al poner en movimiento numerosas tropas, en número de 150.000 soldados, pertenecientes a 13 o 14 legiones.

En el año 101, la *Legio XI Claudia* se asentó en el Bajo Danubio, y el presidio militar de *Vindonissa* fue desmantelado. Se desplazó de la Germania Inferior la *Legio I Minerva*, acuartelada en Bonn. El cese de las hostilidades en Dacia en el año 102 fue sólo momentáneo, pues no volvieron a Germania las dos legiones trasladadas al Danubio cuando la *Legio X Gemina* fue reemplazada por una *Vexillatio Britanica*. Recientemente se ha supuesto que esta sustitución sucedió en el año 102 y el retiro ya en el año 103, posterior a la estancia de la *Legio VI* en Xanten. La *Legio X* fue trasferida en el año 103/104 en vísperas de la segunda guerra dácica. La marcha de la legión de Nymegen hacia el *limes* de la Germania Inferior se debió a que era una zona peligrosa y débil.

El *limes* renano entre Neuss y la costa del mar del Norte, en una longitud de 100 km queda desmantelado. Una mejor distribución del ejército se dio al enviarse la *Legio VI* a Xanten.

Con la terminación de la guerra dácica, la *Legio I* volvió a Bonn. Al final del reinado de Trajano, el ejército de las dos Germanias había disminuido notablemente. En territorio renano sólo residían cuatro legiones. También se redujo el número de tropas auxiliares.

En Germania Superior disminuyeron las alas móviles de caballería, reducción que respondía a la táctica de defensa estática en esta frontera. Posiblemente Roma creía que no existía ningún peligro serio en las dos Germanias, que gozaron de un periodo de paz.

El *limes* de las provincias de Germania y de *Raetia*

El *limes* del Rhin y del Danubio se consolidó en tiempos de Domiciano y de Trajano. A finales del siglo I se completó la red de presidios militares entre el río Ahr, en las cercanías de *Rigomagus* (Remagen, en Germania), y la costa holandesa del mar del Norte, junto a *Lugdunum* (Katwiijk Brittenburg). El *limes* de Germania Inferior contaba con más de 30 fortificaciones y campamentos diseminados en la calzada que seguía el valle del Rhin.

El *limes* que defendía Germania Superior y *Raetia* comenzaba a pocos kilómetros al sur del anterior. Se componía de una serie de fortificaciones, cuya construcción se remontaba a la época de Domiciano. Era más corto que el anterior y fácilmente defendible. Este *limes*, como afirma T. Bechert, es el más importante monumento arqueológico de la Europa central.

La ocupación de las regiones situadas a lo largo del *limes* renano y danubiano se extendió por varios territorios en la frontera de Germania Inferior que estaban deshabitados. El asentamiento de población, unas veces voluntariamente y otras forzada, provoca una nueva distribución territorial de las tribus germanas y celtas. Este asentamiento se hizo a lo largo del siglo I. Las tribus pronto aceptaron el estilo de vida romano. En el Bajo y Medio Rhin se asentaron nueve tribus y *civitates*, como las de los *cananefates*, de los *batavi*, *cugerni* y *ubii*. A las que se unieron después las de los *mattiaci*, los *vangiones*, los *nemeti*, los *triboci* y los *helvetii*. A esta zona, a partir del siglo I, emigraron los *suebi nicrenses* desde sus tierras de procedencia al territorio de la futura *Lopodunum* (Ladenburg).

La política romana tendió siempre, desde comienzos del Imperio, a concentrar a las poblaciones dispersas por los campos, como lo hizo en el noroeste hispano en castros. Los *limici*, que habitaban la región del nacimiento del río Limia, fueron reunidos en el *Forum Limicorum*, que dio origen a Guinzo de Limia (Orense). Con la tribu *giguri* se creó el *Forum Gigurrorum*, origen de Valdeorras (Orense). Los *bivali*, habitantes del río Bubal, se concentraron en el *Forum Bibalorum*, al igual que los *narbasi* en el *Forum Narbasorum*.

Desde mediados del siglo I, en los centros situados a la largo del Rhin, se observa una gran variedad de poblaciones germanas y celtas que se mezclaron con emigrantes procedentes de varios territorios del Imperio, que llegaron a formar con los años una generación romana.

Esta evolución queda bien demostrada en una tabla de bronce hallada en *Ulpia Noviomagus* (Nymegen) que conserva una lista de habitantes del *Oppidum Batavorum*, que habían recibido, poco antes de subir al trono Trajano, el *ius mundinarum*, todos los cuales llevan el nombre de Marco Ulpio. Esta política romana de mezclar poblaciones era antigua. En Ampurias (Gerona) César asentó veteranos de su ejército en una ciudad mezcla de griegos e indígenas.

Los asentamientos de Germania Inferior obedecen a la política de Trajano tendente a la fundación de ciudades, y cuyo resultado fue, como ya hemos visto, las mencionadas *Ulpia Noviomagus*, *Cibernodurum*, y la colonia *Ulpia Traiana*. La creación de esta última, que, como puntualiza T. Bechert, lleva el nombre completo del emperador sin otro apelativo, caso único en todo el Imperio, se debe atribuir a L. Licinio Sura, que en el año 98 era gobernador de Germania Inferior.

En Germania Superior, en determinadas circunstancias, se llegaron a construir asentamientos urbanos típicamente romanos, como la citada *Mogontiacum*, similar a *Argentoratum* (Estrasburgo), que conservaron su carácter militar y no se desarrollaron como verdaderos centros urbanos. Ciudad plenamente romana, en la frontera de Germania Superior, sólo fue *Augusta Raurica* (Augst), pero únicamente a partir de la época flavia; la planimetría de la ciudad fue totalmente romana. En la época de Trajano sólo los edificios públicos eran construidos de piedra. Las casas eran de madera.

A finales del siglo I, *Raetia Augusta Vindelicum* (Ausburgo) era el centro más importante de carácter militar de la provincia, y capital de ella.

Cambodunum se construyó íntegramente en piedra. En *Augusta Rustica*, las primeras casas eran de madera y sólo a mediados del siglo I los edificios se levantaron de piedra. *Cambodunum* era la capital de la provincia de *Raetia* y contaba con una basílica, un foro, la residencia del gobernador, unas termas y un templo dedicado al culto del emperador. A partir de los años del gobierno de Domiciano y de Trajano, la campiña, de la frontera del Rhin y del Alto Danubio, se cubrió de villas rústicas, que eran explotaciones agrícolas y ganaderas de tipo itálico. Son la demostración palpable de la introducción de los sistemas de cultivar la tierra o de cuidar el ganado según los métodos mediterráneos. El cultivo de la tierra era la base de la economía en todo el Mundo Antiguo. Una innovación importante, traída por Roma, en la construcción edilicia, fue la sustitución de la madera como material de construcción, por la piedra. A finales del siglo I en Germania y *Raetia*, la piedra era el material más corriente. También fue una gran aportación de Roma al urbanismo la planificación de las ciudades según criterios romanos, es decir, griegos.

En territorio de los *cananefates* y de los *batavi*, Roma introdujo, igualmente, el modelo itálico de casa con *atrium*. La presencia romana motivó, en los confines del Alto Danubio y del Rhin, cambios sustanciales en las actividades de tipo económico.

El dominio romano impuso tasas a cada ciudadano, tasas que no existían antes de la llegada de los romanos. Roma necesitaba una elevada suma de ingresos para sostener el ejército, la administración y la capital del Imperio, que estaba libre de impuestos. La administración romana mejoró mucho la producción agrícola de Germania, perfeccionando los sistemas de cultivo y llevando especies nuevas de plantas y razas de animales. Generalizó el uso de la moneda y creó mercados en las ciudades y en los asentamientos rurales llamados *vici*. Los pueblos sometidos pasaron, como sucedió en Hispania a la terminación de las guerras cántabras en el año 19 a.C., de una economía de intercambio a otra monetal. El geógrafo griego Estrabón, contemporáneo de Augusto, informa que los pueblos del norte de Hispania, que estaban en estado salvaje por vivir en los picachos de las montañas, a causa de que las vías de comunicación eran largas y difíciles, con la presencia del ejército romano entraron en la civilización. Así se desarrolló mucho el comercio y el transporte en las dos Germanias, al igual que había sucedido en el norte de Hispania y en Gallia, después de la conquista por César en el año 52 a.C.

Pronto, productos romanos invadieron el territorio, como la *terra sigillata* procedente del sur de Gallia y del norte de Italia. Los mercados de Germania vieron llegar las ánforas, que transportaban vino, aceites y salazones. A los pueblos del norte de Hispania, antes de la conquista romana, no llegaban ni vino, ni aceite, ni salazones. En vez de aceite usaban manteca de cerdo.

Ya se ha mencionado que con la llegada de Roma se generalizó, entre los germanos en la construcción, la sustitución de la madera por la piedra, lo que dio lugar a la aparición de nuevas profesiones, como la del *architectus* y la del *lapidarius*. Roma llevó, igualmente, el vidrio fabricado con técnica de soplado, utilizado para cubrir las ventanas, que era un invento sirio de la época de Augusto, algo que se generalizó en seguida y que ha llegado hasta el siglo XXI.

Las casas se decoraban con mosaicos y pinturas. Todas estas innovaciones fueron empleadas en Germania antes de la llegada de Trajano, pero la política de este emperador contribuyó a generalizarlas. Igualmente, se extendió la subdivisión del trabajo y la producción en serie. Las legiones no sólo se convertían en agentes de la romanización, sino de creación de comercio y aumento de riqueza, a través de los *prata legionis*, que eran grandes extensiones de terreno dedicadas a la producción agrícola, a la explotación de los bosques, pesquerías y canteras, que cuidaba directamente el ejército, todo lo cual favoreció el comercio y el artesanado.

Los soldados extendían la romanización al convivir con mujeres indígenas, su unión se legitimaba al licenciarse, entonces obtenían la ciudadanía romana para sus esposas e hijos, al igual que las tropas auxiliares. El crecimiento de las poblaciones llevó al aumento de la demanda de productos, desarrollándose así tanto el comercio como los transportes. Las calzadas romanas servían, en principio, a los intereses militares, como sucedió con la primera calzada que construyó el ejército romano bordeando toda la costa ibérica durante la segunda guerra púnica, que se convirtió, inmediatamente, en vehículo de comercio y de desplazamiento de civiles.

Las poblaciones indígenas de la frontera germana pronto aceptaron la cultura romana y sus valores. En primer lugar copiaron aspectos externos en el vestir, como indica Estrabón al referirse a las poblaciones de Hispania en época antigua. T. Bechert cree que esta asimilación se logró en dos generaciones. Ello se vio favorecido por la capacidad de los romanos de integrar las poblaciones sometidas y por los emigrantes. Roma era muy generosa en conceder la ciudadanía y los privilegios que ello conllevaba.

Pronto se generalizaron entre los germanos el uso de la lengua y de la escritura latina y la introducción de las fórmulas rituales romanas en lápidas funerarias, así como la costumbre de hacer retratos y esculturas.

Fue también un gran acierto de la política de Roma su sincretismo religioso que evitó los conflictos al identificar los panteones de los pueblos sometidos al romano. Con Roma chocaron los druidas de Gallia, pero ello se debió a su oposición a Roma.

Roma, desde el comienzo de la conquista, vinculó a ella a las altas capas de la sociedad indígena mediante el nombramiento de senadores galos, lo que ya había hecho César. Claudio estuvo a punto de conceder la ciudadanía romana a todos los galos e hispanos. Los emperadores Flavios llevaron a muchos ricos hispanos al Senado, al igual que Trajano y Adriano. Este último, en la primera parte de su reinado, continuó la tradición, como se indicará más adelante. Nunca hay que olvidar que Trajano fue el primer provincial que obtuvo la suprema magistratura del Imperio. En el campo se mantuvieron algunos elementos de la cultura indígena, tanto en las formas de vestir como en las edificaciones. A finales del siglo I, en las dos Germanias y en *Raetia*, la cultura romana estaba bien implantada y era aceptada por las poblaciones germanas.

Una aportación notable, de gran importancia para la salud de las poblaciones, fue el uso de los baños y la presencia médica en ciudades y campamentos.

El *limes* germano y rético tenía una longitud de 530 km. Hacia mediados del siglo II estaba defendido por unos 22.000 legionarios y 38.000 auxiliares. Domiciano construyó una calzada militar defendida por torres y Trajano levantó una empalizada paralela a la calzada. En *Raetia* se sustituyó con el tiempo la empalizada por un muro. Britannia, años después, fue defendida en tiempos de Adriano por el *Vallum Hadriani*.

El *limes* era defendido por torres, por campamentos para albergar las legiones y por castillos para alojar a las tropas auxiliares. El castillo mejor conocido es el de Aalen, asiento de la caballería, el *ala II Flavia Militaria*. El urbanismo no hizo en esta zona grandes progresos. Ya se ha mencionado la capital *Augusta Vendelicum*, a la que el historiador Tácito califica de colonia muy espléndida de *Raetia*. Otras ciudades importantes fueron: *Combodunum*, *Brigantia* y *Castra Regina*, que tenía una puerta defendida por dos torres, ligeramente parecida a la *Porta Negra* de Treveris, y una *logia* en la fachada. Esta puerta, con toda probabilidad, se puede fechar en los años finales del siglo I, o los comienzos del siguiente, en tiempos de Trajano. El emperador creó el *Municipium Aelium Cetium*, próximo a *Mons Cetius*. César y Augusto fueron los grandes creadores de colonias en Hispania, y Vespasiano, que concedió el *ius latius minor* a todos los hispanos en torno al 73, dio el título de municipio romano a muchas ciudades béticas. Trajano, al crear nuevas colonias y municipios, siguió en este aspecto la política de César, de Augusto y de Vespasiano.

En el curso del Danubio, Trajano, y después su sucesor, Adriano, restauraron muchos campamentos legionarios. Trajano prestó especial atención a los márgenes del Danubio, como lo indican la creación de colonias y la transformación de comunidades indígenas en *civitates*, con derecho municipal. Este proceso fue iniciado por Tiberio, pero tuvo su culminación con la obra de Trajano, según S. Rinaldi.

Muchos campamentos legionarios de tiempos de la conquista se convirtieron en ciudades. El caso más significativo es el de *Carnutum*, asiento del cuartel general de Germania Superior. El urbanismo era de planta un tanto irregular. La ciudad, a juzgar por los edificios, era típicamente romana. En el centro de ella los romanos construyeron el palacio del gobernador, un santuario, que guardaba los estandartes militares, y una basílica. Próximas a esta zona se encontraban las *canabae*. Otras construcciones importantes eran un foro porticado y un anfiteatro, lo que sugiere la celebración de espectáculos de masas típicamente romanos. Las *canabae* tenían un segundo anfiteatro, lo que prueba la buena acogida de los espectáculos romanos por una población advenediza, y los numerosos mitreos demuestran claramente la popularidad que tuvo en el *limes* el culto al dios iranio.

Vindobona (Viena) fue fundada, probablemente, por los Flavios, como campamento militar. Floreció en los años de gobierno de Trajano. Muchas ciudades tuvieron planta campamental. En origen fueron campamentos militares convertidos después en ciudades, tal es el caso de las hispanas *Italica, Augusta Emerita, Asturica Augusta* (Astorga), *Legio VII Gemina* (León), *Caesaraugusta*, por citar algunos ejemplos.

Pannonia en tiempos de Trajano

Pannonia desempeñó un papel importantísimo durante la guerra dácica, al convertirse en la base principal de concentración del ejército, que iba a luchar contra los dacios. *Pannonia* y *Moesia* doblaron los efectivos militares con motivo de la guerra. El ejército acampado en el Rhin perdió, lógicamente, su importancia estratégica. Ya en época de los emperadores Flavios se habían concentrado en esta región muchas tropas. Trajano introdujo pocos cambios en la situación de las legiones. El emperador conocía bien *Pannonia* por haber participado, seguramente, en las operaciones militares en el Danubio del año 89.

Las legiones de Germania y de Britannia fueron trasladadas a *Pannonia*. En el año 101 estas legiones lucharon contra los dacios.

D. Gabler ha estudiado recientemente la situación de las legiones. La *Legio IIII Flavia*, la *Legio XIII Gemina*, la *Legio I Adiutrix* y una *vexillatio* de la *Legio XV Apollinaris* se unieron al ejército que mandó contra los dacios. Para sustituirlas llegaron del Rhin la *Legio X Gemina* y la *Legio XI Claudia*. La primera se estacionó en el campamento legionario de *Aquincum* y la segunda en el de *Brigetio*. La *Legio XI Claudia* permaneció en *Moesia Inferior* acuartelada en *Oescus* (Gigen). La *Legio XXX Ulpia Victrix*, creación de Trajano, fue enviada a *Brigetio*. En *Vindobona* se asentaron las tropas auxiliares. En los primeros años del gobierno de Trajano, la *Legio XIII Gemina* fue trasladada de su campamento de *Poetovio* a *Vindobona*.

El campamento de *Poetovio* se abandonó. Terminada la guerra dácica la *Legio XIII Gemina* permaneció en Dacia. Fue sustituida por la *Legio XIV Gemina*. Durante el gobierno de Trajano el ejército romano acampó a lo largo del Danubio, quedando el interior de *Pannonia* desmilitarizado. En el año 108, la *Legio II Adiutrix* y la *Legio XI Claudia* fueron llevadas de *Aquincum* a *Brigetio*. Su cuartel fue ocupado por la *Legio X Gemina*, procedente de *Noviomagus*, y por la *Legio XXX Ulpia Victrix*. Durante los años de Trajano se cubrió de piedra el campamento de *Carnuntum*. En los campamentos legionarios asentados en *Vindobona* y *Brigetio* se estacionaron, durante los años de Trajano, unidades del *ala miliaria*.

Se conocen las tropas auxiliares estacionadas en *Pannonia*. En *Pannonia Superior* estaban acuarteladas seis *alae* y siete *cohortes*. En *Pannonia Inferior* se encontraban cuatro *alae* y 10 *cohortes*. La defensa de *Pannonia Superior* estaba encomendada a un *ala militaria* acampada en *Arrabona* (Györ). Entre los años 98 y 101 este campamento fue ocupado por el *ala Ulpia Contariorum Mill.* El nombre de esta *ala* provenía del tipo de armamento que utilizaba. La *Cohorte I Ulpia Traiana* fue creada durante las guerras dácicas. Trajano llevó el *ala III Augusta Thracum* de Siria a *Pannonia*.

Posiblemente el *ala Thracum veteranorum* se encontraba en *Carnuntum*. En *Pannonia Superior*, en el año 113 se menciona el *ala Hispanorum Aravacorum*. Después de la segunda guerra dácica fue trasladada a *Celamantia* (Iza-Leányvár).

Trajano terminó de establecer la línea de defensa del Danubio. Después del año 106 debió ser llevada el *ala I Tungrorum Frontoniana* de *Aquincum* a Campona-Nagytétényi.

En la época de Trajano se abandonó el campamento de *Viziváros* (Budapest), abandono puesto en relación con la distribución de tropas en tiempos de Trajano. Este abandono repercutió en los alrededores de *Aquincum*.

De tiempos de Trajano data la colocación de los castillos en la orilla del Danubio. La frontera de *Pannonia* se extendía ahora a lo largo de 700 km. Se construyeron 36 fortalezas situadas a una distancia de 23 km una de otra. Se levantaban, generalmente, los campamentos sobre un terraplén de tres metros reforzado por postes de madera, con doble o triple empalizada.

La guerra dácica obligó a algunos desplazamientos de tropas. Así la *Legio I Adiutrix* sustituyó a la *Legio XXX Ulpia Victrix* en *Brigetio* y la *Legio II Adiutrix* ocupó el lugar de la *Legio X* en *Aquincum*.

Entre las legiones asentadas en *Pannonia* en el 117/118, la *Legio XV Apollinaris* abandonó definitivamente la región, al igual que lo hizo la *Legio XXX Ulpia Victrix*.

Romanos y bárbaros

D. Gabler ha señalado algunas innovaciones fundamentales en la época de Trajano referentes a las relaciones de romanos y bárbaros. Los sármatas, que ocupaban el territorio oriental en el límite con *Pannonia*, habían sido aliados de Roma, o habían tenido pequeños conflictos con ella. La caballería de los iazigios combatió en el ejército de Trajano contra los dacios. Terminada la guerra dácica exigieron que se les restituyese la *Oltenia*. Trajano no accedió a esta petición por haberse creado la provincia de Dacia.

Esta negativa fue la causa de la guerra sármata, que terminó Adriano en el 107, siendo procónsul de *Pannonia Inferior*. Diez años después Roma se enfrentó a los sármatas en Occidente y en Oriente a los partos. En el año 107 Trajano se alió con los roxolanos, gentes afines a los iazigios y les indemnizó.

La disminución de la paga estipulada llevó en el año 117 a .nuevas hostilidades en *Moesia*. Los iazigios continuaron los enfrentamientos con Roma hasta el año 119. En esta guerra intervino Adriano, mientras su hombre de confianza Q. Marcio Turbo obtenía el mando de Dacia y de *Pannonia Inferior*.

La conquista de Dacia obligó a llegar a un acuerdo entre *Pannonia* y Dacia por razones comerciales y estratégicas. Trajano planeó una calzada que unía Gallia y el Ponto y que atravesaba algunas poblaciones bárbaras.

La política seguida por Trajano dio sus frutos en ciertos puntos, en los que había fracasado Domiciano, pues este emperador no triunfó sobre los cuados y marcomanos. Trajano apoyó a algunos reyes, dentro de su programa de alianzas con los germanos. Esta alianza duró varios decenios. Años después, cuados y marcomanos sostuvieron largas y feroces campañas contra Marco Aurelio.

Trajano estableció una sola provincia en *Pannonia*. En la colonia de *Paetovio* se asentaron veteranos de la *Legio I Adiutrix* y de la *Legio II Adiutrix* y quizá, también, de la *Legio III Flavia*. Esta política de asentar veteranos en colonias, como ya hemos visto, era antigua. De este modo se solucionaba el problema económico y social que podían suponer los soldados licenciados.

Tenemos noticias de la existencia de tres colonias en *Pannonia Superior*. En tiempos de Trajano se abandonó el cuartel de las tropas auxiliares de *Gorsium*. Trajano organizó igualmente las finanzas del Ilírico. Durante su gobierno, *Pannonia* y *Dalmatia*, cada una, tuvieron un *procurator*, con sede en *Poetovio*. Trajano organizó la explotación de las minas de *Pannonia*. Vespasiano había ya prestado especial interés a las explotaciones de oro del noroeste hispano, que intensificó. La ley de *Vipasca* (Lusitania), que es la legislación de un distrito minero en la época de Adriano, menciona otra legislación de fecha anterior, que debe datar de tiempos de Vespasiano.

BRIGETIO Y AQUINCUM

Como ejemplos de dos acuartelamientos de legiones conviene detenerse brevemente en el urbanismo de estas ciudades, que son muy significativas.

Las dimensiones de *Brigetio* eran 540 × 430 m. Estaba asentado en una magnífica posición estratégica, frente a la desembocadura del río Vag.

Brigetio se encontraba unido mediante una calzada con *Carnutum*, con *Aquincum* y con el interior de la provincia. Del campamento legionario se han localizado la *porta praetoria*, la *porta decumana*, una parte del *praetorium*, alguna torre de puerta, las torres laterales, el camino de ronda y las *canabae legionis*, con habitaciones magníficamente pintadas, caldeadas con calefacción y con pavimento de terrazo, lo que demuestra que las habitaciones de las *canabae* debían ser ricos comerciantes y artesanos, que vivían de las relaciones con los soldados.

Al occidente del barrio ocupado por las *canabae* se encontraban un santuario dedicado a varias deidades orientales como Doliqueno, dios equivalente a Júpiter, de procedencia siria, y un templo de Mitra. También en esta zona se levantó, según una inscripción, un templo dedicado a Apolo y a Hygia, que tenía un pórtico. Esta área sagrada estaba en relación con la *fons salutis*. En las *canabae*, había talleres de broncistas y de ceramistas. En el lado oeste se levantó un anfiteatro. La ciudad se construyó a 2 km del campamento; poco se sabe de ella.

La ciudad de *Aquincum* va vinculada a la personalidad de Trajano, que en el año 106 la convirtió en la cabeza de *Pannonia Inferior*. *Aquincum*, como se ha indicado ya, alcanzó una gran importancia en la guerra dácica. Durante la guerra contra los partos permanecieron algunas tropas para contener, al final del gobierno de Trajano, las razzias de suevos y sármatas. En el año 110 se estableció un destacamento compuesto por 1.000 soldados pertenecientes al *ala I Favia Britannica miliaria*, en Albertflava; al sur de *Aquincum* se acuarteló el *ala Campona*.

Aquincum defendía la región de invasiones bárbaras. Los germanos debían considerarse más peligrosos que los sármatas, que se filtraban en las provincias de Dacia y *Pannonia Inferior*. A partir del año 107, como se ha indicado, el gobernador fue P. Elio Adriano, que se estableció en la ciudad. Ahora se organizó la oficina consular. Por estos años se detecta en la ciudad, gracias a las excavaciones, el desarrollo de una cultura a la altura de la de Roma. Crecieron mucho el artesanado y el comercio en tiempos de Trajano, debido a la paz y a ser la cabeza de la provincia. El emperador terminó la centuriación de la ciudad, que debió comenzar antes de su gobierno. Trajano, según P. Zsidi, amplió la calzada de la frontera. Se mejoró la vía que unía *Aquincum* a *Brigetio*. Se intensificó mucho el comercio con la orilla del Danubio. Junto a las grandes calzadas corrían otras de carácter secundario, pero igualmente importantes. La calzada principal conducía de *Aquincum* a Aquileya y era la prolongación de la *Via Postumia*.

La comunicación con Dacia se hacía por la calzada *Aquincum-Porolissum*. Trajano comenzó a construir un acueducto para llevar agua a la ciudad. El agua se extraía de pozos cubiertos que se encontraban a 2,5-3 km de distancia, donde se depositaron aras votivas. Con frecuencia, como en *Italica*, en la cabecera del acueducto existía un área sagrada.

Próxima a estos pozos se recogió un ara dedicada a Silvano Ulpio Nundino, *discens regulatorum*. Se trató, probablemente, de un ingeniero que dirigía, según P. Zsidi, a unos técnicos que trabajaban con cuadrantes.

La ciudad alcanzó un buen desarrollo en tiempos de Trajano. Al final de la época del emperador estaba subdividida en dos zonas: la militar y la civil. Se delimitó ahora el área cimenterial. La topografía de *Aquincum* durante el gobierno de Trajano condicionó la ciudad para el futuro. El campamento de Albertflava se reconstruyó en piedra.

Por los mismos años se construyó el primer campamento de troncos de árbol, el de *Campona*. También se levantó de piedra, por esos años, el campamento legionario de *Aquincum*, con estructura de palos hincados.

Aquincum estaba rodeado de numerosos *vici*, revestidos de piedra y fechados, con probabilidad, según Zsidi, en la época de Trajano. La ciudad estaba llena de edificios dedicados al comercio. A finales del siglo I se data un santuario, de planta rectangular, de una sola nave, construido con ladrillos de arcilla, que ha dado una estatua de culto con basa de piedra. A comienzos del siglo II, las *insulae* de la ciudad se subdividieron. Se construyeron nuevas calles, se ampliaron el acueducto y el sistema de canalización, que llegó hasta el centro de la ciudad. Todo ello debía impresionar favorablemente al visitante. En la zona noroccidental se colocaron la residencia y la oficina del gobernador. La primera estaba situada en una isla unida a tierra firme por un puente, delante de un campamento legionario. El palacio tenía una especie de peristilo. Se supone que el mencionado santuario, dedicado a Mercurio, era de los años del gobierno de Trajano. El palacio del gobernador, acabado en la época de Adriano, estaba decorado con murales y mosaicos. La *Aquincum* civil se hallaba situada a 2 km del campamento legionario. En la época de Trajano se debieron asentar en la ciudad algunos miembros de la aristocracia local. Ahora se planeó la red de calles y se metieron en el subsuelo los tubos de agua.

Se amplió la calle principal, de norte a sur, que era porticada. En la parte oriental se encontraban las *tabernae*. El foro, como por otra parte era habitual, se levantaba en la intersección de las dos calles más importantes.

En tiempos de Trajano se construyeron el cementerio militar, en la zona occidental de la ciudad, y el civil, al occidente de la calzada que unía las dos ciudades. Algunas tumbas son de gran riqueza y debían pertenecer a familias de la alta sociedad de *Aquincum*. La población más pobre se enterraba en el cementerio situado al norte de la ciudad militar. Los sepulcros eran de piedra, y el ritual usado en los entierros era la cremación de los cadáveres. En el paso del siglo I al II se hicieron lápidas funerarias decoradas con varones vestidos a la moda romana y mujeres con trajes celtas, que indican la mezcla de la población de *Aquincum*.

En la ciudad se asentaron con sus familias artesanos y comerciantes. En las *canabae* vivían gentes procedentes de Colonia. *Aquincum* atrajo a artesanos y comerciantes de lugares muy distantes que contribuyeron a crear un gran mercado de productos. El comercio se hacía principalmente con Dacia y con el norte de Italia. A comienzos del siglo II el mercado sufrió profundas transformaciones. Con anterioridad la actividad mercantil estaba en función del elemento militar, y a partir de ese momento se fabricaron objetos de lujo, lo que indica la existencia de una sociedad rica que pagaba y necesitaba tales objetos. En las tumbas de tiempos de Trajano se depositaron vidrios y cerámicas locales. Se conoce el nombre de un ceramista famoso de los años de Trajano, que trabajó en la ciudad, cuyo nombre era Pacatus.

Los canteros trabajaban piedra de la región, pero los modelos eran romanos. Un taller trabajaba, exclusivamente, para las necesidades del pueblo y otro sólo para la legión. En la época de Trajano, las paredes de los edificios públicos se cubrían con grandes pinturas. El nivel de la *Aquincum* de tiempos de Trajano, en cuanto a economía y sociedad, se mantuvo durante muchos años.

LA FLOTA DEL RHIN

La flota fluvial romana garantizaba la tranquilidad del Rhin y del Danubio, el transporte fluvial y los desplazamientos. El transporte fluvial era más rápido y barato que el terrestre. La base de la flota fluvial romana del Danubio estaba colocada, en tiempos de Trajano, en Colonia-Alterburg. A partir del año 90, bajo Domiciano, la flota romana vigilaba sólo Germania Inferior. La base fluvial se encontraba al sur de la capital de la provincia, la colonia *Claudia ara Agrippiensium*. E. Künzl, que ha estudiado el tema, sospecha que es muy probable que Germania Superior tuviera su propia flota fluvial, cuya base estaría en la misma capital, en el puerto de *Mogontiacum*. Las naves romanas de guerra estaban servidas, generalmente, por ciudadanos libres y por soldados, no por esclavos. Las naves de la flota de guerra de comienzos del principado están muy bien representadas en el relieve de *Praeneste*. Este tipo de embarcación se usó en la batalla de *Actium*, el 31 a.C. La nave atacaba con el espolón que actuaba en la línea de flotación, abriendo un boquete por el que penetraba el agua en la embarcación enemiga y la llevaba a pique. Habitualmente los barcos llevaban también una dotación de soldados de infantería. Las batallas navales durante el gobierno de Trajano fueron muy pocas. La flota romana de Dacia se utilizó para transportar soldados.

EL BAJO DANUBIO. *MOESIA*

La provincia de *Moesia* fue creada en el año 18. Durante los años 99-101, Trajano reforzó la frontera y se preparó para la guerra. Se fortificó el puesto de *Durostorum* en Salsovia. El ataque de los dacios y de los sármatas, al sur del Danubio en el año 101, obligó a Trajano a prestar atención al territorio anterior. Se fundaron por este motivo, como indica R. Florescu, ciudades como *Nicopolis a Istrum*, *Ulpia Oescus*, *Marcianopolis* y, probablemente, *Tropaeum Traiani*. Se extendió, con estas fundaciones, la romanización de *Moesia*. Recibieron el estatuto de ciudades romanas *Nicopolis a Istrum* y *Marcianopolis*, ciudades en las que se

hablaba griego. En estos años se dio una organización sistemá-
tica al territorio. La urbanización era escasa. Los grupos de población se agrupaban en torno a un centro militar o agrícola,
bajo la dirección del gobernador o del comandante. Se creó una
organización de tipo municipal. *Moesia Inferior* desempeñó un
importante papel durante la guerra dácica y contribuyó a extender profundamente la romanización de la zona.

DUROSTORUM

El nombre de *Durostorum* (Silistra, Bulgaria) es de origen
celta. La ciudad alcanzó una gran importancia económica en la
zona del Danubio Inferior, paralela a su importancia militar. En
la época de Trajano y antes, en tiempos flavios, fue cuartel de la
cohors II Flavia Britonum. A comienzos del siglo II, por motivos
de la guerra dácica, llegó de *Pannonia* la *Legio XI Claudia*.

La provincia de Dacia

La provincia moderna de Dacia comprendía la moderna Transilvania, sin el territorio suroriental. La región sureste de Transilvania y la parte oriental de Oltenia pertenecían a *Moesia Inferior*. Dacia fue una provincia imperial. En su territorio estaban
acuarteladas la *Legio XIII Gemina* con residencia en *Apulum*,
y la *Legio IV Flavia Felix* en Berzobis, con numerosas tropas
auxiliares. Después de la conquista permanecieron algún tiempo en la provincia la *Legio I Adiutrix* en *Apulum* y las *Vexillia-
tiones* de la *Legio II Adiutrix* y la *Legio VI Ferrata* en *Sarmizegetusa Regia*. Al frente de la provincia se encontraba un *legatus
augusti propraetore* de rango senatorial con residencia en *Sarmizegetusa* o quizá en *Apulum*. Las legiones las mandaban los
legati Augusti.

Como indica P. Piso, las tropas auxiliares desempeñaban un
papel importante. En el año 117 fueron trasladados a Dacia los
sagittari de Palmira asentados en *Tibiscum* y *Porolissum*. Este
autor recuerda un pasaje muy importante para Dacia, transmi-

tido por Eutropio, del programa que siguió Trajano terminada la guerra y convertida Dacia en provincia romana. Eutropio afirma: «Trajano, vencida Dacia, trasladó de todo el mundo romano gran número de personas para cultivar los campos y para vivir en las ciudades.» Magníficamente, un historiador del siglo IV indica algunos aspectos fundamentales del programa de Trajano, como es el asentamiento de gentes destinadas a cultivar los campos y a aumentar la población de las ciudades, es decir, a reforzar las poblaciones urbanas. La guerra, que fue feroz, como se representa gráficamente en la Columna Trajana, diezmó la población. Trajano compensó las pérdidas humanas con una intensa colonización. Esta colonización significó una profunda aculturación de Dacia.

Los colonos, en gran número, llegaron a Dacia, desde *Pannonia, Noricum,* o *Illyrium*. Estos últimos mantuvieron la organización en *Castella*, los teónimos y los antropónimos de sus lugares de origen. Los panonios conservaron las cerámicas y las fíbulas. Los colonos rápidamente olvidaban sus regiones de origen y formaban *collegia*, como el *collegium Gallatarum*, el *collegium Pontobitynorum*, el *collegium Asianorum*, todos conocidos por las inscripciones.

RELIGIÓN DE DACIA

Pronto se generalizó en Dacia el culto a la tríada capitolina así como el de los *dei consentes* y, en general, el panteón grecorromano. También se veneraban los dioses orientales traídos por las tropas auxiliares, como *Magna Mater*, la gran diosa de Asia Menor, cuyo principal centro de culto se hallaba en Pesinunte, y que fue introducida en Roma durante la segunda guerra púnica; Júpiter Doliqueno, llegado de Siria, que era un Baal sirio vinculado con el toro; Júpiter Acternus y Mitra. Algunos teónimos van acompañados de nombres étnicos, fenómeno bien documentado igualmente en la religión hispana de la época romana, como Júpiter seguido de los epítetos *Tavianus, Erusenus, Bussurigius* y *Cimistenus*; o Dea Siria, o sea Atargatis, equivalente a Astarté, cuyo culto se celebraba en Biblos y fue muy detalladamente descrito por Luciano de Samosata que lo presenció. Rituales de su culto eran la prostitución sagrada y la ofrenda de los propios cabellos a la diosa. Otras deidades veneradas fueron *Malagbel*, de origen palmireno a juzgar por el teónimo; *Mars Singilis, Gesahenae* y otros. La religión de los pueblos vencidos e incorporados a su Imperio fue generalmente aceptada por Roma. Por un fenómeno de sincretismo los asimilaba fácilmente a otras deidades del panteón grecorromano.

Un centro religioso importante de Dacia se encontraba en el *pagus* de *Germisara*, en la calzada que de *Ulpia Traiana Sarmizegetusa* y *Micia* lleva a *Apulum*. En el *castrum* acampaba la unidad militar *numerus Singularium Peditum Britannicorum*. Un complejo termal distaba 5 km del campamento. El agua brotaba a una temperatura de 32°. Junto al manantial los romanos levantaron un gran complejo termal, con piscinas para la cura y canalizaciones. Una escalera llevaba a las piscinas. Se construyó una residencia para los visitantes y se ofrecieron aras votivas dedicadas a los dioses de la salud como Hércules, Diana, las Ninfas y Asclepio e Hygia.

La mayoría de los visitantes del balneario eran, como indica A. Rusu Pascaru, que ha estudiado recientemente este complejo, personas pertenecientes al estrato social más alto de la población, a juzgar por las inscripciones votivas, que visitaban el lugar, comandantes de las legiones o de las tropas auxiliares, gobernadores de provincias o magistrados.

Santuarios de este tipo estaban muy extendidos como lugares de culto a las deidades salutíferas por todo el Imperio. Baste recordar en Hispania Maños de Montemayor (Cáceres), Fortuna (Murcia) y Alange (Badajoz).

A las piscinas se arrojaban, como objetos votivos, monedas de plata y bronce y ocho plaquitas de oro de forma alargada. Algunas llevan grabada una *aedicula* (nicho) con la imagen de la deidad a la que iban dedicadas. Varias estaban consagradas a Diana y a Hygia. En una de estas plaquitas se lee el nombre de Decébalo. Este tipo de santuario, con placas votivas, como indica A. Rusu Pescaru, se repite en otras localidades; dos en Austria, en Alemania uno, tres en Italia y uno más en Suiza.

EJÉRCITO Y ACULTURACIÓN

La presencia del ejército, como indica I. Piso, fue un factor importante que motivó esta aculturación. Después de su licenciamiento, la mayoría de los 40.000 soldados acuartelados en la provincia se quedaron a vivir en ella y legitimaron ante el Estado romano la situación jurídica de las mujeres con las que habían vivido. Estas mujeres, en su mayoría, serían dacias. El problema se había planteado siglos antes a Roma. En el año 171 a.c., se fundó la primera colonia fuera de Italia, en Carteya, en el estrecho de Gibraltar, para legitimar la situación de los 4.000 hijos que los soldados romanos habían tenido con mujeres indígenas. Roma legitimó su situación y los asentó en Carteya. La solución de este problema se la encomendó Roma a Canuleyo, que era pretor.

ECONOMÍA DE LA DACIA ROMANA

Todo el territorio de Dacia era *ager publicus*. El territorio era *ager tributarius* para los *deditici*, término cuyo sentido para Roma sigue siendo desconocido. Se trata con seguridad de gentes no romanizadas que escapaban al control de Roma. El *ager tributarius* podía subdividirse en *ager adsignatus*, en lotes, que se entregaban a comunidades romanas o a ciudadanos romanos. Una de estas comunidades era la colonia *Ulpia Traiana Augusta Sarmizegetusa*, cuya extensión de terreno era muy grande.

En Dacia son bien conocidas las *canabae* de *Apulum* y los *vici* de *Micia* y de *Tibiscum*.

La propiedad en Dacia estaba muy repartida, sin embargo se conocen testimonios del siglo III de la existencia de grandes latifundios. Las minas de oro y los pastos pertenecían al fisco que los arrendaba a los ciudadanos que habitaban principalmente las ciudades de *Sarmizegetusa* y *Apulum*. Las minas del noroeste hispano, al contrario, las explotaba el emperador a través de sus libertos y esclavos imperiales. La provincia romana de Dacia gozó de gran prosperidad económica y social y de un alto nivel de vida en toda la población, probablemente hasta la época de Aureliano (270-271), cuando fue abandonada.

La creación de la provincia mejoró mucho la situación económica. Aparecieron en seguida grandes centros de producción de bienes como *Napoca*, famosa por las fíbulas; *Micasasa* y *Cristesti*, con talleres importantes de cerámica, y *Tibiscum*, conocida por las perlas.

Se desarrolló la importación de productos alimenticios, como aceite procedente de Hispania y vino de Italia.

COLONIAS Y CIUDADES

Se examinan a continuación, de una manera breve, y a título de ejemplo, tres casos, que son, en nuestra opinión, los más interesantes.

Colonia Ulpia Traiana, Augusta Dacica y Sarmizegetusa

La colonia *Ulpia Traiana* por su extensión, 73 ha, era la segunda ciudad más importante después de Colonia en Germania Inferior. Su territorio, jurídicamente, estaba separado del resto de la provincia. Debía seguir el régimen administrativo colonial y no el militar. El territorio asignado a la colonia era muy fértil y extenso, pues llegaba a *Coriovallum* (Heerlen, Holanda) a 100 km de distancia. El territorio más extenso de una colonia romana fue el de *Augusta Emerita*, capital de Lusitania, creación de Augusto en el año 25 a.C., con tropas que habían participado en las guerras cántabras.

La colonia, capital de la provincia romana de Dacia, está situada al oeste de Transilvania, en el cruce de las dos calzadas más importantes con el sur del Danubio. Se conserva la inscripción, mutilada, de la fundación de la colonia datada en el 106 o poco después, por mediación del gobernador D. Terencio Escauriano. I. Piso, que ha estudiado la fundación de la colonia, interpreta unos troncos hallados debajo del foro trajaneo de la ciudad, como pertenecientes a un primer foro de madera o a las estructuras de un castro de la *Legio IV Favia Felix* a partir del 106. La vinculación de esta legión con la creación de la colonia es segura por la aparición de *boli laterici*, ladrillos redondos, con el nombre de la legión. El territorio asignado a la colonia coincidía con la parte del territorio de la provincia que Trajano distribuyó entre los colonos romanos. Algunos *pagi*, andando el tiempo, alcanzaron una gran prosperidad económica al aumentar el número de habitantes, alcanzando el estatus de municipio y desligándose de *Sarmizegetusa*. La superficie del recinto amurallado era de 32 ha y los edificios existentes en el exterior alcanzaban las 100 ha. En el cruce del *cardo maximus* y el *decumanus*, por indicación del propio Trajano, se edificó el *Forum vetus*. Se ha conservado la estructura bajo tierra, con el altar fundacional. Se descubrió también la base del grandioso monumento consagrado a Trajano. El *Forum trajaneo* estaba rodeado por varios edificios: la *curia*, la *basílica judiciaria*, las *carceres*, la *aedes Augustalium* y la *aedes fabrum*. Un *macellum* o mercado se edificó al sur del Foro de Trajano. Se ha descubierto el *praetorium* del procurador de las finanzas de *Dacia Apulensis*. En el área sagrada dedicada al culto imperial se encuentran 50 aras consagradas, por los procuradores de las finanzas, al culto de las más diversas deidades. Los edificios públicos se construyeron en la zona norte.

La colonia tenía un anfiteatro con un aforo de 4.000 personas. Junto al anfiteatro se encontraba el templo de Némesis, diosa muy vinculada a los juegos del anfiteatro, como lo prueban las varias inscripciones votivas dedicadas a esta diosa en el anfiteatro de Itálica o la pintura de Némesis del anfiteatro de *Tarraco*, la capital de la provincia Tarraconense. En las proximidades se han descubierto el templo dedicado a *Liber Pater*, el *Asclepeion*, santuario del dios Esculapio, formado por varios santuarios, y un gran templo de orden corintio, consagrado a Diana y a Hércules, como lo indican los fragmentos de estatuas de estos dos dioses. Próximo al ángulo noreste de esta área sagrada, se halló el *Mithraeum*, y a 1 km de la muralla occidental un templo de una deidad de Palmira. Al parecer, la jurisdicción estaba en *Sarmizegetusa*, a pesar de que la sede del gobernador de Dacia Superior y de *Dacia Traiana* se encontraba en *Apulum*. La sede del procurador de las finanzas de *Dacia Apulensis* también se hallaba en *Sarmizegetusa*, donde se reunía el *Concilium III Daciarum*, encargado del culto imperial. El *concilium* se reunía y deliberaba en el anfiteatro; a continuación desfilaba en procesión hasta el *ara Augusti*, donde el *sacerdos arae Augusti* celebraba los rituales de precepto.

Los ciudadanos de *Sarmizegetusa* estaban adscritos a la tribu papiria, que era la de Trajano. La población de la colonia oscilaba entre 15.000 y 20.000 habitantes, y la del territorio alcanzaba los 40.000. Se hablaba el latín y no el griego, como lo indican las inscripciones. El 76 % de los antropónimos de las inscripciones son romanos.

Los colonos fundadores eran veteranos del ejército que habían participado en las dos guerras dácicas. Muchos procedían de Italia o de las provincias occidentales.

La cerámica recogida en las excavaciones es, en su mayoría, romana, lo que prueba que la ciudad fue romana desde su fundación, al igual que lo fueron el urbanismo, la religión, la sociedad, la economía y la cultura en sus más variados aspectos. Sin embargo, la sociedad de la colonia era muy cosmopolita, como lo demuestran los dioses venerados. Junto a la tríada capitolina y otros dioses del panteón grecorromano, se encuentran teónimos como *Belhamón*, *Malagbel*, *Fenebal* y *Monavat*, de Palmira; *Men Cilvastianus* de Asia Menor; *Bonus Puer* de *Edessa*; *Mars Singilis* de la Bética; *Dea Caelestis* de Cartago; *Apollo Grannus* y *Sirona*, *Marte* y *Rosmerta*, o *Mars Camulus* del Rhin. Los dioses orientales están bien presentes en la colonia, como *Isis* y *Serapis* de Egipto; *Iuppiter Dolichenus* de Siria; *Iuppiter Aeternus* y *Mithras* de Irán.

La propiedad estaba repartida. La base de la economía era la agricultura. Los ciudadanos de *Sarmizegetusa* cultivaban las tierras públicas de Dacia. Explotaban las minas de oro del fisco, las salinas equiparadas a las minas y tenían en arriendo las aduanas.

Sarmizegetusa es el mejor ejemplo que dio Trajano como fundador de colonias típicamente romanas desde el principio de su gobierno. Vivir en estas colonias era como residir en Roma. El tipo de urbanismo era idéntico. La administración era la misma. Idéntica la religión e idénticos la lengua y los signos externos de la cultura, como el vestido. Trajano como fundador y administrador de ciudades estuvo a la misma altura que como militar.

APULUM

La ciudad de *Apulum* no tuvo asentamiento dacio anterior a la creación de la provincia romana de Dacia y del asentamiento de la *Legio XIII Gemina*. Se ha supuesto, sin pruebas arqueológicas convincentes, que estuvo acuartelada también en la ciudad, por algún tiempo, la *Legio I Adiutrix*, cuya presencia se documenta por los *boli laterici*. *Apulum* fue, en origen, como tantas ciudades romanas, un campamento militar rodeado de *cabanae*. Una aglomeración urbana se encontraba a 2 km de distancia, al sur del campamento. Esto motivó la creación de *Alba Iulia*, que en origen era un *vicus*, en función del río *Mures*, que era una importante vía de comunicación. *Apulum* era un *pagus* de *Sarmizegetusa*. Los ciudadanos disfrutaban del *ius italicum*. Minas de oro se explotaban cerca de la ciudad, que, como afirma I. Piso, era una de sus principales riquezas. En las *canabae* se encontraba el pretorio del gobernador de Dacia. Los habitantes de las *canabae* no disfrutaron hasta los años del gobierno de Septimio Severo del derecho de procedencia, ni de propiedad de la tierra. Tenían un *ordo decurionum* y dos magistrados al frente de ellos. Su titulatura era *cives romani consistentes canabis*.

Con el tiempo la población llegó a alcanzar los 40.000-50.000 habitantes y una extensión de 4/5 × 1/2 km. Del primitivo campamento legionario sólo se conoce la puerta principal. Se han descubierto el pretorio del gobernador de Dacia Superior y del gobernador de las tres Dacias, los baños, el área sagrada, varias salas de audiencia y una residencia de un alto personaje, y el pretorio. *Apulum* contaba con varios templos, un gran *Asklepeion*, un templo dedicado a Júpiter y un Mitreo en las *canabae*. La población era romana como se deduce de que el 76 % de los antropónimos conocidos por las inscripciones llevan nombres romanos. Los nombres de las *tegulae* y ladrillos de la *Legio XIII Gemina* son de personajes *inmunes*, que trabajaban en la ciudad.

En la orilla del río *Mures* se encontraba la aduana llamada *Statio publici portorii Illyrici*.

Apulum tenía una población cosmopolita atraída por la explotación de las minas y por la riqueza del territorio cultivado. En algunos casos los extranjeros formaban *collegia*, como el *co-*

llegium pontobithynorum, cuyo nombre indica bien la procedencia de sus componentes.

Júpiter y la tríada capitolina están bien documentados en *Apulum* y contaban con un gran número de devotos. Se veneraban, igualmente, dioses orientales, como Isis y Serapis, *Iuppiter Aeternus*, Mitra y *Iuppiter Dolichenus*, dioses todos ellos que recibían igualmente culto en *Sarmizegetusa*. Cultos que alcanzaron menos aceptación fueron: *Bonus Puer* de *Odessa*, *Hierebolus* de Palmira y *Bussurigeus, Bussumarius, Crimistenus, Glico, Bumene, Iuppiter Traianus* y *Iuppiter Syrgastos*. Todos eran dioses llegados de Asia. De Cartago vino *Dea Caelestis*, que alcanzó una gran veneración en Hispania, y de Siria, *Baltis*. Todos estos dioses prueban que la población de *Apulum* era muy heterogénea. Dos de las grandes herencias del mundo romano al mundo moderno son el cosmopolitismo y la libertad religiosa. Con el cristianismo chocó el Imperio romano por ser exclusivista.

Apulum, por su alta demografía, por la presencia del ejército y por su economía, fue el motor de la provincia creada por Trajano, tal como escribe I. Piso.

CAPÍTULO 9

EL PROGRAMA POLÍTICO DE TRAJANO

El programa político de Trajano ha quedado establecido en el Arco de Benevento, dedicado con la aprobación del Senado en el año 114. El arco es una creación típicamente romana. Los relieves tienen un gran valor propagandístico. El arco triunfal alcanzó una gran tradición en Roma. Los dos más antiguos, de los que hay noticias, datan del año 196 a.C. Se levantaron, uno en el *Forum Boarium* y otro en el Circo Máximo. Ambos arcos estaban coronados por estatuas doradas.

Los costeó Estercinio con el botín obtenido en sus campañas en Hispania. P. Cornelio Escipión, tras expulsar de Hispania a los cartagineses en el 206 a.C., y derrotar a Aníbal en la decisiva batalla de Zama en el 203 a.C., levantó un arco en el *clivus capitolinus*, coronado también por siete estatuas doradas y por dos caballos. En el año 121 a.C., Fabio Allobrogico erigió en Roma un arco de triunfo en el Foro. Este tipo de monumento parece ser de origen griego-oriental.

El Arco de Benevento se levantó en el último tramo de la *Via Appia*. Está cubierto por 27 relieves alusivos, no a las guerras, como sucede en la Columna Trajana o en el *Trapaeum* de Adamklisi, sino al programa político que Trajano pensaba realizar en Italia y en las provincias, como sugiere acertadamente M. Huber, de ahí su importancia excepcional para conocer este programa político al ser muy escasas las fuentes con las que cuenta el historiador para los años de gobierno de Trajano.

En las dos escenas de la parte baja que da a la ciudad se representa a Trajano en el momento de entrar en Roma, después de su actuación en el Rhin y en el Danubio, en los años 97-98. El Senado le concedió, por su actuación, el título de *Germanicus*. Llegó a Roma como un ciudadano privado, acompañado de sus amigos. Este momento se representa en los dos mencionados relieves de la zona baja del arco. A Trajano le acompañan 12 lictores, el prefecto de la ciudad, el pueblo, el Senado y una representación del *ordo ecuestre*.

Un *legatus* corona a Trajano con una corona de oro, *aurum coronarium*. Dos relieves del lado lateral, colocados hacia la campiña, representan el momento de la marcha del emperador a Roma. Rodeado, debajo de una encina, de lictores, Trajano hace la paz con algunos jefes germanos del Danubio. Está presente, en la ceremonia de la firma de la paz, *Iuppiter Feretius*, bien reconocible por la barba y por la desnudez del torso, cuya presencia legitimiza el pacto de la paz. El cuarto relieve del lado derecho, colocado hacia el campo, alude al regalo de un caballo enviado por los sátrapas, con el deseo de mantener a Persia al margen de la guerra. Junto al emperador, se encuentran algunos acompañantes, Hércules con su atributo, la piel del león de Nemea y dos varones con el perro y una cabeza de caballo. M. Huber piensa que la composición se localiza en Hispania, como parece indicarlo el olivo. A. García y Bellido creía que este Hércules era el Hércules Gaditano, venerado en uno de los grandes santuarios del mundo antiguo, cuyo culto, típicamente fenicio, trajeron a Occidente los habitantes de Tiro, que se mantuvo hasta el año 400, fecha en la que el poeta Rufo Avieno visitó Cádiz. M. Huber coincide en este punto con la propuesta del arqueólogo español.

Las cuatro escenas inferiores no aluden a la guerra. Los relieves de la zona media se refieren a la política interna y a las iniciativas imperiales. Trajano aparece en estos relieves como el *Optimus princeps*. En ellos Trajano cumple sus obligaciones civiles y militares y garantiza la seguridad del Estado. Legisla a favor de la familia. A Trajano, vestido con traje militar, acompañan una niña de pie y un niño sentado. A la izquierda del emperador se encuentran *Mars Pater*, la *Terra Italicae* con el arado y *Felicitas* con la cornucopia repleta de frutos. En la izquierda, un oficial presenta a un recluta, alusión bien clara a la leva militar al comienzo del gobierno.

Los relieves de la derecha del lado situado hacia la ciudad recuerdan la economía y la construcción de los puertos de Roma, de Ostia, de *Ancona*, de *Terracina* y de *Centumcellae*, construcciones muy vinculadas con la economía. Saludan al emperador *Portunus* con áncora, Hércules, Apolo y las comunidades locales. En el relieve de la izquierda, un *vexillum* con cinco águilas podría ser, según M. Huber, una alusión a las colonias de veteranos, fundadas por Trajano en el Rhin y en el Danubio. Al lado de Trajano se encuentran algunos veteranos, que se asentaron después del año 100 en la colonia *Ulpia Thamugadi*, en África; en la colonia *Ulpia* en las proximidades de Xanten; en la colonia *Ulpia Traiana Poetovio* en *Pannonia*, y en las colonias *Ulpia Oescus, Ulpia Ratiaria* y *Ulpia Sarmizegetusa* en Dacia.

En los dos relieves de la parte interior, Trajano aparece en escenas de carácter público. En una de ellas, los decuriones y el pueblo reciben al emperador, que interviene en un sacrificio acompañado de 12 lictores. Se ha pensado que se trate de algún sacrificio hecho antes de la campaña contra los partos del 113. El relieve de la derecha podría referirse a una distribución de cereales y de aceite a la población del emperador. Hispania envió grandes cantidades de aceite a Roma, a partir de la época de Augusto, procedentes de la región comprendida entre Córdoba, capital de la provincia senatorial de la Bética, e *Hispalis*. Dos aspectos fundamentales del carácter de Trajano, según Plinio, fueron su piedad hacia los dioses y su cuidado del pueblo.

Los relieves de menor tamaño, sobre la bóveda, aluden a la victoria y al triunfo del emperador. Representan cuatro victorias sacrificando toros; a victorias aladas; al desfile triunfal, alusivo a la guerra dácica, composiciones todas de carácter genérico. Un carácter imperial expresa el *Dacicus* coronado en el interior de la guirnalda de armas con instrumentos en forma de serpiente, propio de los dacios. Señala M. Huber que, por vez primera, aparecen en un arco honorífico cuatro *putti* (niños) al pie de las victorias y de las personificaciones de los ríos y de las fuentes, por cuanto son símbolos de las estaciones, con frutos en las manos, símbolos de la fertilidad que proporciona la política del emperador.

En los relieves de derecha a izquierda de la gran inscripción se esculpieron los dioses recibiendo a Trajano. Al lado izquierdo, en el relieve enfrente de la ciudad, Júpiter, con el haz de rayos, acompaña a Minerva y a Juno. Contemplan a estos dioses otros como Hércules, Ceres, Baco y Mercurio.

M. Huber propone que las dos figuras pequeñas a la derecha del lado sur de cara a la ciudad podían hacer referencia a los dos cónsules del año 107, que reciben a Trajano y le comunican la noticia de la concesión del triunfo. La puerta a la espalda del emperador sería la *porta triumphalis*. La presencia de la diosa Roma, junto al emperador, que pone la mano sobre Adriano, vestido con uniforme de parada, parece un añadido posterior a la muerte de Trajano. El reconocimiento de la adopción estaría simbolizado en la mano de la diosa Roma que toca a Adriano.

Las escenas deben ordenarse partiendo de la última, situada, muy probablemente, en Hispania, para pasar a la firma de la paz y a la llegada de Trajano a Roma.

Los relieves de la parte central del arco se refieren a la política interna de Trajano y a sus iniciativas.

Las cuatro escenas de este conjunto representan a Trajano como *Optimus princeps*, que garantiza la seguridad de la patria, cumple con sus obligaciones civiles y militares, promulga leyes que favorecen la situación de las familias pobres de Italia y refuerza los límites del Imperio. Trajano viste el traje de general del ejército rodeado de dos niños. El artista simbolizó magníficamente aspectos fundamentales del programa político de Trajano como su participación en las guerras. Italia era el centro de sus cuidados. Su riqueza iba unida a la agricultura. La felicidad venía motivada por la abundancia de frutos naturales. Los relieves del lado derecho, que mira a la ciudad, se refieren a la economía y a la infraestructura. Una medida fundamental para el desarrollo de la economía fue la construcción de puertos marítimos o fluviales. Estos puertos favorecían las relaciones comerciales y los desplazamientos de la población. Roma necesitaba de un puerto excelente, como el de Ostia, pues vivía de los productos que recibía de las provincias, sólo exportaba obras de arte, como sarcófagos. La ciudad en la época de Trajano tenía cerca de un millón de habitantes. Representantes de las comunidades saludan al emperador. Tanto en los relieves de la Columna Trajana, como en los del Arco de Benevento, queda bien patente el carácter religioso de Trajano, que cumplía con las ceremonias de culto y que era el protegido de los grandes dioses del Imperio.

Próximo a Trajano se encuentra un grupo de veteranos del ejército. Según M. Huber podía aludir así a los asentamientos de ex legionarios con sus familiares, en diferentes colonias. Según otra interpretación propuesta, la escena aludiría al traslado de las cenizas de Trajano a Roma, mientras Júpiter saluda a Trajano ya divinizado. La presencia de las demás divinidades aludiría a la apoteosis de Trajano.

El varón anciano colocado junto al emperador se ha identificado, generalmente, con L. Lucinio Sura. La mujer arrodillada puede simbolizar a Dacia. Al fondo Adriano se aleja sobre el puente del Danubio. Se discute si las dos personificaciones de ríos son dos ríos de Dacia.

Una diferencia grande entre el Arco de Benevento y los otros arcos triunfales de Roma, como los de Tito, Septimio Severo y Constantino, consiste en que éstos celebran victorias y no un programa a realizar en tiempos de paz, según M. Huber.

El Arco de Benevento es uno de los primeros en su género, reflejando un programa político a realizar o ya realizado.

Otros aspectos de la política de Trajano

La política interna de Trajano se caracterizó, como ya se ha indicado, por sus excelentes relaciones con el Senado. Trajano tomó algunas medidas, que tocaban directamente al Senado, como el paso de Bitinia de provincia senatorial a imperial, decisión motivada por las acusaciones de los habitantes contra los procónsules, que la administraron.

Trajano logró que sus mandatos y cartas fueran considerados leyes del Estado. Los senadoconsultos emanados por el Senado y las constituciones imperiales fueron las únicas fuentes de legislación. Aumentó el poder del consejo del príncipe, *consilium principis*, que se convirtió en un colegio, que juzgaba ciertas cuestiones personales, como los procesos por malversación seguidos a los gobernadores. Al prefecto del pretorio se le asignaron algunos jueces de carácter penal. Algunas disposiciones de Trajano fueron excesivamente duras, como en el caso del asesinato del *pater familias*, permitir la tortura de los esclavos y de los libertos. Disposiciones más humanas fueron la prohibición de la condena por contumacia; reducir al mínimo la cárcel preventiva; prohibir las denuncias anónimas, y el condenar en casos discutibles, aspectos ·todos que denotan un carácter muy humano en Trajano. En estos puntos se detecta el influjo de ciertos juristas de tendencia estoica como L. Neratio Prisco y P. Juvencio Celso. También fue profundamente humana la disposición que permitía, a los hijos abandonados y recogidos por otras personas, el derecho de reivindicar la propia libertad sin reembolsar los gastos ocasionados. Si los padres maltrataban a los hijos, éstos podían emanciparse, y sus padres no eran herederos en caso de muerte. Trajano también favoreció la manumisión por fideicomiso.

En general fue contrario a la creación de nuevos *collegia*, salvo en casos de clara utilidad, como el *collegium pistorum*, panaderos de Roma; los de las ciudades libres o federadas, como *Amisus*, o el de los artesanos y vendedores de *Mediolanum*.

Trajano fue generoso con la concesión de la ciudadanía romana, siguiendo el ejemplo de César. Concedió el derecho del *latium maius* a los ex decuriones. El emperador fue creador de colonias; además de las citadas, cabe recordar como colonias militares a la colonia *Martiana Traiana Thamugadi*, en África (su planta es la de un campamento militar) y la de *Cirene.* ¡También creó muchos municipios. En Hispania, esta creación de municipios en gran número se remonta a los emperadores Flavios; sin embargo, en la época de Trajano no se creó municipio o colonia alguna.

Intervino, de acuerdo con el Senado, en la administración de las provincias senatoriales. Fue rígido en la administración del dinero en los municipios. Obligó a los magistrados a cumplir las promesas. Envió *curatores civitatis* o *reipublicae*, administradores, a ciudades de Italia, como *Caere, Beneventum, Bergamun* y otras; o a las provincias, como *Nemausus*, y a veces un *curator calendari* para regular las finanzas. También se vio obligado a intervenir en ciertas regiones o ciudades como en la Transpadana, donde envió un *legatus Augusti propraetore*. A *Acaya* mandó un *corrector* para regular las condiciones de las ciudades libres.

En los años del gobierno de Trajano se modeló la carrera ecuestre, el *cursus honorum*, subdividida en tres rangos, *ducenarii*, *centenarii* y *sexagenarii*, de acuerdo a los 200.000, 100.000 y 60.000 sestercios respectivamente de ingresos.

La política edilicia

Los años del gobierno de Trajano coinciden con un gran desarrollo de la arquitectura, dentro y fuera de Roma. Varios edificios de Roma y de las más importantes capitales del Imperio se levantaron, muy probablemente, por incentivo de Trajano.

EDIFICIOS DE ROMA

El primer edificio, o mejor conjunto arquitectónico, que debe considerarse es el Foro de Trajano, que es el último de los foros imperiales y el más grandioso de todos. Antes de que se construyera, Roma contaba ya con varios foros famosos, como el Foro Boario, de la época arcaica, el Foro Holitorium del siglo III a.C., el Foro Julio, inaugurado en el 43 a.C., el Foro de Augusto, inaugurado en el año 2 a.C., y planeado en el año 42 a.C., después de la batalla de *Phillipi*, y el Foro de Nerva. Roma llegó a contar con hasta 17 foros.

El Foro de Trajano era una obra genial, atribuida a Apolodoro de Damasco. Los dos conjuntos de Foro y Basílica, rica su arquitectura en elementos helenísticos, y los mercados de Trajano continúan la arquitectura típicamente romana de Domiciano. Estos dos conjuntos forman un plan único. El Foro se asentaba en la ladera de la colina del Quirinal, donde se construyó una plaza a la que se llegaba bordeando el Foro de Augusto, a través de un arco, coronado por elefantes, representado en una moneda acuñada el mismo día de la inauguración del Foro y de la muerte de Trajano.

Un problema urbanístico importante queda solucionado con esta construcción. Este problema era el sucesivo ensanche de los foros, comenzando por el Foro Julio, continuando por el Foro de

Augusto y prosiguiendo con la unión del Foro Romano, gracias al Foro de Trajano, que fue comenzado a construir bajo Nerva.

La solución urbanística comprendía la *Basílica Ulpia*, también un templo, que después de la muerte de Trajano se dedicó al emperador divinizado, y dos bibliotecas, una para almacenar libros escritos en lengua griega y otra para los que estaban en latín. El proyecto era ambicioso y gigantesco. Entre las dos bibliotecas se levantaba la Columna Trajana. A la espalda de una gran exedra circular, se construyó un gran conjunto comercial compuesto por pequeñas tiendas distribuidas en diferentes planos y terrazas. Este conjunto ocupaba un espacio equivalente a los tres foros vecinos, el de César, el de Augusto y el de Nerva. Este centro comercial se convirtió en el vínculo más importante dedicado a la venta de productos de todo género. En la parte superior había una gran sala abovedada con dos pisos de tiendas, que eran en realidad unos grandes almacenes que podrían compararse a los modernos. El Foro de Trajano se pagó sin dificultad gracias al botín gigantesco que proporcionaron las guerras dácicas, y fue inaugurado en el año 113.

Atravesando el arco central de un solo vano se pasaba a un patio al aire libre, rodeado por un porche de columnas. En el patio se encontraba la estatua ecuestre del emperador, fundida en bronce dorado. El patio tenía unas dimensiones de 118 × 89 m, estaba pavimentado con mármol blanco y el suelo de los soportales era de mármoles de diferentes colores. El techo de estos soportales era plano y encima había un ático adornado con siete esculturas variadas de prisioneros dacios, con escudos, etc. A la espalda de los lados mayores porticados se encontraban dos exedras de forma semicircular. Todos los edificios del Foro estaban recubiertos de pinturas, de estucos, de mármoles, además de esculturas. El espectáculo de los juegos de luces en el espectador que visitaba el edificio era impresionante. El mayor historiador de Roma en la Tarda Antigüedad, Ammiano Marcelino, que conocía bien la capital del Imperio, por haber vivido en ella, consideró que el Foro de Trajano era la mayor maravilla de la ciudad.

La *Basílica Ulpia* continuaba el eje del patio central. Una de las fachadas laterales estaba enfrente de la entrada al Foro. Una gran novedad de este edificio consistía en que no se seguía la tradición helenística o itálica de los Foros de César, Augusto y Vespasiano, que consistía en colocar un templo en el fondo y en el eje del Foro. La planta era rectangular rodeada de dos filas de columnas. La *Basílica Ulpia* era de cinco naves. Las basílicas, generalmente, iban unidas al Foro. En ellas se administraba justicia y se realizaban operaciones comerciales sin que en ellas se encontrase la mercancía a la vista. Las basílicas tenían una parte dedicada al tribunal. El origen de este tipo de edificios se ha buscado en el Oriente helenístico, como en la *Stoa Basileios* de Atenas y la *Sala Hypostila* de Delos, cuya fecha cae hacia el año 210 a.C. La primera basílica de la que se tiene noticias en Roma, la construyó el censor Porcio Catón en el 185 a.C. al volver de Grecia. M. Fulvio Nobilior y Emilio Lépido levantaron en el 179 a.C. las Basílicas Fulvia y Emilia. En el año 169, T. Sempronio Graco, que tan buen recuerdo de su gobierno dejó en Hispania haciendo la paz con los celtíberos, construyó la *Basílica Sempronia*. Famosa fue la Basílica de Pompeyo, levantada a finales del siglo II a.C. o a comienzos del I a.C.

La *Basílica Ulpia* estaba recubierta de mármoles de diferentes colores, gris o granito, llegados de Luna, de Carrara y de otros varios lugares. Sendos hemiciclos se encontraban en los extremos del eje mayor. La decoración estaba compuesta por trofeos, por dacios prisioneros, por grupos ecuestres, por frisos, etc. El suelo estaba recubierto de lastras de mármol de diferentes colores, que formaban motivos geométricos. La basílica estaba cubierta con un techo plano. Medía 165 × 58 m.

Las dos bibliotecas tenían nichos rectangulares a modo de armarios para colocar los volúmenes. Como material de construcción se empleó el ladrillo recubierto de mármol.

Los mercados se levantaron al noroeste del Foro y formaban con él un proyecto orgánico de urbanismo. Separaba los mercados del Foro una calle porticada. Estaban construidos en la pendiente del Quirinal y distribuidos en terrazas escalonadas, divididas en dos plataformas. Por el lado del Foro los mercados formaban un gran semicírculo. Las *tabernae* se distribuían a lo largo de la calle. Sobre éste, en el plano superior, corría un pasillo continuo con grandes ventanales. Las bóvedas eran todas de hormigón. Los planos del Foro y los mercados de Trajano se cree que son obra, como ya hemos dicho, de Apolodoro de Damasco. La gran sala de los mercados tenía precedentes en los mercados de Tibur, fechados a comienzos del siglo I a.C. El esquema de un gran local de planta rectangular, cubierto con bóveda de cañón y flanqueado por estancias laterales de estos edificios, se reelabora en los mercados de Trajano, aunque con fines y efectos nuevos.

Las medidas de los muros son estrictamente funcionales y muestran los avances de las técnicas constructivas. R. Bianchi Bandinelli alaba en los planos del Foro y de los mercados la excepcional capacidad de apropiación y la reelaboración original de los principios fundamentales, tanto de la arquitectura helenística como de la arquitectura romana, que remontan a las construcciones de los tiempos de Domiciano, hasta el santuario de *Praeneste*, actual Palestrina, de la época del dictador Sila (82-79 a.C.).

En los bajorrelieves de la Columna Trajana, se observa, igualmente, la fusión de elementos helenísticos y romanos, dando origen a un estilo nuevo que constituye el arte romano imperial.

De los tres grandes complejos termales construidos en la capital del Imperio, las termas de Trajano, la de Caracalla y las de Diocleciano, las más antiguas son las de Trajano. En Roma Agripa, la mano derecha de Augusto, así como Nerón y Tito, fueron grandes constructores de termas. Caracalla y Diocleciano copiaron ampliando el modelo termal desarrollado en tiempos de Trajano, que a su vez era una ampliación de las de Tito.

Las termas de Tito debieron de ser construidas por Rabirio, arquitecto de Domiciano, o por Apolodoro de Damasco. Por vez primera, en la arquitectura termal romana, se rodeaba el centro de las termas de un gran patio, cuyo precedente se encuentra en las termas de Nerón. Las termas de Trajano se construyeron sobre el *Mons Oppius* y sobre parte de la *Domus Aurea* de Nerón, algunas de cuyas habitaciones se cegaron para edificar sobre ellas las termas. Tenían varias exedras y una biblioteca, a juzgar por la presencia de nichos para colocar los volúmenes. El material empleado para la construcción fue el hormigón recubierto de ladrillos y éstos, a su vez, revestidos con losas de mármol o de estucos. Han sido atribuidas a Apolodoro de Damasco. Otro edificio cultural atribuido al programa edilicio de Trajano es el

Odeón, teatro destinado a los conciertos de música; su emplazamiento no se ha localizado hasta el presente. Varios edificios de tiempos de Trajano obedecen a motivos económicos y se levantaron en función de los transportes de alimentos y de las necesidades de aprovisionamiento de Roma de objetos de todo tipo. Se ha atribuido a iniciativa de Trajano, pero sin que para ello haya fundamento alguno, la construcción del muelle artificial situado en el *Porto*, en las proximidades de Roma y de Fiumicino, y el puerto de Civitavecchia. El mencionado puerto sobre el Danubio y otros edificios representados en la Columna Trajana son obras, muy seguramente, de Apolodoro de Damasco.

Trajano terminó en Roma la construcción del templo de *Venus Genetrix* empezado por César, del que se conservan unos bellísimos relieves con erotes y cráteras con escudos. Su gran amigo L. Licinio Sura construyó unas termas sobre el Aventino, las llamadas *Thermae Suranae*.

Trajano, pues, contribuyó al embellecimiento de la capital del Imperio con la construcción de magníficos edificios que hermosearon la ciudad. En este aspecto su labor no fue inferior a la de los emperadores que le precedieron.

MONUMENTOS TRAJANEOS FUERA DE ROMA

La política trajanea de realizar grandes obras públicas no quedó circunscrita a Italia. Tanto en las provincias occidentales como en las orientales se siguió este programa. A veces eran las comunidades y otras los particulares los que costeaban estos edificios.

El más importante debió ser el Arco de Ancona, coronado por una triple inscripción y una estatua de Trajano a caballo acompañado de varias personas. Fue construido en el año 115. El arco se alza sobre un alto podio. La inscripción menciona los nombres de Trajano, su esposa Plotina y su hermana Marciana. En Ancona se edificó también un puerto, posiblemente representado en la Columna Trajana. El arco fue costeado por la ciudad y el puerto por el emperador.

En tiempos de Trajano se amplió el puerto de Ostia, puerto que era fundamental para Roma, pues a él llegaban todas las mercancías que desde allí se transportaban a la capital. A las construcciones de Claudio (41-57) se añadió ahora una dársena hexagonal. De hecho se construyó un segundo puerto próximo al de Claudio. La creación de este puerto motivó la aparición de una verdadera ciudad, independiente de Ostia en función del nuevo ancladero. Gran parte del transporte de mercancías de la costa tirrénica se desvió al puerto de *Centumcellae*. Ancona fue el gran puerto de la costa Adriática. Este interés por los puertos indica bien la preocupación de Trajano por mejorar la situación económica y favorecer el transporte de mercancías. En los Alpes Marinos se levantó un acueducto. En Sicilia también se documentan mejoras en los puertos. En Cerdeña, de los tiempos de Trajano, data la construcción del *Forum Traiani* (Fordongianus) y de un puente sobre el río Tirso.

Monumentos trajaneos de las provincias occidentales

En Hispania se levantaron monumentos muy importantes en los años del gobierno de Trajano. El más espectacular de ellos fue el puente de Alcántara (Cáceres) que se construyó sobre el río Tajo, que corre encajonado entre altas orillas cortadas a pico, de granito. Su altura es de 71 m. La amplitud del arco mayor es de 28,06 m y la longitud total de 194 m. En su género es la mayor construcción hecha por los romanos. Una inscripción recoge los nombres de los municipios, todos de la época flavia, que costearon la obra. Todos están localizados en la región portuguesa de Beira Alta. La construcción de este puente prueba la gran popularidad que alcanzó Trajano en las provincias. Una inscripción perteneciente al arco de triunfo que se colocó en el centro del puente fecha su construcción entre los años 103-104. El puente de Alcántara demuestra la importancia excepcional que los romanos prestaron a una vía que partiendo de *Castra Caecilia*, o *Norba Caesarina* (Cáceres), atravesaba la Beira Alta para unirse a la que desde *Olisipo* (Lisboa) llevaba a *Bracara Augusta* (Braga), entrecruzándose con otras muchas calzadas. Al lado de la entrada del puente se encuentra un templo, *in antis*, de planta rectangular, precedido por una escalinata. A la puerta del tem-

plo se lee el nombre del arquitecto Cayo Julio Lácer, que, seguramente, era lusitano. A juzgar por el nombre, Julio, era un personaje descendiente de familia de militares o también podría tratarse de libertos imperiales. Lácer conocía perfectamente los sistemas constructivos romanos en lo referente a puentes, pilas y
arcos, que siguen el canon utilizado en el *Ponte Lupo* en el acueducto de *Aqua Marcia*. La puerta está escoltada por dos columnas toscanas. Las paredes exteriores son de sillería almohadi-
llada. La cornisa y el frontón van decorados con molduras. El
interior lo ocupa la *cella* con huellas de haber estado dividida
en dos compartimentos. Las dimensiones de este templo son
5,86 × 4,10 m, con una altura de 6,6 m. El techo era de piedra.
El despiezo y el canon de orden toscazo están relacionados con
los del pórtico del *Forum Holitorium* de Roma, datado a finales
de la República romana. Este parentesco indica en Lácer un gusto arcaizante. El techo de piedra podría interpretarse como una
manifestación de orientalismo, evidente en el dístilo sepulcral de
Zalamea (Badajoz).

A unos 10 km del puente de Alcántara se encontraba el puente del Segura, muy hermoso, pero totalmente restaurado, obra
quizá del mismo arquitecto. Cruza el río Elvas, actual frontera
entre España y Portugal. Por él pasaba la vía romana. Mide 80 m
de longitud. En Hispania se construyeron también otros puentes
que se han atribuido a la época de Trajano. Próximo a Caparra
(Cáceres) se encontraba un puente, muy sencillo y bastante re-
hecho, que por parentesco con el puente de Apollosa, cerca de
Benevento, sobre la vía *Appia Traiana*, parece datarse por estos
años; igualmente pasaba sobre él una calzada.

El puente sobre el río Tamega, de gran sencillez, en Chaves
(Vila Real, Portugal), es de la época de Vespasiano, con posibles
restauraciones hechas durante los años del gobierno de Trajano,
al igual que el de Puebla de Trives (Orense), que cruzaba el río
Bibey, se fecha durante el gobierno de Tito y Domiciano, pero
fue restaurado bajo Trajano. A comienzos del siglo II se data el
puente sobre el río Salado de Porcuna, en Villa del Río (Córdoba). Durante el gobierno de Trajano se restauraron intensamente las calzadas y los puentes en Hispania. En este aspecto Trajano hizo una gran labor.

En la época de Trajano, terminada luego durante el reinado de Adriano, se inició la construcción en Itálica del templo dedicado a la Victoria Augusta, en honor de Trajano por sus triunfos durante las guerras dácicas. Ésta es la teoría de A. Cantó apoyada en una inscripción recogida en las proximidades. El templo es de planta rectangular, con exedras semicirculares y cuadradas, y una plaza porticada. En el interior se hallaba el altar.

En *Augustóbriga* (Talavera La Vieja, Cáceres) se levantó un templo, posiblemente dedicado al culto imperial, en honor de Trajano ya divinizado, del que se conserva la fachada. Es ejemplar único en Hispania. Conserva su basamento de granito. Mide 20,43 × 11,55 m. El pórtico tiene cuatro columnas de frente y dos a los lados. Descansa sobre un zócalo cortado por la entrada. La columnata conserva el arquitrabe, sobre el que, en el centro, se levanta un arco de dovela. No se conserva ningún lienzo de pared.

De comienzos del siglo II podría datarse el teatro de Tarragona, que está lindando con el mar.

En los años en los que Trajano dirigía el Imperio se terminó el acueducto de Segovia. Es de granito, tiene una longitud de 728 m, y una altura, en el centro, de 30 m. Su doble arquería impresiona al visitante. Trae agua de la sierra de Fuentefría. El acueducto de los Milagros, en *Augusta Emerita*, se construyó en la época de Augusto. Se ha supuesto que fue restaurado durante el gobierno del emperador hispano. Los romanos prestaron, de antiguo, especial interés a la traída de agua, tan necesaria para alimentarse como para favorecer la imprescindible higiene de los ciudadanos. Hacia el año 300 a.C., el censor Appio Claudio levantó el acueducto *Aqua Appia*. El acueducto *Annio Vetus* fue ya restaurado en Roma en el año 145 a.C. y un año después, en el 144 a.C., por Q. Marcio Rex, el llamado *Aqua Martia*.

Plinio el Joven, en una carta a su amigo Trajano, le aconseja utilizar los excelentes arquitectos que trabajan en las provincias y no los de Roma. Los puentes hispanos de la época de Trajano confirman la verdad de la afirmación de Plinio.

Roma, atravesada por el Tíber, contó siempre con excelentes puentes. Baste recordar el puente Fabricio, que fue un *curator viarum*, encargado del buen mantenimiento de las calzadas, datado en el año 62 a.C., y el de Cestio, de la época de César.

Hispania también tuvo algunos bellos arcos levantados durante la época de Trajano. Su íntimo amigo y colaborador L. Licinio
Sura, según reza en el testamento, costeó arcos como el Arco de
Bará, quizá levantado en el límite del territorio de la colonia *Tarraco*, capital de la provincia Tarraconense, en la milla XIV de la
Via Augusta. Sus líneas son sobrias. Denota cierto gusto conser-
vador y arcaizante, rasgo típico de la arquitectura romana hispana. Un arco contemporáneo es el levantado en Cabañas (Valencia), de un solo arco, sobre dos columnas cuadradas, asentadas sobre losas rectangulares.

En Caparra, un duunviro local, G. Fidio Mácer, costeó un
arco cuadrifonte de granito en honor de su familia y de él mismo. Los cuatro pilones sostienen cuatro arcos con arquivoltas.
Dos columnas adosadas flanquean los arcos de los lados norte y
sur. La altura del monumento es de 12,30 m. Dos estatuas de pie
o a caballo se colocaron sobre dos pedestales. Pertenecían a las
personas a las que estaba dedicado el arco.

En Gallia, muy pronto romanizada desde finales de la República romana, los edificios datados durante el gobierno de Trajano son más escasos en número. En *Nemausus* (Nîmes) se construyó el llamado templo de Diana, levantado en relación con un
complejo edificado alrededor de una fuente sagrada. La técnica
de construcción de los arcos fajones, en los que se apoyan las lastras de la bóveda, es típicamente siria. Otras restauraciones de
estos años son el teatro de *Augustodunum* y los pórticos y muralla de *Agedincum*.

En lo referente a Britannia, Trajano no se olvidó de la isla en
su programa de obras públicas. Restauró los muros de *Ebura-
cum*. Continuó las obras emprendidas por Domiciano, que después llevaron a la construcción de la gran muralla de Adriano.

En *Illyrium*, en esta época se fecha la puerta monumental de
Asseria, cerca de Zara, con toros sobre el arco, como en el anfiteatro de Nîmes. El arco estaba coronado por una cuadriga y dos
esculturas a cada lado.

En Grecia, concretamente en *Dyrachium*, un particular costeó la biblioteca. Con frecuencia los ciudadanos, siguiendo el
ejemplo que daba el emperador, costeaban la edificación de bibliotecas. En los santuarios panhelénicos de Delfos y de Olimpia

se levantaron, por estos años, varias edificaciones sacras. Trajano, que era profundamente religioso, costeó muchos templos, hay que suponer que de su propio patrimonio. Las islas griegas no quedaron al margen de esta política edilicia de Trajano. En Creta, *Gortyna*, se levantaron varios templos y un odeón para los conciertos.

Trajano tampoco descuidó en su afán constructivo Oriente. Allí contaba con excelentes precedentes, como la construcción, en Palmira, en pleno desierto sirio, en época de los Julio-Claudios, del monumental templo de Bel, dios citado en las *Sagradas Escrituras* judías.

En *Niha* (Líbano) se construyó un santuario siguiendo las pautas romanas, sobre alto podio y con pórtico de cuatro columnas lisas, coronadas por capiteles corintios. Destaca en el templo un naiskos, característico de la arquitectura siria, que contenía la imagen de culto en su interior.

La ciudad árabe de *Gerasa* (Jordania) estaba cruzada de norte a sur por una larga avenida, flanqueada por un pórtico de columnas. En el extremo norte se levantó un arco, fechado en el año 115, que era una puerta de la muralla. En tiempos de Trajano deben datarse algunas tumbas de Petra (Jordania), como un hipogeo de dos pisos con varias entradas, y una segunda de Sextio Florentino, que presenta atrevidas licencias arquitectónicas. Son un excelente modelo de arquitectura funeraria que se puso de moda años después.

Cornelio Palma, legado de Siria, trazó un sistema de acueductos, según las inscripciones, para llevar el agua desde Jabel Hauran, Siria, hasta *Canatha* en Arabia. Pretendía con ello poner el territorio en regadío.

En Palmira (Siria), importante ciudad caravanera de Oriente por donde llegaba todo el comercio procedente del mundo chino, indio, parto y sasánida hasta el Mundo Romano, se fecha en el año 103 la torre de Alahbel, de planta rectangular, con anchas columnas lisas cuadradas coronadas con capiteles de follaje. La capital de la provincia romana de Siria, Antioquía, fue mejorada con un conjunto de edificios públicos, como un ninfeo, un teatro, un acueducto y un canal para regular las crecidas de Orontes. En *Iotape* de *Cilicia* se dedicó un templo a Trajano. En

Selinunte, donde murió el emperador, se levantaron en su honor varios edificios, una vez muerto.

La provincia de Asia también se vio afectada. En Pérgamo inició Trajano y terminó Adriano un *Traianeum,* templo en honor de Trajano, con alto podio, levantado sobre una plataforma artificial. Un pórtico rodeaba el área del templo. Era de orden corintio. La *cella* estaba coronada por columnas exentas por los cuatro lados.

En la época de Trajano se construyó en Mileto uno de los más importantes puertos y mercados de Oriente. Un ninfeo de tres pisos, con estatuas colocadas en el interior de nichos y columnas exentas, sostenía entablamentos y frontones que cabalgan unos sobre otros. Toda la fachada era una mera ornamentación, pues carecía de función arquitectónica. También en Mileto, el emperador pagó de su propio dinero dos puertas de acceso a la ciudad y un acueducto.

La biblioteca de Efeso responde a una concepción parecida, pero es más sobria y no presenta un aire tan barroco y recargado. Era también de dos pisos y su construcción se puede datar en torno al año 115. El edificio fue costeado por Celso. Esta biblioteca, al igual que las dos próximas a la Columna Trajana, prueba bien claramente el interés por la cultura desarrollado por Trajano. El emperador pagó en el famoso *Artemisión* de Efeso, uno de los templos más célebres y visitados de la Antigüedad, unas magníficas puertas que necesitaba y algunos particulares restauraron el teatro y los pórticos próximos al mercado. En Esmirna se terminaron el acueducto, comenzado a construir por Trajano padre, y un gimnasio, tan importante para la educación de los jóvenes. En la antigua capital de los Atálidas se edificó el templo consagrado a Zeus Philios.

Si pasamos a Bitinia y al Ponto tenemos que en una de las ciudades más importantes de Bitinia, *Prusa,* se construyeron unas termas nuevas con pórtico y exedra. Unos particulares regalaron a la ciudad una biblioteca. Se abrieron al público en *Nicea* un gimnasio, un teatro, un pórtico y una basílica. En *Nicomedia* se construyó un acueducto, para la traída de agua a la ciudad, y se hicieron otras obras. Se unió el sur con el lago mediante un canal excavado y se levantó un nuevo Foro. *Sinope,* sobre el *Ponto Euxino,* contó con un acueducto nuevo y *Claudiopolis* con unas termas. Todas estas ciudades pertenecían a la provincia romana de Asia.

Egipto, desde tiempos de Augusto, administrativamente dependía del emperador, dado que era el principal granero de Roma. Tampoco quedó olvidado por el interés edilicio del momento. En Alejandría, en recuerdo de la victoria dácica se erigió un arco en honor de Trajano. Varios templos egipcios fueron atendidos con especial cuidado. En *Esneh-Latopolis* se restauró el templo del dios *Chnum*. En la isla de *File* se levantó un santuario. En el año 116 se construyó en el oasis de *Tebe* un templo consagrado a Trajano.

En tiempos de Trajano se levantaron varias obras monumentales en África como en la colonia *Ulpia Marciana Traiana Thamugadi*, donde se levantó un arco triunfal en honor del emperador; en el *Municipium Ulpium Traianum Augustum Thubursicum* el Capitolio; una termas en *Cirta*; la reparación del Capitolio en *Thagura* o el arco triunfal de *Mactaris*.

Una creación de gran importancia para la futura defensa de África romana, contra las razzias de las poblaciones indígenas, que fue obra total de Trajano y en la que posiblemente intervino de modo personal, fue la construcción del *limes* de la frontera desde el campamento legionario acuartelado en *Theveste* hasta *Lambaesis*.

La escultura de la época de Trajano

Los retratos de tiempos de Trajano han sido divididos por Gross, Jucker, Fittschen y Traversari en siete tipos.

El primero, a juzgar por las monedas del año 98, se fecha a comienzos del gobierno del emperador. Se caracteriza por tener la cabellera dividida sobre la frente y con raya en medio. A este primer grupo pertenecen retratos conservados en Venecia y en Villa Albani de Roma.

El segundo tipo se denomina de la corona cívica, por llevar sobre la cabeza una corona. Se fecha entre los años 103 y 108. Retratos de los Museos del Louvre y de Samos, y dos cabezas del Museo Vaticano, son las mejores piezas de este segundo tipo.

El tercer tipo, llamado París 1250 Mariemont, por las ciudades donde se conservan dos excelentes retratos, es parecido al primero, pero se diferencia de él por tener un mayor relieve plástico. Este tipo estuvo de moda hasta después de su muerte.

El cuarto tipo se fecha en torno al 107. La cabellera lleva los mechones caídos sobre la frente. Dos retratos, guardados en museos de Venecia y de Palestrina, son las piezas que mejor representan a este grupo.

La cabeza de la estatua *loricata* de Ostia es el ejemplo más representativo del grupo siguiente, que se caracteriza por un peinado con mechones que cuelgan sobre la frente.

Al sexto grupo de retratos de Trajano pertenecen numerosos ejemplares. También los mechones le caen sobre la frente. Este tipo aparece en los retratos de Trajano con escenas de sacrificio, como en la Columna Trajana. Los retratos conservados en la *Galleria degli Uffizi* y en la *Nycarlsberg Glyptotek* de Copenhague son las mejores piezas.

Al último tipo, el séptimo, pertenece la cabeza de Ostia, cuyo peinado se repite en el Arco de Benevento.

Una de las mejores esculturas de Trajano, desnudo y ya divinizado, ha aparecido en las excavaciones de Itálica. En él, el desnudo del cuerpo humano es impresionante por su realismo. Una excelente cabeza de Trajano ha dado el criptopórtico de Coimbra (Lusitania). Es un excelente ejemplo del arte provincial y de la calidad alcanzada por los artesanos hispanos.

Los retratos de varón de la época de Trajano siguen los modelos marcados por los rctratos dcl cmpcrador. Las damas imitan el peinado de Plotina (Museo Capitolino) con algunas variantes. Otras mujeres peinaban el pelo según lo llevaban algunas damas de la familia imperial, llegando a peinados muy complicados, con dos o tres diademas superpuestas. Estas damas de la familia de Trajano son Marciana (*Metropolitan Museum* de Nueva York y *Antiquarium* de Ostia), hermana del emperador que murió poco antes del 115, y Matidia, hija de la anterior y nombrada Augusta en el 112.

Los retratos de Trajano, a partir del primer grupo, marcan un punto de partida en la iconografía, como escribe R. Bianchi Bandinelli. Los retratos de Vespasiano representan al emperador idealizado y divinizado, siguiendo los cánones del arte griego, y los de los particulares se caracterizan por su gran realismo. A partir de ahora, el retrato del emperador es único. No está divinizado. Expresa magníficamente las cualidades humanas del retratado. Este arte se puede ya calificar de plenamente romano. El artista que dio expresión a esta corriente es el creador de la Columna Trajana, Apolodoro de Damasco, que vigilaba personalmente los diferentes talleres, que debieron trabajar en la Columna Trajana o en el Arco de Benevento.

La musivaria romana en la época de Trajano

Con el advenimiento de Trajano al poder se inaugura una de las etapas más florecientes de la historia de Roma, no sólo militar, sino también cultural, ya que durante su reinado (98-117 d.C.) se acometieron obras de gran envergadura que proporcionaron gran esplendor tanto a la capital del Imperio, como a las ciudades provinciales.

Los pavimentos musivos no son ajenos a este esplendor de diecinueve años —que es el tiempo que dura el reinado de Trajano—, ya que es precisamente en esta época cuando se produce un cambio en la tradición musivaria en blanco y negro, que evoluciona hacia el color y los temas figurados, fenómenos artísticos que cristalizarán plenamente en la época de Adriano. Los mosaicos se utilizan tanto en edificios públicos, como privados, adornan los suelos y las paredes de las casas, termas y tumbas, cubren piscinas, fuentes y ninfeos. En la época de Trajano la técnica y el gusto por el mosaico tienen ya una larga andadura desde su creación en el siglo IX a.C. (palacios de Tell-Ahmar en Siria) y su especial relevancia en la época helenística (mosaicos de Grecia y Egipto). Se conocen las diferentes técnicas y usos del *opus musivum*, por lo que las innovaciones y las características de la musivaria trajanea van a concretarse más en el gusto por el color y por los temas figurados, en especial los mitológicos. La época de Trajano constituye, pues, el inicio del desarrollo del mosaico que, a partir de este momento, va a alcanzar su plenitud en el transcurso del siglo II y en el III, con el triunfo del llamado «estilo florido» todavía en blanco y negro, que hace su aparición en el reinado de Adriano, y sobre todo con el predominio del color y de las grandes composiciones figuradas, evolucionando hasta las creaciones tardías de épocas posteriores.

Ciertamente, cuando faltan elementos de cronología absoluta, no es fácil delimitar con exactitud la fecha de un mosaico por criterios exclusivamente iconográficos o estilísticos, ya que en la musivaria las modas y los estilos perduran durante un tiempo que no tiene por qué coincidir exactamente con los años del reinado de un emperador, sino que pueden adscribirse a periodos de tiempo más amplios y, por este motivo, a veces se fechan de manera más o menos aproximada en la época de los Antoninos, o en la época de los Severos, o por lo que ahora nos atañe en el primer tercio o en la primera mitad del siglo II, sin poderse especificar con certeza absoluta si fueron realizados en la época de Trajano o de Adriano. Sí puede, sin embargo, afirmarse que a fines del siglo I y en la primera mitad del II existe una continuidad de la tradición helenística y un predominio del influjo itálico en la musivaria de Occidente, y que a partir de esta época, y sobre todo en el siglo III, se produce ya un cambio en favor de los modelos norteafricanos y orientales.

En Oriente, la musivaria de la época de Trajano se inscribe en la tradición helenística tanto del mosaico bícromo, a veces trícromo, de decoración geométrica y ornamental, como de los de Arsameia, cuanto en el mosaico helenístico polícromo de *emblemata* o *pseudo-emblemata*, es decir, de paneles figurados ilusionistas inspirados en modelos pictóricos e insertados en un cuadro geométrico, corriente en la que se encuadran los mosaicos más antiguos de Antioquía descubiertos en las casas destruidas por el terremoto del 113 d.C. Del triclinium de la Casa del Atrio procede un pavimento enteramente polícromo, compuesto por cinco *emblemata* en forma de T, rodeados en tres de sus lados por una composición geométrica formada por una red de rombos. La originalidad de este pavimento reside en que fue concebido en su totalidad como un conjunto realizado *in situ* y no siendo realizados los *emblemata* en un taller y luego insertados en un cuadro geométrico, como es habitual en la época helenística. Los temas están sacados del repertorio mitológico tradicional bien conocido por la cerámica griega y las pinturas pompeyanas: Juicio de Paris, concurso de bebida entre Heracles y Dionisos, personajes del *thiasos* báquico, Afrodita y Adonis, y, aunque en su composición el pavimento refleja modelos originarios de Roma, en otros aspectos, como su total policromía y su carácter pictórico, sigue las tradiciones helenísticas. El panel central con la representación del Juicio de Paris, enmarcado por una orla de roleos de vid con pájaros e insectos y dos cabezas humanas, está realizado con una técnica casi de *vermiculatum*, y con una rica gama de colores que incluye el empleo de teselas de vidrio en azul y verde para los detalles.

En otras casas de la misma época uno de los pavimentos está decorado con la escena de Heracles niño estrangulando a las serpientes, mientras que otros muestran personajes itifálicos y ojo apotropaico. El mosaico figurado polícromo de la parte oriental del Imperio se mantendrá siempre fiel a la tradición helenística y a ello ha de contribuir no sólo la herencia del ideal clásico, sino también la categoría social de los propietarios, pertenecientes a las élites cultivadas imbuidas de cultura griega.

Por lo que se refiere a los temas geométricos de los pavimentos de la época de Trajano, aunque polícromos, tienen paralelos en el repertorio del mosaico geométrico en blanco y negro de Occidente: sogueado de dos o tres cabos, postas, meandros, dientes de sierra, círculos secantes, cubos en perspectiva, estrellas de cuatro puntas formadas por el juego de losanges, triángulos y cuadrados, nudos de Salomón, etc. Los motivos vegetales, como guirnaldas de flores y frutos, con animales y máscaras, o tallos de acanto, recuerdan a algunas pinturas pompeyanas contemporáneas muy impregnadas todavía del helenismo. Sin embargo, la principal diferencia con la musivaria de Occidente estriba en la pobreza del repertorio geométrico y en el empleo secundario que de los temas geométricos se hace en Oriente, simplemente como marco para los emblemas figurados, en contraposición al mosaico romano de Occidente, en donde la riqueza y complejidad de las composiciones geométricas tienen valor por sí mismas, de forma que, a veces, cuando en ellas se inserta un emblema, éste tiene la apariencia de un cuadro subordinado dentro del conjunto.

En Grecia el mosaico continúa en esta época en la línea del mosaico helenístico, es decir, es preferentemente polícromo, y sólo esporádicamente se documentan ejemplares en blanco y negro, como el mosaico de guijarros de *Thasos*, decorado con una crátera, erotes y delfines, el mosaico de tema marino de *Leucadia* o el de *Patras*, en el que se asocian delfines en blanco y negro y un panel polícromo. La supervivencia de la tradición helenística se aprecia en los mosaicos polícromos de la época trajanea descubiertos en una villa de Corinto; uno de ellos consta de tres paneles decorados con pájaros y frutos, bordeados por una greca de meandros tridimensionales, y dos orlas de roleos de vid, motivos todos ellos que remontan a prototipos helenísticos.

Al mismo tiempo, el influjo itálico se deja sentir en las proximidades de Corinto, en el mosaico en blanco y negro de *Isthmia*, con escenas marinas en los dos rectángulos centrales, estando el resto de la superficie dividida en cuadrados con decoración geométrica. Otros mosaicos emparentados estrechamente con los diseños blanco y negro itálicos, pero que introducen ya el uso moderado del color, sobre todo del rojo, son los descubiertos en las termas Kladeos de Olimpia, construidas hacia el año 100 d.C. A esta misma época pueden adscribirse los mosaicos de *Philippi* con el borde de murallas, muy lejos de la tradición helenística y, por el contrario, íntimamente conectados con los prototipos itálicos. Esta marcada influencia de la metrópoli, que se manifiesta de manera especial en las termas y en lugares de fuerte presencia romana o itálica, como las colonias de *Patras* y Corinto, probablemente puede explicarse por la llegada de artistas o de modelos desde Italia, como sugiere K. M. D. Dunbabin.

Se conserva la fórmula tradicional del pseudo emblema central y al mismo tiempo se crean composiciones no centradas, pero se mantienen los procedimientos gráficos y cromáticos y sobre todo la temática de la época anterior, si bien no existe ninguna copia deliberada del mosaico helenístico. Este conservadurismo explica la ausencia o rareza de ciertos temas en la musivaria griega de la época temprana, como los temas nilóticos tan ligados a la egiptomanía itálica, o las escenas de la vida rural o de circo que son excepcionales, y una predilección por los temas mitológicos que reflejan la fidelidad a la tradición helenística, aunque también hay un enriquecimiento del repertorio y del tratamiento de la temática anterior. Una novedad respecto al mosaico helenístico es que desaparece la técnica del *opus vermiculatum*, que en Italia dura hasta el siglo II d.C., en favor del *opus tessellatum* de fondo blanco.

En la península Itálica, los mosaicos del mercado de Trajano en Roma y los de Ostia siguen en época de Trajano el gusto severo y sobrio tratado en bicromía, no por ello desprovisto de inventiva y de originalidad, de los tiempos flavios. Estas mismas características se encuentran en mosaicos contemporáneos de otras zonas del Imperio, en especial por la proximidad a la península Itálica en *Aquileya* (Galia Cisalpina), *Tréveris* (Galia Belgica) y también en la provincia *Narbonense* (Valence), en donde el influjo itálico es tan fuerte que puede hablarse de talleres itinerantes llegados del norte de Italia; o ya en el norte de África en *Cirenaica*, *Utica*, *Carthago* o *Cherchell*. En Hispania los mismos motivos geométricos en blanco y negro, tratados con gran elegancia y sobriedad, formando nidos de abeja, meandros de esvásticas, rosetas de triángulos curvilíneos, temas de laberinto, etc., se documentan en Ampurias, Badalona, Clunia, Marbella, Itálica o Mérida.

Asimismo, las elegantes composiciones de estrellas de ocho losanges y octógonos adyacentes que determinan cuadrados, están ampliamente representadas en el repertorio musivo desde los dos primeros siglos de la Era, documentándose en Pompeya (Casa de los Amorini Dorati), Ostia (*insula delle Muse* y domus Fulminata), *Aquileya*, villa de Este. En Hispania este esquema conoce una gran difusión desde el siglo II, destacando los ejemplos de Ampurias, Clunia, Mérida, Itálica, Córdoba y Marbella.

La composición de esquema a compás, formada por un círculo central, semicírculos laterales y cuartos de círculo en los ángulos, tiene una amplia distribución en la parte occidental del Imperio, hallándose su raíz en la península Itálica, en donde se documenta en Pompeya (Casa del Poeta Trágico), Ostia (*insula delle pareti gialle*) y Lucera. El esquema se origina a partir de la decoración arquitectónica de bóvedas de techo, cuya estructura compartimentada pasa a la superficie plana del pavimento. El modelo itálico, junto a sus motivos decorativos más usuales, es adoptado por los talleres provinciales desde el siglo II d.C. En Hispania encuentra relativa acogida en ejemplos de gusto italianizante, que incluyen elementos geométricos, vegetales y de veneras (pavimentos de la casa n.º 1 de *Clunia* y de la Basílica de *Uxama*, con paralelos muy estrechos en un mosaico de *Aquileya*), y también figurados, como es el caso de los mosaicos de *Seleucus* y *Anthus*, en Mérida, la Medusa de Marbella, la Venus de La Quintilla, en Murcia, por citar sólo unos ejemplos en los que se hace patente el enriquecimiento que el esquema original itálico sufre en Hispania a partir de los inicios del siglo II con la introducción del empleo del color, de forma tímida al principio hasta alcanzar las composiciones enteramente polícromas del siglo II (mosaico de la Loba y los Gemelos de Alcolea de Córdoba, que incluye el color amarillo y las teselas de pasta vítrea, el Rapto de Ganímedes de Itálica o el Rapto de Europa de Écija) y de épocas posteriores.

La musivaria del norte de África ofrece grandes diferencias entre regiones o provincias, de forma que no pueden aplicarse generalidades. Así los pavimentos de la *Tripolitania* se distinguen como un grupo aparte caracterizado por la ausencia del «estilo florido» y en donde predomina el empleo de los *emblemata* destacando en una composición geométrica. Una villa de la *Tripolitania* cuyos mosaicos se fechan, no sin gran controversia, entre finales del siglo I y la primera mitad del II, es la de Zliten. Los pavimentos geométricos de Zliten pertenecen al estilo llamado de «decoración múltiple», raro en el norte de África; algunos incluyen combinaciones de cuadros realizados en *opus tessellatum* y *opus sectile*, como el famoso pavimento del friso decorado con escenas de anfiteatro en policromía, de gran importancia porque refleja con todo realismo los diferentes juegos y el equipo de los luchadores, los condenados a las fieras y los músicos con sus instrumentos, como el órgano. En esta época se ha datado un mosaico polícromo de volutas, realizado con la técnica del *vermiculatum*, que pavimentaba una pequeña habitación de forma más o menos circular. Del círculo central sólo se ha conservado una guirnalda sostenida por bucráneos que delimita un espacio semicircular decorado con animales marinos. El resto de la superficie se halla ocupada por roleos de acanto, que salen de un gran tallo, y diversos animales, como pájaros, insectos y mamíferos, todo realizado con una gran finura y naturalismo que lo aproxima a la tradición helenística, muy diferente del llamado «estilo florido» típico del norte de África.

En la *Proconsular* la frecuencia de mosaicos con decoración geométrica en blanco y negro a comienzos el siglo II d.C. hace suponer la existencia de talleres locales establecidos en *Utica*, *Thysdrus*, *Hadrumetum* y *Acholla*, caracterizados por su austeridad y el uso restringido del color, lo que se ha dado en llamar «estilo severo». Muy pronto el diseño geométrico se vuelve polícromo y se le añaden elementos estilizados vegetales, dando lugar al primer estilo específicamente norteafricano conocido con el nombre de «estilo florido», cuyos antecedentes sin embargo se encuentran en los arabescos blancos y negros de la península Itálica. De esta forma, las monótonas composiciones bícromas de círculos secantes o tangentes pierden su sobriedad y rigidez y se transforman en frescas coronas vegetalizadas, que van a caracterizar a la musivaria africana de esta época y de las siguientes y en su evolución darán lugar a las ricas y polícromas guirnaldas que, incluso, se expandirán en la época tardía a Italia e Hispania (Piazza Armerina, El Ramalete). En cuanto a las escenas figuradas, inspiradas en la mitología o en la vida diaria, se caracterizan por sus grandes dimensiones ya que los *emblemata* o *pseudo-emblemata* se adaptan a las dimensiones de las estancias que cubren, originando un gran tapiz decorativo y, en ocasiones, historiado.

Los primeros mosaicos norteafricanos pertenecientes a este nuevo estilo proceden de las llamadas termas de Trajano en *Acholla*, en las que destaca el gran pavimento del *frigidarium* presidido por el Triunfo de Baco, que ofrece varias novedades. La composición se halla formada por dos rectángulos principales y una zona central dividida por dos bandas diagonales que determinan paneles trapezoidales. Como en el caso de las composiciones de «esquema a compás», también ésta parece reflejar una composición de bóveda, reforzada por los motivos decorativos en forma de grotescos medio humanos medio vegetales, animales heráldicos, candelabros, motivos estos últimos que se documentan en Pompeya y *Herculano*. En cuanto a los elementos figurados, hay que destacar dos peculiaridades de este mosaico, que son la asociación y contaminación de los temas báquicos y marinos (presencia de nereidas y tritones en un *thiasos* báquico), y la sustitución de los felinos del carro de Baco por centauros. Sin embargo, ninguna de ellas es exclusiva de *Acholla* ya que la primera se documenta también en otros lugares del norte de África, como *Thysdrus*, *Bir Chana*, *Cherchell*, *Hadrumetum*, *Hippo Regius*, *Sfax*, *Themetra*, *Thuburbo Maius* y *Utica*, y en Hispania constituye una de las características más llamativas de algunos mosaicos contemporáneos de la Bética (Itálica, Cádiz), donde los tritones se realizan con unos rasgos faciales muy próximos a los de los sátiros del cortejo dionisiaco, que se subrayan con los típicos atributos báquicos como son los cuernos, el *pedum* y la antorcha. Esta asociación y contaminación iconográfica entre el *thiasos* marino y el dionisiaco es un hecho generalizado en el mundo romano, sobre todo en la península Itálica, como puede comprobarse en el mosaico de las termas de Neptuno o en el de la *domus dei dioscuri*, en Ostia.

La sustitución de los felinos por los centauros en los mosaico norteafricanos de *Acholla* y *Thysdrus* se documenta, asimismo, tanto en Occidente como en Oriente, con una amplia cronología, en los mosaicos hispanos del Triunfo báquico de Écija y Alcolea de Córdoba, en el mosaico itálico en blanco y negro de Tenuta de Fiorano y ya en Oriente en los pavimentos del *thiasos* báquico de *Gerasa*, *Sepphoris*, *Nea Paphos* y *Sheikh Zouède*. Esta iconografía del carro de Dionisos tirado por centauros, que gozó de un gran favor en la primera mitad del siglo II tanto en la musivaria como en los sarcófagos, se habría inspirado según L. Foucher en el grupo firmado por Aristeas y Papias, procedente de la escuela de Afrodisias de *Caria*, que mostraba ya a dos centauros, uno viejo y otro joven, sin olvidar los de la villa adrianea de Tívoli y la descripción hecha por Luciano (Zeux. 4 ss.) de una pintura de *Zeuxis* que representaba la *theleia hippocentauros*, y, por supuesto, la relación del tema con las tendencias de la época que asimilaban, sobre todo a partir de la guerra pártica, a Trajano con el dios evergeta, dominador de Oriente, guerrero victorioso contra la barbarie, representada por esos seres brutales semihumanos, semianimales, que son los centauros, y propagador de la civilización y de la *virtus* romana que dispensa la *Felicitas*.

La evolución y desarrollo del mosaico blanco y negro en la península Ibérica se relaciona con el mismo fenómeno seguido en Italia en los siglos I y II d.C., especialmente por lo que a los mosaicos de Ostia se refiere, apareciendo el mismo tipo de mosaico figurado en blanco y negro en Hispania durante el siglo II. Esto confirma el carácter netamente itálico de este primer periodo de producción, revelando el gusto de las clases dirigentes hispanas por el arte de la capital, si bien la interpretación que se hace en Hispania del esquema itálico presenta variantes, de forma que a veces se encuentran verdaderas copias realizadas por artistas itálicos y en otras ocasiones la falta de habilidad para ejecutar los efectos de la perspectiva denota la mano de un artesano local. En todo caso, puede decirse que los pavimentos en blanco y negro, sobre todo los geométricos, son muy abundantes en toda la geografía hispana durante los dos primeros siglos de la era.

El mosaico bícromo alcanza una gran difusión en Cataluña, valle del Ebro y litoral levantino, con predominio al principio de esquemas geométricos de gran complejidad, introduciéndose en la primera mitad del siglo II d.C. motivos figurados, como las orlas de murallas (Caldes de Montbui y Pamplona), frecuentes en la península Itálica en el siglo I y II, donde se documentan en Pompeya y en Ostia en sus dos modalidades, blanco sobre negro y negro sobre blanco (Palazzo Imperiale y Termas dei Cisiari), siempre en el siglo II, o los tritones afrontados (termas de San Miguel en Barcelona), estos últimos inspirados en modelos de las termas pompeyanas o en los repertorios ostienses de *thiasos* marino, muy en boga a partir de la época de Trajano y de los Antoninos (termas de Fiorano, cerca de Via Appia y Museo de Ancona).

Las representaciones de divinidades marinas (Neptuno, Océanos, tritones, nereidas) se encuentran entre los primeros mosaicos de temática mitológica que se realizan en Hispania (Barcelona, Elche, Mérida, Itálica, Cádiz) y se hallan íntimamente ligadas, tanto por los rasgos iconográficos de las figuras como por su composición, a las producciones itálicas (termas de Neptuno, en Ostia), reflejando fielmente los temas y las modas imperantes en la metrópoli. Pero también, ya desde los primeros momentos, se deja ver el gusto hispano por el color, que no desbanca, como ocurre en Italia, la pervivencia de la moda bícroma aún en mosaicos del siglo III.

En el litoral levantino destacan los mosaicos de Sagunto, que muestran el estadio final en la evolución de los talleres bícromos hacia nuevas formas polícromas, tras la paulatina incorporación de cuadros figurados en una composición geométrica en blanco y negro (mosaico del Castigo de Dirce), particularidad que también se documenta en algunos pavimentos de Mérida (mosaico del Rapto de Europa) y de la Bética (pavimentos de Baco de Itálica, de la Medusa de Itálica, Carmona y Córdoba, y de Pegaso de Córdoba) y cuyos prototipos remontan a veces a ambientes extraitálicos siguiendo la tradición helenística. El perdido mosaico saguntino de Baco niño cabalgando la pantera, con una serie de cenefas geométricas en torno a un cuadro en el que se figuran *erotes* (amorcillos) vendimiadores, que recogen el fruto de los tallos que brotan de las cráteras dispuestas en los ángulos, señala la introducción de nuevos temas figurados en los talleres bícromos, adaptados a nuevos espacios arquitectónicos.

Una de las ciudades más importantes de la Bética fue Córdoba, donde el *opus tessellatum* alcanzó su momento de mayor esplendor, demanda y difusión precisamente tras la transformación de la ciudad en Colonia Patricia, coincidiendo con el proceso de monumentalización que comienza con Augusto y alcanza su punto culminante entre los siglos I y II d.C. Ello, sin embargo, no significa que los pavimentos provengan de edificios públicos, sino que, por el contrario, decoran fundamentalmente ámbitos de carácter privado, como triclinios, *oecus* (salones) exedras o *cubicula* (habitaciones) de las *domus*.

El estudio de los pavimentos cordobeses ha permitido identificar no sólo la existencia de talleres y la utilización de los mismos cartones, sino también el establecimiento de relaciones entre mosaicos del área urbana de Córdoba y otros procedentes de su entorno o de otros lugares de la Bética. Baste recordar los mosaicos de *thiasos* marino procedentes de Córdoba capital y del Cortijo del Alcaide, o los esquemas compositivos en los que el emblema central se integra en una composición de semiestrellas tangentes, que forman hexágonos oblongos, de los mosaicos de la Medusa de Córdoba, Itálica y Carmona, y de Baco de la Casa de los Pájaros en Itálica, sin olvidar el emblema polícromo de Pegaso inserto en una composición ortogonal de círculos secantes que determinan flores cuatripétalas en blanco y negro con introducción de teselas rojas, esquema muy frecuente en Córdoba capital y provincia entre la primera mitad del siglo II d.C. y finales del III d.C. Otro pavimento de la Colonia Patricia, cuyo esquema geométrico se basa en una composición ortogonal de cuadrados recargados con nudos de Salomón o flores cuatripétalas y rombos adyacentes, mantiene estrechos paralelos con el esquema geométrico empleado en dos mosaicos de la casa de Mitra en Cabra y en otro procedente de la villa cordobesa de El Ruedo.

En Itálica, la ciudad hispana más paradigmática del reinado de Trajano ya que es su ciudad natal, máximo ejemplo del triunfo de la romanización en una provincia y uno de los lugares en donde el auge de la vida urbana se produjo de forma temprana, los mosaicos son el resultado de unos talleres con cartones muy elaborados, en los que predomina ya el uso del color, aunque a veces sea en tonalidades reducidas. Un claro exponente de esta ambigüedad lo constituye el mosaico de Neptuno, en el que se combina la tradición bícroma, empleada en todo el repertorio de figuras marinas —tritones, delfines, peces y otros monstruos marinos— que rodean al dios, tratado en policromía, que ocupa el centro de la composición, sobre el carro tirado por caballos marinos. Esta composición unitaria, que sigue modelos ostienses (mosaicos de las termas de Neptuno, dei Cisiari o de Buticosus), sobre todo para las figuras de los tritones y de Neptuno, este último también con paralelos muy próximos en los mosaicos de Risaro y Palermo, está rodeada por una orla de tradición helenística con escenas nilóticas, también muy frecuente en los ámbitos ostienses, pero tratada dentro de la más pura tradición musiva italicense.

Como en el caso de Córdoba y de Itálica, los pavimentos de Écija, la antigua colonia *Augusta Firma Astigi*, destacan por la originalidad de sus esquemas compositivos y por el tratamiento iconográfico de los temas figurados, que los ponen en conexión con otros lugares próximos de la Bética, en especial Cabra, Córdoba e Itálica, revelando la existencia de un posible taller ubicado en la propia *Astigi* o en alguna de las zonas próximas. Las excavaciones llevadas a cabo en Écija han puesto de manifiesto una superposición de pavimentos y muros, que revelan la existencia de dos fases constructivas con un profundo cambio a fines del siglo II y comienzos del III respecto a la etapa anterior que puede fecharse del siglo I d.C. a la segunda mitad del II.

El siglo II es la época de más auge en la economía de la colonia, a juzgar por los hallazgos arqueológicos —en especial ánforas olearias— y epigráficos, que testimonian en esta época el mayor momento de producción y exportación del aceite astigitano, auge que se refleja en los restos arquitectónicos del foro y de dos complejos termales descubiertos en el subsuelo de la ciudad actual. A esta época se pueden adscribir algunos de los pavimentos astigitanos de mejor calidad técnica y artística, pertenecientes a una rica casa romana, en la que se atestiguan tres niveles de habitación que van de fines del siglo I al IV, construida con una buena edilicia y pavimentada con ocho mosaicos, entre los que destacan tres escenas figuradas polícromas de carácter mitológico: el Rapto de Europa, que ocupa el círculo central de un mosaico de esquema a compás, una escena de la *Ilíada* y sobre todo el mosaico báquico presidido por la figura de Baco niño sobre pantera, más próximo al *opus vermiculatum* que al *tessellatum*. La composición iconográfica de este último lo convierte en un *unicum* en la musivaria romana, además de su calidad técnica y artística, a la que contribuye el empleo de teselas de pequeño tamaño en las figuras y la rica y variada utilización del color con teselas de pasta vítrea, que proporcionan los matices adecuados, de forma que más parece una obra pictórica que musiva.

En Lusitania, los talleres que operan en la capital, *Augusta Emerita*, desde finales del siglo I d.C., desarrollan la técnica del blanco y negro en composiciones geométricas y florales de origen itálico. Ejemplos de esta corriente artística son los mosaicos de la llamada Casa de la Torre del Agua, que muestran un fondo de roleos con hojas de hiedra; la pavimentación blanca y negra,

sin nota alguna de otro color, de la casa-basílica a la que se su-
perpone, respetando una gran parte de los suelos preexistentes,
una posterior en blanco, negro, amarillo y rojo, cuyos motivos
decorativos, siempre geométricos, se encuentran en Pompeya y
Ostia; el mosaico de Baritto, tal vez procedente de una tumba,
ofrece dos cráteras agallonadas con cruz gamada en el cuello,
entre dos delfines y otros dos peces, tal vez besugos, y las inscripciones FELIX, BARITTO COLONIAE (servus) y BONIS, quizá haciendo referencia a *Bonis eventis*.

En algunos casos las composiciones geométricas bícromas
alternan con pequeños cuadros polícromos figurados de procedencia oriental, en una simbiosis que combina los esquemas
bícromos de tradición itálica y los cuadros pictóricos polícromos de tradición helenística, del que no faltan ejemplos
en Hispania (mosaico del Sacrificio de Ifigenia de Ampurias).
A esta modalidad pertenecen los mosaicos emeritenses de *Seleucus* y *Anthus*, una composición de esquema a compás con
paralelos temáticos y estilísticos en Ostia, pero realizada por
unos artesanos de filiación oriental, según denotan sus nombres escritos en una cartela en forma de *tabula ansata*, que introducen tímidamente el color y el simbolismo propios de
Oriente en la decoración de la orla; y el del Rapto de Europa,
cuya superficie se halla dividida en dos compartimentos bícromos. El umbral, de forma rectangular, está decorado con
un damero de escuadras contrapuestas con dos pequeños cuadrados entre los extremos de sus brazos, esquema que aparece
por vez primera en los mercados de Trajano y que se repite en
la *insula delle volte dipinte*, en Ostia. El resto forma una composición ortogonal de estrellas de cuatro puntas tangentes en
negro, recargadas con un cuadrado inscrito por los vértices,
formando rombos horizontales y verticales en blanco que dejan entrever octógonos secantes y tangentes, en el que se inserta el pequeño emblema polícromo. El tipo iconográfico del
Rapto de Europa de Mérida, que figura el principio de la tra-
vesía marina, remonta al segundo estilo pompeyano y no se ge-
neraliza antes de comienzos el siglo II d.C., repitiéndose en emblemas musivos itálicos de comienzos del siglo II d.C., como
los de Tívoli y Detskoje Sselo, procedente este último de Roma,

en monedas de Sidón y de Creta, de la época de Trajano, y sobre todo en lucernas del tipo VII B de Deneuve, procedentes del norte de África.

En el interior de la península Ibérica el taller de Clunia-Uxama muestra una serie de composiciones geométricas sencillas, ligadas a la tradición del mosaico blanco y negro, donde de forma tímida se van introduciendo unas pinceladas de color. Son excepcionales los mosaicos rigurosamente bícromos, ya que incluso en composiciones de rancio abolengo bitonal, como son los dameros conocidos en Italia desde la época flavia, se combina el rosa, el violeta y el ocre-amarillo en oposición con el negro. Este taller, que actúa en Clunia en las Grandes Termas públicas, en las Pequeñas Termas del Foro y en las Casas n.º 1 y 3, así como en la llamada «Basílica» de Uxama, muestra, junto a las tradicionales composiciones de esquema a compás y estrellas de ocho losanges, una trama con reticulado de bandas que, como único motivo ornamental, introduce pequeñas florecillas en el centro de los cuadrados resultantes, antecedente inmediato de las composiciones más tardías con cuadriculado de bandas y empleo del blanco y negro. La aparente policromía de los pavimentos clunienses no es una faceta nueva en la musivaria hispana altoimperial. Sin embargo, su reducido empleo y la imagen de tricromía que ofrecen revelan la obra de unos artesanos que se mantienen fieles a la tradición bícroma de los patronos itálicos, pero que al mismo tiempo incorporan desde sus comienzos el color, al igual que sucede en Itálica y en Mérida y, fuera de Hispania, en Antioquía.

Uno de los aspectos más discutidos en la musivaria hispana ha sido el del intercambio de influencias que pueden estructurarse en tres grandes corrientes, cuyos orígenes se encuentran en Italia, Galia y norte de África, a las que ha de sumarse la de procedencia oriental. En términos generales puede decirse que las aportaciones traídas por los artesanos venidos del exterior, algunos de cuyos nombres se han conservado, debieron causar algún impacto en los talleres locales creando en algunos casos un intento de imitación o acercamiento a los nuevos conceptos artísticos. La misma introducción gradual del color sobre el tradicional mosaico blanco y negro parece indicar una evolución desde dentro como consecuencia del estímulo exterior, a lo que hay que sumar las influencias africanas, sobre todo en las orlas polícromas, y las orientales que se manifiestan de forma especial en el empleo de determinados temas de carácter mitológico centrados sobre composiciones bícromas. Varias son las causas que provocan esa influencia del exterior en la actividad artística de Hispania: el prestigio de las ciudades, la riqueza de la vida urbana y las necesidades de mano de obra para la actividad edilicia de Trajano; los servicios y la asistencia de las aristocracias locales favorecen el proceso inmigratorio. Por otro lado, la promoción de los hispanos y en especial de los paisanos del emperador a puestos de responsabilidad en el Imperio, junto a personajes procedentes del oriente romano, produce el cosmopolitismo que se detecta sobre todo en la ciudad de Itálica y el afianzamiento de la tradicional movilidad de los italicenses a través de los lazos familiares con gentes de otras provincias.

Para concluir, el corto periodo de tiempo del reinado de Trajano, tan sólo diecinueve años, es un espacio cronológico demasiado escaso como para poder establecer unos límites claros en las corrientes artísticas que se detectan en los pavimentos musivos, por lo que es difícil hablar de la musivaria trajanea como una corriente artística con características propias. Sin embargo, la época trajanea es importante en el desarrollo de la musivaria romana en general, ya que supone un periodo de innovaciones en el que se recoge la tradición artística anterior —la bicromía, el empleo del color y el ilusionismo pictórico— y se comienzan a combinar ambas técnicas artísticas que evolucionarán por el camino de la policromía a lo largo del siglo II hasta cristalizar en los magníficos mosaicos polícromos de los siglos II y III. La época trajanea constituye, pues, el germen de lo que va a ser la musivaria romana en el reinado de Adriano y sus sucesores, la cantera de la que van a surgir nuevos estilos, diferentes formas de concebir las superficies y sobre todo el predominio de los cuadros figurados, sacados de la tradición mitológica greco-helenística y de la vida diaria, que, a través de distintas adaptaciones, combinaciones y transformación, va a perdurar en los siglos posteriores.

La red viaria

ITALIA

Por lo que respecta a las calzadas, los romanos siempre fueron unos grandes constructores de vías de comunicación terrestres que favorecieron las relaciones entre pueblos y ciudades y en gran medida también al comercio. La red viaria construida por los romanos cubrió todo el Imperio, cuyo trazado, en gran parte, es el actual. En torno al año 312 a.C., el censor Appio Claudio planeó la *Via Appia* con fines militares. Unía el Lacio con Apulia y Calabria, terminando en Brindisi, puerto militar a la entrada del mar Adriático.

Estaba recubierta con lastras de piedra y en el año 250 a.C. ya disponía de ventas para pernoctar, comer o cambiar los tiros de caballerías. La *Via Latina* corría por el interior del Lacio, desde Roma a Capua. Después de la terminación de las guerras dácicas se construyó, en Italia, un tramo de la vía que desde *Forum Appii* llegaba a Terracina. La *Via Salaria* fue reparada a fondo en el 111 y la *Via Latina* en el 115. Años antes, en el 108, se rehicieron las dos calzadas de Etruria, la *Cassia* y la *Claudia*, que llamaron *Traiana Nova*. También en Italia el emperador prolongó desde Benevento la *Via Appia Traiana*.

En Sicilia, la vía de *Caraliis* a *Sulci* se restauró durante el gobierno de este emperador.

HISPANIA

Durante la segunda guerra púnica, los romanos, con fines militares, habían medido, al decir del historiador Polibio, que asistió a la caída de Numancia en el 133 a.C., una calzada que recorría toda la costa levantina ibérica desde *Carthago Nova* a los Pirineos.

Trajano fue el gran restaurador de calzadas hispanas y abrió otras muchas. Restauró la llamada Vía de la Plata, que unía *Hispalis* (Sevilla), Itálica, *Augusta Emerita*, capital de Lusitania, *Norba Caesariana* (Cáceres), *Helmantica* (Salamanca) y

Asturica Augusta (Astorga, León). Esta calzada, que conducía a los riquísimos cotos mineros de oro del noroeste, era ya usada, posiblemente, con fines militares durante las guerras cántabras. La reparación de esta calzada obedecía, como sugiere Abascal, a la necesidad de que la *Legio VII Gemina*, la única que había en Hispania, pudiera intervenir en Lusitania o en la Bética en caso de rebelión. Trajano restauró la calzada que desde *Complutum* (Alcalá de Henares) llevaba a *Carthago Nova*, el mejor puerto de la costa ibérica, próximo a las más productivas minas de plata de todo el Mundo Antiguo, a las pesquerías que producían el *garum sociorum* y a los campos de esparto. Esta vía se reparó en función de las minas de *lapis specularis* (Albacete), las más importantes de todo el Mediterráneo, mineral que era utilizado como vidrio.

Otra calzada rehecha por Trajano fue la vía de *Augustobriga* (Muro de Ágreda) a *Numantia* y a *Clunia*, *Ab Asturica Burdigalam*. Esta calzada conducía desde la capital del distrito minero del noroeste, *Asturica Augusta*, a Gallia.

Todas estas calzadas están situadas en el interior de Hispania. Igualmente, el emperador renovó la vía que unía *Cástulo* (Linares, Jaén), importante centro minero de Oretania, donde se encontraba la mina de plomo argentífero *Baebelo*, que rentaba a Aníbal 300 libras de plata diarias, aún en explotación en tiempos de Plinio el Viejo, hacia comienzos de la época flavia, con Málaga, que debía ser el puerto de embarque de mineral de parte de Sierra Morena a través de *Tugia* (Peal del Becerro), *Acci* (Guadix) e *Urci* (Campo de las Dalias, Granada). En la costa levantina ibérica se retocó por estos años un tramo de la *Via Augusta*. También Trajano se acordó de las carreteras de las Islas Baleares al restaurar la vía que unía *Mago* (Mahon) y *Iamo* (Ciudadela). Trajano, igualmente, se ocupó de la restauración de otras vías del sur de Hispania. Arregló la vía costera y la *Via Augusta* en el tramo que bordeaba el Guadalquivir, por donde se exportaban a Roma todo el mineral de Sierra Morena y el aceite producido en la zona bética comprendida entre Córdoba y Sevilla.

GALLIA, BRITANNIA, *MOESIA* Y TRACIA

En otras regiones, como Gallia y Britannia se completó la red viaria. En tiempos del emperador hispano se abrieron nuevas vías en el *Illyricum* y en Dalmatia, siendo la principal la que pasaba por *Tragurium* (Tran). También en *Moesia* se repararon las calzadas existentes por estos años, al igual que en *Tracia* que fue convertida en provincia desgajada de *Moesia Inferior* en el 115.

DACIA

Las vías de Dacia fueron construidas por el ejército, al igual que las primeras calzadas de Hispania, de Gallia, fechadas estas últimas entre el 20 y el 19 a.C., obra de las tropas mandadas por Agripa, o las de *Pannonia*, debidas a las legiones de Tiberio.

Todas ellas tenían fines militares. En la Columna Trajana los soldados cortan bosques, para dejar campo libre a la construcción de calzadas. Trajano, como ya hemos visto, demostró un gran interés por la construcción y reparación de vías públicas, entre las que las carreteras militares ocupaban un lugar de primer orden. Ya Domiciano planeó la calzada que costeaba la orilla derecha del Danubio a la altura de la Puerta de Hierro.

Las necesidades de las guerras dácicas y la construcción del puente de Drobeta obligaron a la prolongación de esta calzada. Nerva y Trajano, siguiendo el ejemplo de Augusto, costearon con su dinero la construcción de vías. Las guerras dácicas proporcionaron un inmenso botín calculado, aproximadamente, en 65 toneladas de oro y 331 de plata. Con estos ingresos no existieron problemas de financiación.

Las calzadas eran caras de mantener en buen estado. Al frente del cuidado de las calzadas se encontraban los *viatores viarum*.

LA RED VIARIA EN ORIENTE Y ÁFRICA

Bajo Trajano se rehizo la red viaria de las provincias orientales, al igual que las calzadas en Arabia y Mesopotamia, como resultado de las guerras.

Galatia, en el corazón de Asia Menor, separada de Capadocia se vio cubierta de una red de carreteras con base en *Ancyra*. En *Siria* se renovaron las calzadas. Una vía cubierta de placas de basalto unía Damasco y el mar Rojo. De esta calzada partían otras varias: de *Philadelphia* a *Gerasa* y a *Pella*. Fue trazada en el año 112.

En Egipto se reparó el canal, que corría desde el mar Rojo al Nilo, y se rebautizó como *río de Trajano*.

En *Numidia*, en el norte de África, se construyó en los años 100-101 y 104 la red viaria como resultado del acuartelamiento en *Lambaesis* de la *Legio III Augusta* y de la fundación de *Timgad*. En *Cirenaica*, durante el gobierno de Trajano, se unió con una calzada *Apollonia* con *Cirene*.

Como escribe G. A. Popescu, los enormes gastos, a partir del año 107 en adelante, en los trabajos públicos, en juegos y en la distribución de alimentos, hablan de una enorme masa de dinero líquido que ingresó en el tesoro. Desde una perspectiva histórica, la conquista de Dacia fue un hecho positivo, aunque sólo sea porque había facilitado la realización y el mejoramiento, en extensas áreas del Imperio, de una red de carreteras estatales, que permitían el traslado de las mercancías más rápidamente y a los individuos viajar con la seguridad de encontrarse siempre en un área donde se hablaba el latín. Sin embargo, no es posible distinguir, a veces, las obras públicas pagadas por el emperador de las que costearon los particulares, los municipios y las colonias.

La política edilicia y la política viaria son dos de los puntos más importantes del plan de gobierno de Trajano, y los que dejaron más impacto en los años sucesivos. Trajano fue en este aspecto un continuador del programa político de los Flavios y lo llevó a su cumbre. Utilizó magníficamente esta política como propaganda, al igual que antes la había usado magistralmente, al comienzo del principado, Augusto, y muchos siglos antes los tiranos griegos como Pisístrato y sus hijos (561-510) y Pericles (490-429) en Atenas.

Últimamente, Zanker y Torelli han estudiado el poder de las imágenes como propaganda política en el principado, y el buen uso que de ellas hicieron los emperadores romanos anteriores a Trajano.

Capítulo 10

TRAJANO Y LAS PROVINCIAS

Trajano, al contrario de la política seguida por César y por Claudio, que estuvo a punto de conceder la ciudadanía a todos los hispanos y galos, no fue muy generoso en extender la ciudadanía romana.

Se conocen algunos datos importantes sobre la administración de las provincias y sobre algunas innovaciones que introdujo Trajano.

El clan hispano

Trajano contó con un clan hispano del que se sirvió para la guerra y para la paz. Este clan había empezado a actuar años antes, en tiempos de los Flavios, y continuó en activo hasta la primera mitad del reinado de Adriano. El Senado de Trajano estaba compuesto por 412 senadores de los que 27 eran hispanos. Durante su gobierno Trajano nombró 53 nuevos senadores, 14 de los cuales procedían de Hispania. Como señala R. Etienne, algunos de ellos intervinieron en las guerras dácicas. Este autor señala que Trajano asumía naturalmente las más altas responsabilidades, pero su jefe de estado mayor, el que venció en realidad a los dacios y a su rey Decébalo, fue L. Licinio Sura, que es el hombre fuerte del régimen, el primero después del emperador, el que podía soñar con ser su sucesor. Trajano le encargó negociar la paz con Decébalo, lo cubrió de condecoraciones y de honores, otorgándole un segundo y tercer consulado. Los senadores hispanos que participaron en la guerra dácica fueron los siguientes: su pariente Adriano, que formaba también parte de su estado mayor particular, durante la primera guerra; en la segunda mandaba la *Legio I Minerva* y ganó un gran prestigio militar. Ser. Julio Serviano intervino en una parte de las operaciones y L. Minucio Natalis, joven general de la nueva generación, mandó una legión durante la primera guerra dácica. Sus acciones fueron recompensadas con varios consulados. Adriano fue el jefe del estado mayor de las fuerzas armadas que lucharon contra los partos.

L. Licinio Sura había nacido probablemente en Itálica. Antes de alcanzar Trajano el poder imperial había desempeñado el cargo de *IV vir viarum curandarum*. Se había ocupado del cuidado de las calzadas; fue cuestor de *Acaya*; había sido tribuno de la plebe y pretor a propuesta de Domiciano; fue *legatus Legionis*

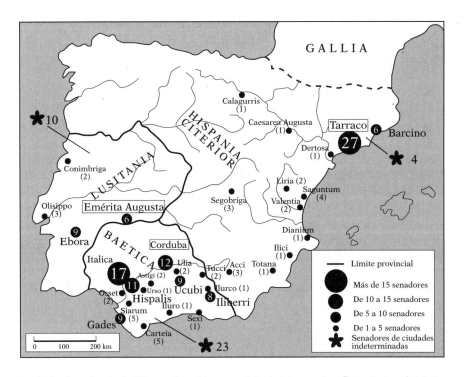

FIG. 10.1. Procedencia de 209 senadores hispanos altoimperiales, según sus provincias y ciudades. Totales: Bética 108, Citerior Tarraconense 57, Lusitania 30. Hispanos de provincia indeterminada 14 (según A. M. Cantó).

I Minervae y *legatus Augusti propraetore provinciae Belgicae* en el año 97; cónsul por vez primera también en el 97. En los años de gobierno de Trajano fue nombrado *legatus Augusti propraetore Germaniae Inferioris* desde el año 98 al 100/101; *legatus Augusti propraetore bello dacico;* pontífice en el año 101/102; cónsul por segunda vez en el 102 y una vez más, por tercera, en el 107; *sodalis augustalis,* cargo sacerdotal vinculado con el culto imperial. Murió a los 54 años, en el año 108.

Los senadores hispanos que fueron nombrados cónsules durante los años que Trajano gobernó el Imperio, fueron: C. Pomponio Rufo Sparso, en el 98; Senecio Memmio Afer, en el 99; T. Pomponio Vettoniano, L. Pabio Tusco y L. Roscio Aeliano, en el 100; M. Maceio Celer en el 101; P. Herennio Severo en el 101/103; L. Fabio Justo en el 102; Annio Mela en el 103; L. Minicio Natal y Q. Licinio Silvano Graciano en el 106; Q. Pompeyo Falco en el 108; P. Coello Apolinar en el 111; Q. Valerio Vegeto en el 112. Todos procedían de la Bética. Además del consulado desempeñaron otros cargos importantes en la administración romana. Así, L. Dasumio Adriano, de Córdoba, fue procónsul de Asia bajo Trajano, en el 106/107; C. Julio Urso Seviano de *Italica,* pariente de Trajano y de Adriano, obtuvo los siguientes cargos: comandante del ejército de Germania Superior; legado en *Pannonia*; cónsul II con Licinio Sura y con L. Pabio Justo en el 102. L. Minicio Natalis fue legado de una legión durante la primera guerra dácica, legado de la *Legio III Augusta,* hacia el año 104/105; cónsul en *Numidia* en el año 106; *curator alvei Tiberis et riparum,* encargado de la conservación y del buen estado del río Tíber; legado de *Pannonia* y *sodalis augustalis.*

El futuro emperador Adriano, antes de ser adoptado para suceder a Trajano, fue nombrado para varios e importantes cargos, la mayoría de carácter militar, como tribuno militar de la *Legio II Adiutrix,* en *Moesia Superior* en el 95; el mismo cargo sucesivamente de la *Legio V Macedonica* en *Moesia Inferior* y de la *Legio XXII Primigenia* en Germania Superior. En el 101 era *quaestor imperatoris Traiani.* El clan hispano había ya llegado a desempeñar cargos importantes en la administración del Estado, antes de subir Trajano al poder. Baste recordar la carrera de dos hispanos, las de Trajano padre y Trajano hijo. El primero era ya comandante en el 67/68 de la *Legio X Fretensis*, durante la guerra de Judea. En el 70 obtuvo el consulado. A continuación fue nombrado procónsul de la Bética. Entre los años 75 y 77 obtuvo el cargo de *legatus propraetore*. Le acompañó su hijo, como tribuno militar en Judea. Por sus acciones guerreras contra los partos fue honrado con los *ornamenta triumphalia*, condecoraciones de carácter militar. En los años 79/80 estaba como procónsul en Asia. Los últimos cargos que desempeñó fueron de carácter religioso, *Xvir sacris faciundis*, sacerdote del colegio decemviral encargado de la consulta de los libros sibilinos, y *sodalis flavialis*, encargado del culto a los emperadores Flavios.

Trajano, hijo, después de participar en la guerra de Judea, estuvo 10 años de tribuno militar; con anterioridad al año 87, fue pretor y a continuación legado de una legión. Trasladó de Hispania a Germania el ejército para sofocar la revuelta de Antonio Saturnino. En el 91 fue nombrado cónsul. Nerva le propuso como gobernador de la Germania Superior.

Algunas de estas grandes familias senatoriales hispanas mantuvieron su poder durante muchos años. A la familia de los Dasumios pertenecen varios individuos que conservaron el poder desde los Flavios a los Antoninos. Estas familias, que eran las élites de la sociedad hispana, se emparentaban por matrimonio entre sí. Los Dasumios se vincularon con L. Julio Urso Serviano, con los Aelios de Itálica, de donde procede Adriano, y con los Annios Veros de *Ucubi* (Espejo), que era la familia del futuro emperador Marco Aurelio. La familia materna de L. Licinio Sura eran los Dasumios.

El más famoso y largo testamento romano no imperial llegado hasta nosotros —del que sólo conservamos una cuarta parte, con 133 líneas en sentido vertical—, hecho en mármol blanco, fue llamado primero «de Dasumio», luego de un «Ignoto» y «de Domicio Tulo», siendo por último atribuido por A. M. Canto, en 1991, a Lucio Licinio Sura, importante personaje hispano que las fuentes literarias citan como fautor del imperio de Trajano y de Adriano.

En el documento se mencionan varias categorías de receptores de legados: cuatro herederos principales, seis que heredarían en sustitución de los principales y en función de las cuantías (a razón de 2-2-1-1), y una larga lista de beneficiarios de legados de tres tipos, unos familiares y otros a muchos amigos y clientes, mencionados en dos series: los que reciben una libra de oro, y los que reciben dos. En un codicilo final se añaden otros legados, entre los cuales uno para el emperador Trajano mismo, y otro para el cónsul que fue pareja de Sura en el año 107 d.C. Si se trata de Sura, la fecha más probable de su muerte, en Roma, fue el año 108 d.C.: precisamente el mismo año en el que se fecha también el testamento.

Uno de los argumentos para defender la hispanidad del testador es el número de senadores y otros personajes de origen hispano que en él se mencionan como beneficiarios (comenzando por él mismo, si se confirma la hipótesis expuesta por Canto), aunque el estado muy fragmentario del documento hace difícil las restituciones.

Lucio Licinio Sura, el posible y rico testador, de familia paterna muy rica y ligada al área de *Tarraco*, nació hacia el año 55 y más probablemente en Itálica, como indican su *tribu Sergia* y su constante amistad y protección hacia ambos emperadores italicenses. En Itálica y su *hinterland* hay muy significativa presencia tanto de la familia Licinia como de la Dasumia, que debió ser su familia materna y varios de cuyos miembros aparecen citados en el testamento como familiares. Senador, orador, abogado de éxito y una autoridad literaria en Roma, tras una grave enfermedad en el año 92, su actividad dentro de la *factio* o partido hispano y sus servicios a Trajano le valieron alcanzar el consulado por tres veces, en los años 97, 102 (con Iulio Urso Serviano como colega) y 107 d.C. (junto a Sosio Senecio), siendo pontífice y *sodal augustal*. Acompañó a Trajano como general en las primeras guerras dácicas del 101 d.C. (aparece representado varias veces en la Columna Trajana). Llegó a ser el primer hombre en importancia tras el emperador y un amigo de su entera confianza a pesar de murmuraciones y envidias. Inmensamente rico, en vida constan diversas larguezas suyas en Roma y Barcelona, y en el testamento se citarían otras, en Córdoba y seguramente Itálica (se confirmaría con su mención, conocida de antes, en una láurea del púlpito del teatro), así como el muy famoso Arco de Bará, *ex testamento consecratum* (las mismas palabras usadas en el testamento de Roma). Respetado y temido, le mencionan autores como Marcial, Plinio o Dión Casio. A su muerte en el año 108 d.C. (todavía joven, unos 53 años) se le rindieron honores de Estado y una estatua en el Foro. Poco antes de su fallecimiento, aseguró a Adriano como heredero *in pectore* de Trajano.

Licinia... La heredera principal, en la línea 2, sería una hija o, mejor aún, una hermana del testador, por tanto del mismo origen que él. Aparte de metálico, le lega, a partir de la línea 66, una serie de propiedades y entre ellas la mayor de sus páteras de oro. A ella encarga también la donación pública de sus muchas estatuas, «para la mayor honra de nuestro linaje».

Lucio Iulio Urso Serviano, llamado *amicus rarissimus* («amigo extraordinario») del testador, de cuyos bienes, según Canto, sería el segundo heredero. Era italicense, como lo indican las coordenadas de su horóscopo (probablemente el segundo de los conservados en la colección de Antígono de Nicea junto con el de su nieto Pedanio Fusco y el de su cuñado Adriano) y su pertenencia a la *tribu* (electoral) *Sergia*, la propia de Itálica. Se casó con la hermana de Adriano *(Aelia) Domitia Paulina*, natural de Cádiz *(Gades)*. Fue tres veces cónsul, en los años 90, 102 y 134. Miembro del círculo íntimo de Trajano, Serviano sustituyó al ya emperador en el gobierno de la Germania Superior, en el 98, y más tarde le acompañó a *Pannonia* y a las guerras dácicas. Fue considerado siempre un *capax imperii*, razón quizá por la cual Adriano y él mantuvieron cierta hostilidad; fue amigo y destinatario de varias cartas de Plinio el Joven. Viudo algo antes del año 138 d.C., no consiguió que su nieto Pedanio Fusco, aunque era sobrino-nieto de Adriano, fuera nombrado por éste su sucesor. Tras lo cual el emperador ordenó la ejecución de ambos, entre enero y julio de ese mismo año, siendo Serviano ya nonagenario. Según la citada autora, Licinio Sura le habría dejado una fuerte cantidad de dinero para seguir financiando políticamente la continuidad de la dinastía hispana en el poder, y concretamente la sucesión de su protegido, el joven Adriano. Hipotéticamente se le menciona en las líneas 3-4, y por su nombre en las 8, 111, 112, 114 y posiblemente 115 del testamento (en las cuatro últimas encargándole de diversos detalles posteriores al óbito del testador).

Domicia..., citada en la línea 5 como tercera heredera principal, puede ser según Canto *(Aelia) Domitia Paulina*, la hermana de Adriano y esposa de Serviano, madre de la siguiente.

Iulia (Paulina), hija de Serviano. Así aparecería mencionada, en la línea 8 del testamento, la hija de los dos anteriores y sobrina de Adriano. Casada con Cneo Pedanio Fusco, de familia senatorial originaria de Barcelona, sería una de las herederas sustitutas, por 1/8 de la herencia que correspondería a la heredera principal. Como es frecuente, recibe aparte (línea 15) un legado de una libra de oro, para el caso de que no llegara a heredar.

Dasumia Pola, Dasumia, esposa de Secundino y Dasumia Syche. Dasumia Pola aparece mencionada como cuarta heredera principal en la misma línea 5, y según Canto fue posiblemente la madre de Licinio Sura, que contaría en el 108 con unos 67 o 68 años. La segunda, que hereda considerable número de esclavos, sería hermana de Pola, puesto que se la cita como *matertera* o tía materna del testador; ambas corroborarían que la familia materna de Sura sería, en efecto, la *Dasumia*. Dasumia Syche es la *nutrix* o nodriza de Sura, posible liberta de su madre, cuyo apellido porta, quien recibe dinero, una propiedad costera, esclavos y legados en vajilla, que deja a su elección.

Lucio Cornelio Pusio (Annio Messalla), natural de Cádiz, cónsul sufecto en el año 90 y procónsul, posiblemente de África hacia el 193-104, en la línea 17.

Fabius Rusticus, hispano, posiblemente bético, amigo de Séneca y conocido historiador, posible destinatario de una de las cartas de Plinio el Joven, figura como receptor dc dos libras dc oro.

A. Platorio Nepos C. Licinio Pollio, si es él uno de los receptores citados también antes de la línea 24, era asimismo italicense a tenor de su tribu *Sergia*, y realizó asimismo una brillante carrera en los reinados de Trajano y Adriano, llegando al consulado en el 119 d.C., ya en el reinado del segundo.

En el codicilo, como se dijo, aparecen mencionados, con cantidades en metálico no bien definibles, dos grandes amigos de Sura: el propio emperador, Trajano, así como Quinto Sosio Senecio, compañero del testador en el consulado del año 107 y posiblemente también italicense; en un trabajo anterior, la propia Alicia Canto estableció la presencia y propiedades de los Sosios

Priscos en la zona sur de Extremadura. Los gentilicios de otros receptores de legados, por estar incompletos, no se pueden atribuir con certeza, pero sí constatar la presencia de algunos, como Aemilio, Pontio o Satrio, en la Bética o en Itálica.

L. Licinio Sura, Urso Serviano y Plotina son piezas clave no sólo en la instauración, sino también en la consolidación de la dinastía hispana.

Sólo se conocen los nombres de dos caballeros, que desempeñaron cargos importantes en la administración imperial. El bético L. Postumio Aciliano fue antes del 102 procónsul de la provincia de Siria. El hispano Cn. Pompeyo Homullo Aelio Gracilis Casiano Longino desempeñó el cargo de procurador augusto en *Lugdunum* (Lyon) y Aquitania.

Trajano utilizó con gran acierto el clan hispano, que le permaneció fiel en la administración del Imperio, y le legó a su sucesor Adriano, que le utilizó también.

Pannonia

Pannonia fue dividida en dos provincias, probablemente en función de la distribución de las legiones que estaban acuarteladas en el territorio. En el año 102, *Pannonia* todavía permanecía unida. La división cabe fecharla entre los años 103 y 106, En el año 107 Adriano figura como legado pretoriano de *Pannonia Inferior*. No debió ser el primer gobernador de esta provincia. *Pannonia Inferior* estaba a las órdenes de un gobernador consular, debido a la presencia de dos legiones en la provincia, al hecho de ser una frontera desproporcionada, de 700 km de longitud y a tener un ejército numeroso.

En el año 106 volvió a pertenecer a *Pannonia* la frontera comprendida entre los montes del Drove y Save, que en el año 86 se había unido a *Moesia Superior*.

Pannonia Superior lindaba con los germanos y *Pannonia Inferior* con los sármatas. Al ser dividida *Pannonia* en dos provincias, la *Inferior* sólo contaba con una colonia, la colonia *Flavia Sirmium*. A *Pannonia Inferior* sólo se le asignó una legión, mientras que *Pannonia Superior* recibió tres. En todo el territorio europeo que lindaba con los bárbaros, Trajano tomó la decisión de que el número de colonias correspondiese al número de legiones acuarteladas. Por tanto, la provincia de *Pannonia Superior* tenía tres colonias: *Savaria, Poetovio y Siscia*, al igual que tres legiones: la *Legio XV Apollinaris*, la *Legio XXX Ulpia* y la *Legio XIIII Gemina*. Mientras que *Pannonia Inferior*, como hemos visto, tan sólo contaba con una colonia, la mencionada *Sirmium*, y una legión.

El rango de los gobernadores de las recién creadas provincias de *Pannonia* varió según el número de legiones. El gobernador de *Pannonia Superior*, con capital en *Carnutum*, era de rango consular, mientras que el de *Pannonia Inferior* era pretoriano, y solía ser cónsul designado mientras desempeñaba el cargo de legado en la provincia.

Dacia

La creación de la provincia romana de Dacia tuvo una importancia grande para el futuro de la frontera danubiana, al eliminarse el único pueblo bárbaro que había intentado crear un estado. Su lugar fue ocupado por las tribus bárbaras de jinetes, por los iazygos y por los roxolanos, que habían mantenido pocas relaciones con el Imperio hasta los tiempos de Trajano.

Los jinetes iazygos apoyaron la guerra de Trajano contra los dacios, mientras que los roxolanos ayudaron a los dacios contra los romanos. Los iazygos se pusieron de parte de los romanos cuando Decébalo se apoderó de parte de su territorio. Unos pocos años después motivaron la catástrofe que sufrió la *Legio XXI Rapax*. Pedían, después de constituirse la provincia romana de Dacia en el 106, volver a Oltenia, petición que Trajano rechazó, lo que ocasionó la guerra en la frontera de *Pannonia*, siendo ya gobernador Adriano. Es posible que Roma accediese a la demanda de los iazygos. Trajano les entregó la llanura comprendida entre el río y los montes de Transilvania.

Trajano creó la provincia de Dacia bajo la autoridad de un gobernador de grado consular, denominado *legatus Augusti propraetore*. La provincia comprendía Muntenia, con el sur de Moldavia, Oltenia, Banato y Transilvania. Esta situación duró desde el año 106 al 118-119, cuando el emperador Adriano reorganizó el territorio de Oltenia y de Transilvania suroriental. Con esta reforma, Banato y el resto de Transilvania recibieron el nombre de Dacia Superior.

Licia

Los licios habían sufrido grandes calamidades durante las guerras civiles de finales de la República romana. Se opusieron a Bruto, uno de los asesinos de César, y fueron sometidos con gran dureza. Antonio les devolvió su libertad. Claudio, en el año 43, se la volvió a quitar y creó una provincia con *Licia* y *Panfilia*, a las órdenes de un legado pretoriano que la gobernó hasta el año 57. *Panfilia*, con motivo de la lucha contra los piratas, ya en el año 80 a.C., estuvo sometida al control de un gobernador romano y hasta el 36 a.C. fue parte de la provincia de *Cilicia*.

Bajo el reinado de Nerón, o quizá de Galba, *Licia* fue un territorio libre. Con Vespasiano se convirtió definitivamente en provincia romana que continuaría con este estatus bajo Trajano. La pérdida de la libertad no llevó consigo la disolución de la liga, que se mantuvo activa los años del gobierno de Trajano. Algunas magistraturas federales, como el general, el comandante de la caballería y el almirante, desaparecieron. La asamblea y el consejo continuaron funcionando. Muchos oficiales federales, según testimonios de las inscripciones, siguieron siendo elegidos para los cargos. Los tribunales federales permanecían ejerciendo sus funciones y los tributos del Estado los recaudaban los oficiales federales. La liga, durante los años de Trajano, controló un extenso territorio, tan grande como el de los días en que *Licia* era libre. En el este pertenecían a la liga las ciudades de *Olympus* y de *Phaselis*, a las que se añadió *Trebama* en la llanura de *Panfilia*. En el norte, las ciudades *Balbura*, *Bubón* y *Oenoanda* formaron parte de la liga. En el oeste, la liga se extendió hasta *Caunus*, y comprendía las ciudades de *Calynda* y *Cadyanda*.

No está claro qué ciudades pertenecían a *Licia*. Plinio menciona 36. Este número es probable que sea el de las ciudades con derecho a voto en la asamblea federal de la liga en tiempos de Vespasiano. A. H. M. Jones es de la opinión que pertenecían a la liga todas las ciudades que acuñaban moneda en la provincia romana. Esta lista comprende las 13 ciudades, que eran las antiguas ciudades que formaban la liga primitiva. Todas acuñaron moneda en tiempos de Gordiano III (238-244). Esta acuñación prueba que Trajano respetó el funcionamiento de la liga en el interior de una provincia romana. Estas ciudades eran: *Antiphellus, Arycanda, Candyba, Cyaneae, Gagae, Limyra, Myra, Olympus, Patara, Phaselis, Phellus, Rhodiapolis* y *Tlos*. Aunque no acuñaron moneda estaban incorporadas a los 36 miembros de la liga *Pinara, Xanthus, Bubon, Sidyma* y *Telmessus*, que acuñaron moneda antes de crearse la provincia romana. Debieron ser miembros de pleno derecho, después de la creación de la provincia. La existencia de esta liga y su funcionamiento en una provincia romana es un dato importante de la política de Trajano con las provincias orientales.

Galacia

Este territorio situado en el centro de Asia Menor, sobre *Licia* y *Cilicia*, fue asiento de los gálatas, tribu celta que luchó contra los reyes de Pérgamo al desintegrarse el imperio de Alejandro Magno.

Los gálatas, que estuvieron a punto de apoderarse de Roma en el año 390 a.C., se trasladaron desde el Danubio hasta los Balcanes. En el año 279 a.C., derrotaron a Ptolomeo Keraunos, rey de Tracia y de Macedonia, y arrasaron este último reino. A continuación saquearon el santuario de Delfos. Las ciudades griegas de la costa de Asia Menor les pagaban tributo. En el año 277 a.C., Antígono Gonatas les venció en Lisimaquia. Los gálatas se pasaron a Asia Menor, lucharon en las guerras de Bitinia y ocuparon *Frigia*, que recibió el nombre de *Galacia*. Como mercenarios intervinieron en las luchas que asolaron Asia Menor.

Atalo I, rey de Pérgamo, venció a los gálatas entre los años 233 y 223 a.C. Para conmemorar estas victorias encargó a Epígono de Pérgamo los varios grupos de gálatas (230-220 a.C.): gálata moribundo, gálata suicida, etc., para ser puestos en una plaza. Los originales, que se trasladaron a Roma, se conocen por copias romanas.

Tras el asesinato de Amintas, al que Antonio había entregado *Galacia, Licaonia, Psidia* y parte de *Panfilia*, entrega confirmada por Augusto, después de la derrota en *Actium*, los romanos se anexionaron el país. *Galatia* se separó de Capadocia en tiempos de Trajano. *Melitene* en *Galacia* se convirtió en ciudad autónoma. En Armenia se fundó por estos años *Arnide*.

Panfilia

Vespasiano creó una provincia con *Licia* y *Panfilia*. Esta provincia incluía la parte occidental de *Cilicia* y la mayor parte de *Psidia*, regiones situadas en el sur de Asia Menor.

Galacia poco a poco ensanchó su territorio incorporando en el norte y en el noreste *Paflagonia*, el *Ponto Galatico* y el *Ponto Polemoniaco*. A estos distritos Vespasiano añadió Capadocia y *Armenia Minor*.

Este arreglo duró hasta los últimos años del gobierno de Trajano en que partió la provincia.

El Ponto

Este reino, que abarcaba el norte de Asia Menor, fue famoso en la historia de Roma por las dos durísimas guerras (89-85 y 74-63 a.C.) que el rey Mitrídates VI Eupator sostuvo contra Roma. El reino fue incorporado, a la muerte de Mitrídates VI, por Cn. Pompeyo al Imperio romano. La mayoría de las tribus pagaban tributos a Roma y sus reyes recibían la corona de manos de Trajano y después de las de su sucesor Adriano, dato bien significativo de mantenimiento del reino bajo el dominio romano.

Capadocia

Capadocia, en el interior de Asia Menor, desde antiguo fue muy adicta a Roma. Su rey, Ariarathes V, fue aliado de los romanos y encontró la muerte luchando contra Aristónicos, que aspiraba al trono a la muerte de Atalo III (133 a.C.). Capadocia fue anexionada por Roma en tiempos de Tiberio en el año 17 y colocada bajo el gobierno de un procurador de rango ecuestre. Vespasiano, en el año 72, reemplazó al procurador por un legado consular que también administraba *Galacia*, *Paflagonia*, el *Ponto Galatico* y *Polemoniaco* y Asia Menor. Según se ha indicado en páginas anteriores, Trajano dividió este conjunto de países. Colocó bajo la autoridad del gobernador de rango consular de Capadocia a *Armenia Minor* y a los distritos del Ponto. Probablemente se mantuvieron las mismas líneas generales de la administración seguida en otros reinos incorporados a Roma.

Gran parte de las tierras que pertenecían a los reyes, que ocupaban una extensión grande dentro de la provincia, se convirtieron en tierras públicas. Las ciudades del antiguo reino mantuvieron su autonomía. Esta autonomía es un aspecto fundamental de la política administrativa de Trajano, continuado por los sucesivos emperadores, y tenía un precedente en la política de los anteriores.

Mesopotamia y Arabia

Trajano fue el primer emperador romano que, al frente de sus tropas, atravesó el Eufrates, pero sus conquistas fueron abandonadas por Adriano. Medio siglo después (161-166) Lucio Vero anexionó Mesopotamia al Imperio romano.

Por lo que se refiere a la provincia romana de Arabia, actual Jordania, fue un territorio que también Trajano añadió al Imperio. El reino nabateo fue incorporado en el año 106. Era importante por atravesarlo la ruta caravanera, que desde el sur de Arabia llegaba a Damasco y a Antioquía. Trajano tomó alguna disposición importante, según se ha indicado en páginas anteriores. Se abandonó la capitalidad de Petra, en el 106, que se trasladó a

Bostra, asiento del gobernador y de la guarnición de soldados. *Bostra* fue casi totalmente reconstruida, como lo indican los letreros de las monedas acuñadas en la ciudad: la *nueva Traiana Bostra*. En la nueva fundación se fusionaron numerosos clanes y tribus. Trajano, muy probablemente, dotó de una gran extensión de territorio a la ciudad. El conquistador y organizador de esta provincia fue el citado legado de Siria, Cornelio Palma.

Las cartas de Plinio y la administración de las provincias

Las cartas de Plinio proporcionaron informes importantes sobre la administración de las provincias y sobre el control ejercido directamente por Trajano. Plinio, hacia el año 109, fue enviado por su amigo Trajano, como hombre de confianza, a la provincia de Bitinia-Ponto con el cargo de legado, que, generalmente, era de carácter proconsular. Los emperadores vigilaban, al parecer, el comportamiento de los gobernadores. La provincia de Bitinia-Ponto era famosa por los desórdenes civiles, por su corrupción y por la mala administración.

Esta situación, según se ha indicado en páginas anteriores, se documenta en otras provincias. Los gobernadores de la Bética, Bebio Massa (93), Mario Prisco (99-100) y Cecilio Classico (101), fueron acusados por los hispanos por su desastrosa administración. Concretamente, Bebio Massa, procónsul de la provincia, fue acusado de malversación de fondos públicos. Herennio Senecio, de origen bético, le llevó ante el Senado en colaboración con Plinio, nombrado por el Senado para defender a los béticos. Bebio Massa fue condenado y se le confiscaron todos sus bienes. Mario Prisco, de origen bético, también desempeñó el proconsulado de África. Se le impuso una multa grave y se le desterró de Italia. Cecilio Classico era africano, y ocupó el proconsulado de África. Su actuación era violenta y arbitraria; se libró de la condena por fallecer antes de que se dictara. La Bética continuó con el pleito contra el difunto y sus subalternos provinciales corruptos. Plinio defendió a los béticos junto con Lucceyo Albino, retórico de primera fila. Ambos probaron que Cecilio

Classico era culpable, apoyados en una carta dirigida a su amante, en la que se vanagloriaba de haber ganado cuatro millones de sestercios y de haber vendido como esclavos a muchos béticos. El Senado adjudicó los bienes ganados durante el desempeño de su cargo a los béticos. A los cómplices, Bebio Probo y Fabio Hispano, los desterró por cinco años. Claudio Fusco, hijo político de Cecilio Fusco, salió absuelto. A Estilonio Prisco, que era tribuno de una cohorte, se le desterró de Italia. Absolvió el Senado a la esposa e hija de Cecilio Classico. A otros cómplices, cuyos nombre omite Plinio, se les desterró para toda la vida.

El caso de la Bética es bien significativo e ilustra a la perfección la corrupción de los gobernadores en la administración de las provincias. La mala administración no era exclusiva de Bitinia-Ponto.

Trajano, en su correspondencia, da a Plinio varias instrucciones que debe seguir en la administración, como son examinar las cuentas de las ciudades y suprimir las asociaciones que podían ser subversivas; una de éstas era la de los cristianos. En las *Cartas* de Plinio quedan bien patentes las injerencias del gobernador en la administración de todas las ciudades, como ilustra la orden de examinar las cuentas de todas las ciudades, incluso las de aquellas que disfrutaban de ciertos privilegios, como *Calcedonia* y *Amisus*, que solían estar libres de la inspección.

Los gobernadores tenían siempre la posibilidad de controlar las cuentas de los municipios. Sin embargo, no hay precedentes de que el emperador diera a los gobernadores de provincia instrucciones tan precisas sobre el examen de las cuentas de las ciudades, y que esta tarea fuera la obligación principal de su cargo. Ninguna ley obligaba a las ciudades a presentar el estado de las cuentas a los gobernadores. Plinio también menciona el nombramiento de comisarios especiales para las ciudades libres de Grecia. Estas instrucciones de Trajano indican un cuidado minucioso del emperador en la administración de las provincias y un control sobre los gobernadores. Esta vigilancia parece ser un rasgo distintivo del carácter de Trajano.

Existía la costumbre, o mejor la obligación, de consultar a las ciudades las propuestas para hacer nuevas construcciones con el procónsul.

La correspondencia de Plinio da algunos otros datos interesantes sobre la administración de la provincia, como es que Plinio cobraba en la ciudad de *Claudiopolis* las cuotas de entrada a algunos consejeros para terminar el proyecto de construcción de unas termas. A este respecto recuerdan P. Garnsey y R. Saller las promesas de entregar dinero que los particulares hacían a favor de las ciudades; tenían que cumplirlas y si no lo hacían ellos la obligación pasaba a los herederos. Estos dos historiadores piensan que el examen de las cuentas por orden de Trajano de las ciudades de *Apamea* y *Sinope*, que eran colonias, y de *Calcedonia* y *Amiso*, ciudades libres y federadas, tradicionalmente exentas de inspección, era la suspensión temporal de unos privilegios, pues expresamente el emperador comunica a su legado que no se trata de la pérdida de los privilegios.

Capítulo 11
POLÍTICA ECONÓMICA

Política monetal de Trajano

La tipología trajanea de las monedas, según F. Chaves, ilustra muy acertadamente el sentido propagandístico que caracteriza toda la política del emperador. Muchos tipos son auténticos cuadros de la realidad tangible, desde las representaciones de monumentos, a las escenas de guerra, del ejército, del Senado, de los partos, etc. Todo ello es un lenguaje sencillo, expresivo y asequible a todo el mundo. Los abundantes tipos de carácter simbólico o de metáfora tienen una lectura que se asocia a hechos o actitudes concretos. Las personificaciones de la *annona* o *abundantia,* asociadas a niños, aluden a la institución de los *alimenta*; o la *Victoria* se refieren a los éxitos militares en las guerras. Los tipos tradicionales de las monedas, como Roma, Fortuna, etc., están en relación con una realidad inmediata. La imagen de Roma va unida a un dacio vencido. Muchos tipos son personificaciones y pertenecen al mundo del símbolo, pero siempre referido a lugares, sucesos o personas concretos. Su número aumentó con Trajano. Cuando lo hace se refiere a la realidad contemporánea, como la conquista de Arabia o de Dacia. La única nueva personificación fue la Providencia que expresa la idea del ejercicio del poder. Importantes, en las acuñaciones monetales, son los gestos: Trajano a caballo, con el dacio a sus pies; Trajano con el Senado y un dacio, etc.

Las acuñaciones trajaneas son muy numerosas. F. Chaves señala que los mensajes son muy diferentes. En el caso de la guerra y de la victoria deslindan Germania, Dacia y los partos. El éxito del mensaje depende de la oportunidad de la emisión y de la insistencia en hacerlo. Esta reiteración obliga a introducir elementos secundarios para lograr una cierta variedad compositiva. En las acuñaciones trajaneas se introducen cambios, pero no bruscos. En los anversos se coloca siempre el retrato imperial, en relieve. Es poco frecuente el busto desnudo. También se retrata a miembros de la familia imperial, siguiendo una costumbre establecida.

Los primeros retratos de Trajano, al parecer, siguen los de Nerva. Según F. Chaves, se observa un cierto tradicionalismo estético por parte de los acuñadores de las cecas, que podía responder al respeto al emperador entrante. Se ha pensado que los entalladores se habrían inspirado en un retrato de tamaño colosal. Se han establecido cinco grupos de retratos trajaneos, basándose en la línea del cuello o del busto. En los reversos aflora el gusto romano por el relieve histórico, bien patente en las escenas de la Columna Trajana. También se detectan ciertos detalles, que tendrían gran éxito en el futuro, como son la influencia de los personajes según su categoría a través de la escala.

Son frecuentes en las monedas escenas tomadas de la realidad, como el saludo al pueblo, o las tropas, o los *congiaria*. En los reversos aparecen personajes o escenas alegóricas o simbólicas. Piensa F. Chaves que las representaciones monetales pertenecen al mismo código que las artes mayores. Los talladores de cuños realizaban auténticas creaciones compositivas para condensar el mensaje en signos muy claros y efectivos.

En las acuñaciones de Trajano tienen más importancia las imágenes que las leyendas. Aparece el nombre del emperador, los cargos, los títulos, que ayudan a fijar la cronología. Son escasas las aclamaciones imperiales. Desempeñan un papel importante en anversos y reversos las indicaciones de los títulos honoríficos. Las leyendas de los reversos son de una sobriedad extrema, que es una muestra del juego político de Trajano, dejando entrever aspectos que podían tener un doble significado, que cada uno interpreta a su modo. Trajano resalta ciertas concesiones.

Las leyendas evolucionan hacia una mayor expresividad, pero por requerirlo los acontecimientos.

FINANZAS Y MONEDAS

F. Chaves indica que el periodo del gobierno trajaneo expresa claramente la inquietud por guardar un equilibrio entre reservas-finanzas, reforzando el lado débil de la balanza. Se logró, aparentemente, equilibrar el cambio monetal del oro y de la plata, pero se aceleró el descenso de la moneda de plata hacia su conversión en moneda fiduciaria. Se acuñaron quinarios de oro y plata, también sestercios, dupondios, ases y cuadrantes de bronce. Se intentó establecer un equilibrio entre reservas y finanzas. La administración de Trajano era contraria a la idea de acrecentar los recursos mediante una política de restricciones. El emperador tendió a un proteccionismo. Renunció, al comienzo de su gobierno, al *aureum coronarium* y redujo el número de personas sujetas a la *vicesima hereditatum*. Sólo hizo tres *congiaria* en los años 100, 102 y 107. En las dos primeras repartió a los 300.000 cabezas de familia y a los soldados 75 denarios; en el tercero 20 *aurei*. Otra obra de carácter social fueron los *alimenta* ya tratados en páginas anteriores. Los juegos del 107 al 110 ocasionaron grandes gastos, pero no hubo procesos de lesa majestad para cubrirlos. La política edilicia, igualmente, motivó grandes gastos. Los preparativos de la guerra también requirieron una considerable cantidad de dinero. Todos estos dispendios debían compensarse con entradas similares. Un papel fundamental era la disponibilidad de moneda en circulación, como las reservas de papel monetario. La política de Trajano estuvo encaminada a, guardar una gran cantidad de especies monetales, excluyendo de este modo esas monedas de la masa circundante. Había una tendencia a tesaurizar las piezas antiguas de mayor peso y pureza. Trajano ordenó retirar de la circulación los denarios republicanos y las piezas anteriores al siglo II. A esto se añadía la salida de las monedas fuera de las fronteras, sobre todo si eran antiguas.

Se sumaba a todo esto el agotamiento de unas minas hispanas, como las de *Carthago Nova* y, posiblemente, las de Sierra Morena, aunque estas últimas no totalmente. Otras minas, como la de *Vipasca* (Agustrel, Lusitania), se habían puesto en explotación. Las medidas adoptadas para paliar el problema consistieron en evitar la generalización de la tesaurización. Se fomentó la inversión y diversificación del capital. Se protegió el campo cultivable. Se implantó la creación de nuevas colonias; pero todas estas medidas no dieron el resultado apetecible. Para evitar la salida masiva de plata al exterior, en el 107 se redujo el peso y finura de las monedas. La conquista de Dacia y la explotación de las minas produjeron grandes cantidades de metales monetales al Imperio romano. La guerra contra los partos ocasionó acuñaciones masivas.

La política trajanea no aumentó la presión fiscal hasta ese momento. A partir de entonces hubo piezas en diferentes lugares por el aumento de la presión fiscal.

POLÍTICA Y MONEDA

En las figuras de las monedas había una clara política de propaganda. El emperador elegía o controlaba la tipología pensando en el público. En la amonedación trajanea algunos tipos responden a hechos concretos. En otros, el mensaje es más difícil de captar. Otros tipos repiten el mensaje, como la figura de Roma. Mayor impacto tendrían los tipos de Roma acompañada del Senado y de un dacio vencido. Estas últimas monedas tienen un sentido político claro. F. Chaves plantea el problema de si el tipo monetal elegido se prefiere en función de la idea universal del mensaje, o si va dirigido a un grupo social determinado. Esto último parece más probable.

Algún autor rechaza la idea de que las monedas se utilizaban para información de un programa político. Para la citada investigadora el fin de la tipología monetal no es la información, ni la exposición de un programa de gobierno, sino una llamada de atención hacia él y es un complemento de otras fuentes. La moneda celebra el éxito de un programa. Éste se conoce a través de lo que Trajano está realizando o ha hecho ya.

Tres puntos fundamentales de su programa quedan reflejados en las monedas: las guerras y la paz, la organización interna y social, y el cuidado de los monumentos y su construcción. En las imágenes de las monedas quedan bien patentes las actitudes del emperador respecto a la paz, a la guerra y al cuidado del ejército, como lo indican las monedas con los discursos de Trajano al ejército, quemando las armas. Aspectos fundamentales de la política de Trajano fueron la organización y protección social, interés que queda bien reflejado en las monedas con Dacia como provincia integrada en el Imperio. El mensaje social es evidente. Los colonos de la nueva provincia han solucionado su problema económico y al mismo tiempo el del abastecimiento de alimentos del Imperio.

La política edilicia de Trajano está igualmente bien presente en las monedas. Se ha observado que predominan los edificios civiles sobre los religiosos, como los templos de Honor, de Júpiter Victorioso, que son más bien propaganda personal del emperador.

Se ha señalado, como rasgo fundamental de la política de Trajano, un equilibrio entre su poder personal y el Senado, el ejército y la opinión pública, que llevó a una afirmación del poder personal.

El Senado no mostró, al parecer, un gran interés por Trajano, al morir Nerva. La estancia de Trajano en Germania, durante un año, parece demostrarlo. Trajano acepta al Senado, pero no cede en su autoridad, ni en su derecho. Varias monedas se han aducido para demostrar esta actitud del emperador, como el medallón con la leyenda PROVIDENTIA SENATUS, o los dupondios acuñados en el 102 con la leyenda COS IIII DES V con el Genio del Senado, la curia al fondo y un dacio arrodillado. Después de firmar la paz con Decébalo envió a Roma una embajada para que el Senado la confirmara. Sobre la acuñación de estos dupondios, fabricados en metal no noble, que se creían que eran senatoriales, cabe preguntarse hasta qué punto intervendría el Senado o no en ella. Muy probablemente Trajano actuó como en toda su política, de un modo tan condescendiente que entregaba al Senado la elección de los tipos que prefería él, con lo que demostraría una gran habilidad política. Primero, en las imágenes de dupondios se aludió a las guerras dácicas y, después, se mencionó el triunfo personal, con la aparición de su figura en los reversos de todos los metales.

También buscó un equilibrio entre el ejército y el emperador. Ya en los denarios del segundo consulado con la adopción por Nerva, éste viste toga y Trajano traje militar, lo que no podía menos de agradar al ejército. Unos sestercios de fecha posterior probarían esta armonía. En ellos Trajano viste toga civil ante un ara en una escena de discurso, junto a tres soldados, que van a prestar juramento.

También era necesario que el poder real fuese sancionado por la divinidad. Trajano vinculó gradualmente su ideología política con Júpiter; ya en la adopción por Nerva el emperador era agente del dios ante el altar de Júpiter.

La ideología política se traducía en términos teológicos. F. Chaves concede gran importancia para conocer la habilidad de Trajano a una moneda en la que el emperador evita monopolizar, radicalmente, la teología olímpica. Durante la segunda guerra dácica utiliza el tipo del emperador a caballo, con el rayo en la mano, al que corona una victoria. Tipo ya utilizado por Domiciano. Trajano, muy hábilmente, añade la leyenda SPQR OPTIMO PRINCIPI, que aludiría al Senado y al pueblo, que ve a Trajano como guerrero victorioso de Júpiter, quien sanciona sus hechos de armas, que quedan insertados en la teología salvadora de Trajano-Júpiter.

Trajano nunca pretendió sustituir a Júpiter, sólo quería el apoyo del dios. Esta idea queda bien patente en las monedas de la primera campaña contra los partos en las que Júpiter, con un rayo en la mano, protege a un Trajano pequeño dentro de la leyenda CONSERVATORI PATRIS PATRIAE.

El emperador, en alguna moneda, recordó su origen hispano, como en las que aparece Hércules Gaditano. Estas monedas recuerdan su tierra natal, al mismo tiempo que la figura de Hércules enlaza con la victoria. Son altamente significativos en la personalidad de Trajano los áureos del V consulado, con retratos de toda la familia imperial, de su padre, de Plotina, de Marciana y de Matidia.

LAS CECAS

Las monedas se acuñaban en su mayoría en Roma. En Pérgamo lo fueron probablemente las tetradracmas, semises y ases distintos de los acuñados en Roma. En ellos el emperador lleva corona radiada y en el reverso aparece SC, con la leyenda PARTHICO TRP XX, su fecha no es anterior al 116. Posiblemente se acuñaron en Antioquía.

Una serie de cuadrantes llevaba en el anverso los títulos del emperador y en el reverso *Aequitas* o *Moneta* y la mención del lugar donde se encontraban las minas con la leyenda: METALLI VLPIANI DELM; METALL VLPIANI PANN; o METALL PANNONICI. Las dos zonas productoras de mineral citadas por su importancia son Dalmacia y *Pannonia*.

Durante la República las acuñaciones se llevaban a cabo en el Capitolio; la ceca se situaba en un lugar próximo al templo de Juno Moneta. Años después el taller se trasladó al Celio. Se ha planteado el problema de si la ceca de Roma tenía dos oficinas, una para acuñar metales nobles (oro y plata) y otra para el bronce. En la actualidad se admite que el emperador controlaba las emisiones de bronce. La ceca debía estar unificada para todos los metales. Los talleres podían ser varios. Para el periodo de Trajano, al parecer, eran seis.

Es fundamental conocer el volumen y el alcance de la amonedación trajanea. Este conocimiento conduciría a determinar el planteamiento de las finanzas y la evolución de la economía contemporánea. Es difícil precisar la dinámica interna del funcionamiento productivo de una ceca, tan variada, como la trajanea de Roma. La amonedación de Trajano fue muy numerosa siempre.

F. Chaves ha establecido varias tablas que permiten algunas deducciones. El primer año, en el que Trajano no se encuentra en Roma, la producción de la ceca es alta. El número total de variantes de oro por año no es tan elevado, pero sí el volumen emitido.

La plata alcanza cifras considerablemente altas. El comportamiento del sestercio es parecido. La cifra de los ases se mantiene a lo largo de todo el gobierno de Trajano. Todos estos resultados van de enero del 98 a diciembre del 99 y corresponden a la leyenda COS II.

Entre enero y diciembre del año 100, con la leyenda COS III y COS III DESIG IV, se ralentiza un poco la productividad de la ceca, con excepción del oro y de los ases. El oro en este periodo alcanzó la cifra más alta durante los años que gobernó Trajano, acuñado en gran número para financiar la primera campaña contra los dacios. Las emisiones de los ases fueron escasas y datan de finales de este año. Las leyendas COS IV y COS DESIG V se fechan entre enero del 101 y diciembre del 102.

No parece que la ceca se viera obligada por la guerra dácica, ni por los juegos en honor de Hércules o de Minerva, ni por los donativos al ejército, a aumentar las emisiones.

La tirada de las monedas de oro es más restringida y esta tendencia se mantiene hasta el final del gobierno de Trajano. El número de variedades de oro, que era aproximadamente la mitad que el de plata, disminuyó y se mantuvo en esta línea hasta el 118. Las emisiones de plata fueron muy numerosas y se incrementaron las variantes.

Se mantuvieron también las emisiones de oro y oricalco. Los sestercios aumentaron ligeramente. La cifra total de ases bajó mucho.

El sistema financiero y presupuestario de Trajano parece bien organizado y equilibró la balanza de gastos.

Las leyendas monetales COS V y COS V DESIG VI corresponden a monedas emitidas entre enero del 103 y diciembre del 111.

En este año Dacia fue sometida y comenzó a explotarse la provincia. Ello coincidió con los gastos en obras públicas, en obras de beneficencia y en el *congiario* del 103. Estos gastos obligaron al reajuste del denario del año 107. Se produce ahora un aumento importante del volumen. Generalmente se admite que la elevación de la cifra se debe a estas causas. F. Chaves matiza estas apreciaciones, pues la cifra de variantes corrientes en oro no llegó a doblarse, a pesar de que en estos años se acuñaron más series de quinarios áureos. A partir de este momento, el oro se reserva para emisiones pequeñas. Si la entrada masiva de oro dacio favoreció la inflación, es razonable limitar la circulación de nuevas piezas. En cambio, las monedas de plata tenían que aumentar. El alza más importante de la moneda de plata se observa en el consulado siguiente. La situación de los sestercios fue parecida a la de los áureos. La emisión de los sestercios se fue reduciendo, como sucedió con las piezas de oro. Aumentaron los dupondios por la necesidad de contar con moneda pequeña superior al as, debido al alza de los precios.

La leyenda COS VI se data entre el año 112 y agosto del 117 y coincide con la llegada en grandes cantidades de la plata de Dacia, que repercutió en el abastecimiento de la ceca. Se documenta ahora un alza en la cantidad de oro y de plata. Estos años coinciden con la mayoría de las emisiones en honor de la familia de Trajano, que tuvieron matiz de medallas, aunque circulasen.

Las acuñaciones de moneda por Trajano indican bien claramente no sólo las líneas generales de su política económica, sino también aspectos fundamentales de su carácter, de su política en general, de sus relaciones con el Senado, con el pueblo, con el ejército, con su familia y de sus ideas religiosas que se nos escaparían de otro modo, dado que las fuentes históricas sobre su gobierno son muy escasas.

Política demográfica

Las instituciones alimenticias, *alimenta*, que eran una obra de asistencia pública destinada a las ciudades de Italia y de las provincias, y no de Roma, a la que ya se ha aludido en páginas anteriores, prueban la existencia de masas de niños desheredados, que vagabundeaban por las ciudades. Se ha calculado que de las 1.197 ciudades de Italia la mitad se benefició de esta asistencia. En el año 101 funcionó ciudad tras ciudad sin poderse determinar cuántas la recibieron. Debieron ser bastantes, como se deduce de la extensión de los *quaestores et curatores alimentorum municipales* y de los sobreintendentes de rango senatorial que vigilaban el recto funcionamiento de la institución. Se ha generalizado la idea, desde hace muchos años, de que el fin primordial de los *alimenta* era la entrega de dinero a los propietarios de tierras y la asistencia a los niños sería un aspecto secundario. Esta institución, que se remontaba a tiempos de Nerva, encaja muy bien en la política de Trajano de restauración de Italia. Al mismo tiempo se han considerado los *alimenta* como un proyecto de desarrollo agrícola. En la mentalidad de Trajano parece más probable que se tratara de la concesión de un crédito agrícola. P. Veyne, que estudió hace algunos años los *alimenta*, ha visto en ellos una obra pública de asistencia. Las inscripciones aluden a los niños unánimemente, y no a los dueños de las fincas.

En el relieve del Arco de Benevento, la estatua dedicada en el Foro y las monedas tampoco se refieren a los terratenientes, sino a los niños. Los *alimenta* convierten a Trajano en un bienhechor. Las tablas de *Veleia* y de Benevento confirman que por benevolencia del príncipe los niños y las niñas recibían alimentos (pan). Señalaba, muy acertadamente, P. Veyne que los *alimenta* de Trajano no se presentan como una innovación, sino como una institución tradicional en la historia de Roma y de claro matiz político. Trajano piensa sólo en Italia. Los problemas que preocupan al emperador no son socorrer a los desheredados, sino restablecer la natalidad y aumentar el número de ciudadanos. Con este interés por los *alimenta*, se aparta Trajano de la finalidad de tantos bienhechores de su época, actúa como un jefe de Estado y no como un benefactor. Beneficia más a los niños que a las niñas. En Roma la totalidad de los 5.000 niños que recibían alimentos eran varones. Plinio el Joven señalaba bien la finalidad que se proponía Trajano con esta institución. Los niños que recibían la asistencia serían el recurso en caso de guerra. Lo mismo se desprende del análisis de las escenas del Arco de Benevento. Se trata de aumentar la natalidad en Italia y favorecer con ello el reclutamiento en caso de guerras. Los *alimenta* son un aspecto importante de la política demográfica del emperador y nada tienen que ver con la caridad cristiana, ni con las ideas de favorecer la situación de las clases bajas, expuestas por Dión de Prusia.

P. Veyne se ha planteado el problema de si se trata en realidad de un crédito hipotecario. Éste es el verdadero problema. En . las tablas de *Veleia* y de Benevento se conserva una lista grande de propietarios, que se acogen al programa de Trajano por libre elección, según la tesis de P. Veyne, lo que parece muy probable. Las tasas de interés variaban de unas ciudades a otras. El emperador fijaba la tasa según el número de propietarios, que se habían presentado voluntariamente. El interés en las tablas de *Veleia* era del 5 % y en las de Benevento del 2,5 %, pero no se sabe durante cuánto tiempo. El investigador galo se inclina a creer que en la región de Benevento el interés es más bajo al acogerse al proyecto de Trajano pocos campesinos. Las obligaciones se hacían en ofertas sucesivas. En *Veleia* se hicieron dos o tres ofertas, por lo menos, y dos en Benevento. En *Veleia* el emperador entregaba al conjunto de los candidatos un capital que era 1/13'5 parte del valor catastral del conjunto de las tierras que ofrecían. Las tierras eran endeudadas anualmente un 1/270 de su valor catastral, cifra que no disminuía, sensiblemente, los ingresos de los solicitantes. En *Veleia* los pagos eran de 75.000 sestercios para la primera obligación y de 1.049.000 para la principal. Con la primera obligación se pagaba el pan de 19 niños y con la segunda el de 281 niños. Con el dinero que recibían los niños se costeaba algo más del pan que comían diariamente.

La agricultura itálica

La agricultura era la base de la economía del Mundo Antiguo. Los historiadores con frecuencia aluden a la crisis de la agricultura en tiempos de Trajano y durante el siglo I, pero los datos son muy escasos. Plinio el Joven se queja de que los colonos de sus fincas no le pagan. Si los echa de las tierras, los próximos tampoco lo harán. El éxito de los *alimenta* de Trajano se podía explicar fácilmente por la necesidad que tenía el campesino de créditos rápidos que le permitieran el no recurrir a los usureros. Se deduce de las *Cartas* de Plinio a Trajano que las tasas de interés del crédito privado eran bajas.

P. Garnsey y R. Saller opinan que estos dos datos tienen una gran importancia a la hora de comprender la verdadera situación de la agricultura itálica. Estos historiadores no han encontrado ningún indicio de crisis estructural en la industria vitivinícola ni en la agricultura itálica en general, tesis que consideramos muy probable. Expresamente afirman que no demuestran lo contrario ni las quejas de Plinio el Joven, sobre el impago de sus colonos, ni el programa de *alimenta* de Trajano. Piensan estos autores que la institución de los *alimenta* no probarían un empeoramiento de las condiciones del campo, ni un reciente descenso de la población. Una tesis totalmente contraria han defendido con gran vigor los discípulos de A. Carandini, con argumentos arqueológicos. La crisis vendría motivada por el derrumbamiento del «modo esclavista de producción», practicado en las grandes villas del centro y sur de Italia. En el *Satiricón* de Petronio, que la mayoría de los estudiosos fechan en época de Nerón, los grandes latifundios se trabajaban con esclavos. Plinio el Joven, al contrario, a finales del siglo I, tiene colonos en sus fincas. El problema se centra en la industria vitivinícola itálica, ya que las grandes villas se dedicaban a la producción de vino. Italia era deficitaria en trigo, pero no en vino. En la época neroniana, Columela habla largamente del vino en sus obras. Los senadores producían vino en sus fincas, porque el vino era el único producto que escapaba al control de la *annona*.

Según los estudiosos italianos, la marcada disminución, durante los años de Trajano, de ánforas tipo Dressel 2-4, usadas en el transporte del vino itálico, probaría el ocaso de la viticultura itálica. El segundo argumento para sostener la decadencia de la industria del vino en Italia sería el abandono de las villas, antes muy florecientes, en una región típicamente trabajada por esclavos, la zona en la costa de Etruria, comprendida entre Monte Argentario y *Pyrgi*. Esta región es la única en Italia en la que coinciden la decadencia de las villas y la desaparición de las ánforas Dressel 2-4. P. Garnsey y R. Saller consideran bastante vulnerable el argumento arqueológico. Antes de seguir adelante conviene recordar una noticia. El gaditano Lucio Julio Columela, que tenía grandes conocimientos prácticos de la agricultura y de la ganadería como demuestran sus dos obras *De arboribus* y *De re rustica*, publicada esta última en el año 65, se queja de que Italia, siendo fértil, ya no produce suficiente trigo para la alimentación e importa vino de las islas griegas, de Hispania y de Gallia. La desaparición de las ánforas Dressel 2-4 podría deberse a un cambio de recipiente. Los vinos itálicos y los de otras procedencias continuaron consumiéndose en Roma, según algunas fuentes literarias. Las villas no desaparecieron todas al mismo tiempo. La decadencia de la agricultura no afectó por igual a todas las regiones del Imperio.

La familia de los Plinios, tío y sobrino, son un buen ejemplo de lo que eran los terratenientes itálicos. Plinio el Joven heredó una propiedad valorada en siete millones de sestercios, situada en *Tiferno Tiberino*, en *Umbria*. Estuvo a punto de adquirir otra finca próxima, que costaba tres millones de sestercios. Sus padres le dejaron otras haciendas, más algunas otras que se encontraban en *Como*. También era dueño de varias casas, en el Monte Esquilino de Roma, en *Laurento*, en las proximidades de Roma y a orillas del lago *Como*. Plinio el Viejo adquirió las propiedades de *Umbria* que después traspasó a su sobrino, al que nombró heredero. Calpurnio Pisón, suegro de Plinio, tenía posesiones en *Como*, en *Ameria* y *Campania*. Pompeya Celerina, suegra de Plinio, por su segunda esposa, era dueña de fincas que lindaban con la *Via Flaminia* en *Carsulae*, *Ocriculum*, *Narnia* y en *Perusia*. Estos propietarios de fincas rústicas tenían propiedades en diferentes poblaciones. Eran ricos, aunque no fueran dueños de grandes latifundios, como los del *Satiricón*, que poseía tal cantidad de esclavos que éstos no le conocían a él, ni él a ellos. Plinio y otros muchos de su categoría utilizaban los intereses obtenidos de sus campos para su ascensión política y social en Roma.

Todos los senadores hispanos y todos los provinciales compraron fincas en las proximidades de Roma. Trajano les obligó a invertir en Italia hasta un tercio de su fortuna que procedía de las fincas rústicas de sus provincias de origen. P. Garnsey y R. Saller piensan que la fortuna de Plinio, como la de los de su círculo, era relativamente modesta, lo cual es muy probable.

Plinio, además de Séneca y de Columela, hablaba de la existencia de grandes latifundios trabajados por esclavos, que arruinaron Italia. Columela añade que también a las ciudades. La extensión de las fincas cultivables de un senador se ha calculado en 200 yugadas, unas 50 ha; 25 ha para viñedo y 600 ha para olivar. Esta extensión de cultivo hoy no se llamaría latifundio. Los intereses que producía la riqueza rústica se gastaban, no en mejorar la producción ni en elevar el nivel de vida de los trabajadores del campo, sino en Roma y en ascender en la escala social.

Se buscaba en la agricultura, principalmente, los beneficios. Se estimulaba el consumo de riqueza.

Muchos agricultores independientes debían vivir en un nivel de subsistencia. No se necesitaba una tecnología avanzada para trabajar la tierra. El carro segadora, invento galo, no tuvo aceptación. Se carece de datos sobre el rendimiento de las fincas rústicas. Columela, que era agricultor en Italia, a mediados del siglo I recoge la noticia de que en la mayor parte de Italia era imposible obtener un rendimiento de cuatro veces en los cereales, pero no en el caso del trigo. Este rendimiento se debió mantener en la época de Trajano, pero se refiere a los cereales en general.

Escribe: el *Africa Proconsular* (Túnez) y Egipto eran grandes regiones productoras de trigo. Roma necesitaba para alimentar a una población de cerca de un millón de habitantes entre 200.000 y 400.000 toneladas al año. Trajano rebajó la edad fijada para recibir grano en las distribuciones. La política de Trajano intentó que los hombres de posibilidades se dedicaran al negocio del pan, o que ampliasen sus negocios.

Estas disposiciones favorecían a las personas que gozaban de derechos latinos. Se les ofrecía la ciudadanía si transformaban cien modios anuales en pan durante diez años. Algunos panaderos amasaron gigantescas fortunas en la época de Augusto, como Eurysaces en Roma, que levantó una monumental tumba rectangular decorada con diferentes escenas de la panadería, tumba que ha llegado hasta la actualidad.

Hispania

Se carece de datos significativos sobre la situación económica de Hispania durante la época de Trajano. No hay ningún indicio de crisis; al contrario, la gran prosperidad económica alcanzada por Hispania durante el gobierno de Augusto, bien señalada por el geógrafo contemporáneo, Estrabón, se debió mantener durante todo el siglo I, e incluso alcanzar cotas más elevadas. Plinio el Viejo, que fue procurador de la provincia Tarraconense en la época flavia, alaba la riqueza en todo género de productos de Hispania. Es rica, escribe, en todo tipo de frutos, de tal modo que abastece no sólo a sus propios habitantes, sino a Italia y a la ciudad de Roma. Este texto es de suma importancia, pues demuestra que en los años de gobierno de los emperadores Flavios la exportación de productos hispanos era idéntica a la descrita por Estrabón. Se mantenía y no había disminuido. «Hispania abundaba en trigo, en vino y en aceite. Producía mucho lino y esparto, y no sólo sobresalía por sus minas de hierro, sino también por sus yeguadas de veloces caballos. No habrían de alabarse, solamente, los bienes que ofrecía la superficie de la tierra, sino también las abundantes riquezas en metales que ella escondía en su seno. No hay tierra alguna que produzca mayor cantidad de minio... Son también, en su mayoría, las corrientes de los ríos ricas en oro, que arrastran las paluces... También Gallaecia es muy rica en oro, de tal modo que con el arado suelen descubrirse, con frecuencia, trozos de oro.» Todos estos productos se cosechaban 30 años después, en tiempos de Trajano. Silio Itálico, en su epopeya titulada *Punica*, que canta la segunda guerra púnica (218-203), indica que Hispania es rica en cereales, vino y aceite, coincidiendo con las afirmaciones de Plinio el Viejo y años antes con las del geógrafo Estrabón y con Dión de Prusia.

A todos estos productos Plinio el Viejo se refiere detenidamente en su *Historia Natural*. Del aceite afirma que el de mayor calidad es el itálico y después de éste siguen los de Istria y la Bética. Marcial considera a Córdoba como el mayor centro de producción de aceite que era exportado a Roma y canta al Betis coronado con un ramo de olivo. En opinión del satírico hispano el aceite de Córdoba es de mejor calidad que el de Venafro en Italia y que el de Istria. Años antes, Columela considera que el aceite bético es el de mejor calidad de Hispania.

En la Bética los olivos producían grandes cantidades de aceite. Es de destacar, también, que en esta región los cereales se plantaban debajo de los olivares. Tanto Estrabón como Plinio el Viejo no se cansan de alabar la fertilidad de la Bética. Plinio el Viejo recoge algún dato sobre la producción del trigo, que en esta zona era de 100 por 1.

Los cereales se conservaban en silos. En Capadocia, Tracia, Hispania y África se han descubierto muchos silos. En Hispania, el naturalista latino describe el sistema de construcción de los silos. Se excavaban en terreno seco; a continuación se construía un techo de paja. A veces se guardaba el grano con su espiga. Hispania no exportaba trigo a Roma, a pesar de los textos mencionados que afirman lo contrario. Sobre la producción de vino, Plinio el Viejo recoge algunos datos, como que los viñedos lacetanos eran famosos por el mucho vino que producían. Los vinos de *Tarraco* y de *Lauro* (Valencia), en la costa ibérica, eran célebres por su finura y los de Baleares admitían la comparación con los mejores de Italia, que en la época de Trajano no exportaba vino. En opinión de Marcial, el vino de los viñedos de Tarragona era sólo inferior al de *Campania* y competía con los vinos etruscos.

En Hispania se inventó el tamiz de lino que se cultivaba en las proximidades de Tarragona. Era famoso por su extraordinaria blancura y por su finura. Aquí se establecieron los primeros talleres para trabajarlo. Plinio el Viejo recoge la noticia que de Hispania, y desde hace poco tiempo, se exportaba el lino de los Zoelas, León, utilísimo para las redes de caza.

Hispania era una de las regiones productoras de esparto. El naturalista latino presta especial atención al cultivo del esparto en las proximidades de *Carthago Nova*. Los campesinos confeccionaban con esparto los lechos y sus calzados. Encendían con él fuego y antorchas. Los pastores confeccionaban con esparto sus vestidos. Se arrancaba con gran cuidado envolviendo las piernas en fundas y las manos en guantes, enrollándolo en un vástago de hueso o de roble. Plinio el Viejo describe a continuación su manufactura y sus múltiples usos. La extensión del campo de cultivo de lino era de 30.000 pasos de anchura por 100.000 de longitud, en la zona costera de *Carthago Nova*. Otro espartizal tan importante como el anterior se encontraba próximo a Ampurias.

La miel se cosechaba en los espartizales y en los olivares hispanos. Otro producto famoso de la agricultura eran las alcachofas que se plantaban en Córdoba y en las proximidades de *Carthago Nova* y producían 6.000 sestercios; es de suponer que la cifra se refiere a la cosecha.

Plinio el Viejo da algunas instrucciones para cosechar buenas berzas, como son sembrarlas en un terreno que se haya labrado dos veces, luego cortar los tallos pequeños.

Hispania producía grandes cantidades de cebollas al igual que las islas Baleares e Ibiza. Entre los árboles frutales, las cerezas de Lusitania eran las más famosas. Los horticultores béticos intentaban mejorar la calidad de los productos. Así, en la Bética se injertó un ciruelo en manzano, también en almendro, dando excelentes frutos, en opinión de Plinio.

La cebada más productiva se recolectaba en *Carthago Nova* y en *Celtiberia*. Este ligero muestrario de productos hispanos, que no es exhaustivo, demuestra la riqueza de la agricultura hispana.

La principal fuente de ingresos de los senadores hispanos era la agricultura, sin que podamos añadir ningún dato más como la extensión de las fincas y su localización. Es de suponer que se encontrarían próximas a sus lugares de origen. También podían tenerlas diseminadas, como Plinio el Joven, en Italia. Las élites municipales y de las colonias, conocidas por las inscripciones de *Tarraco*, de *Valentia* y de *Saguntum*, de tiempos de Trajano, tenían su riqueza en fincas rústicas. Séneca, el retórico cordobés (55 a.C.-37/41), menciona la existencia de grandes terratenientes en la Bética. Se desconoce la extensión y la localización de estos latifundios. Las estampillas con los nombres de los productores sobre las asas de las ánforas Dressel 20 parecen indicar que la propiedad estaba muy repartida. Los olivares en la Bética estaban en regadío, de ahí las grandes cantidades de aceite que se exportaban a Roma. Las ánforas vacías se trituraban en el monte Testaccio de Roma. Por lo menos desde la época flavia ya se arrojaban los cascotes a este monte artificial, próximo al puerto de Roma. El aceite, tal y como sc ha descubierto, se descargaba de las naves en unos grandes contenedores vecinos. Las fincas eran vigiladas por el *vilicus* y su esposa, que, seguramente, serían esclavos.

Marcial ha esparcido en sus epigramas algunos datos sobre las explotaciones agrícolas en el centro de Hispania. La pequeña propiedad que le regaló Marcela constaba de un bosquecillo con fuentes, unos prados, una rosaleda, un huerto regado con acequias artificiales, un estanque con angulas y un palomar. Marcial menciona construcciones humildes en el campo. El poeta, de Tarragona a *Bilbilis*, necesitaba relevar cinco veces las caballerías del carruaje, dato interesante sobre la duración del viaje. *Bilbilis* era una ciudad totalmente campesina; vivía de la agricultura. Era famosa por la cría de caballos y por la fabricación de armas. En la forja del hierro era tan célebre como los caribes y nóricos. Funcionaban también varias herrerías como las de los alrededores de Platea y del Jalón. Recuerda los campos silvestres de su ciudad natal y las rosaledas de *Peteris* y las laderas de *Vativesca*, que crían excelente ganado. Menciona los árboles del Tajo, el bosque de *Bobesca* y el encinar sagrado del *Burado*.

Algunas otras noticias se pueden espigar en la *Historia Natural* de Plinio sobre la agricultura de Hispania. Extensas áreas de la Península estaban cubiertas de encinares, que constituían una riqueza para muchos pueblos. En tiempos de escasez de cereales se secaban las bellotas, se mondaban y se amasaba con ellas harina en forma de pan. Los pobres cubrían la mitad de sus tributos con un grano obtenido de la encina.

La isla de Ibiza era famosa por la producción de higos, que, igualmente, se cosechaban en grandes cantidades en el *África Proconsular* y en Siria.

GANADERÍA

Por lo que se refiere a la ganadería hispana, en la *Historia Natural* de Plinio el Viejo y en los epigramas de Marcial se conservan algunos datos importantes sobre ella. Las noticias son perfectamente aplicables a los tiempos de Trajano, y muchas de ellas coinciden con las de Marcial.

Plinio el Viejo menciona de pasada las caballerías y los bueyes de la Bética. *Celtiberia* criaba una excelente raza de asnos. Algunos pollinos llegaban a alcanzar el precio de 400.000 sestercios.

Hispania contaba con muy buenas razas de caballos. En los alrededores de *Olisipo* (Lisboa) y en las riberas del Tajo pastaban unas yeguas cuyos potros eran tan veloces que se cuenta la fábula de que las preñaba el viento Favonio. Fueron muy famosos en la Antigüedad estos animales. Los cita Varrón, cuyo testimonio, por haber vivido muchos años en Hispania, durante la guerra sertoriana (80-72) y durante la guerra civil entre César y Pompeyo (49-44 a.C.), es de gran valor; Justino, que vivió en torno al año 300, y que extractó a Trogo Pompeyo, historiador galo de la época de Augusto, también las menciona; así como Columela. Entre los galaicos y los astures había dos razas de caballos, llamados asturcones y tieldones. Silio Itálico (25-101) describe los caballos astures, de los que afirma que no eran aptos para la guerra. Eran de estatura pequeña, buenos para montar y para el tiro, y de paso suave. Eran muy rápidos. El asturcón lo canta Marcial, que afirma de él que era de pequeño tamaño y que galopaba rápidamente al son del compás.

Un dato curioso, recogido por Plinio el Viejo, es que en Hispania se utilizaban los mulos para el transporte de colmenas.

Marcial completa algunos datos sobre la ganadería hispana. Estas referencias confirman las anteriores y son de gran valor, por venir de un contemporáneo de Trajano. El poeta bilbilitano elogia las lanas de la Bética, que eran de dos clases, una de color rojizo y otra blanca que se utilizaba para tejer togas. También se empleaba para la confección de capas, representadas en los monumentos funerarios de Osuna, fechados en el siglo III a.C. Su color era tan famoso que lo compara con el oro el satírico Juvenal. Este color se había logrado mediante refinadísimos cruces, como el que hizo un tío de Columela, gran agricultor bético, que cruzó carneros de África con ovejas de la Bética. Las lanas béticas más estimadas eran las de Córdoba.

SALAZONES

Fueron junto con los minerales y el aceite el tercer producto hispano más famoso de la Antigüedad, que se exportó durante 1.000 años, desde el siglo VI a.C., cuando ya aparecen factorías de salazones en el Puerto de Santa María (Cádiz), hasta el siglo V. Un autor griego, que vivió entre los siglos IV-III a.C., Timeo, recoge la noticia de que los fenicios de Cádiz pescaban atunes, que llamaban la atención por su tamaño, los ponían en conserva y los llevaban a Cartago, desde donde los exportaban para ser consumidos en la ciudad, pues eran un excelente alimento. Las salazones más famosas eran el llamado *garum sociorum*. Dos congios (6,50 litros) no se compraban por menos de 1.000 sestercios de plata. A excepción de los ungüentos, afirma el naturalista latino, no hay licor que se pague tan caro. Se hacía de escombros, que se pescaban en Mauritania, en la Bética y en *Carteya*, al entrar en el Mediterráneo. Estrabón quedó admirado por la riqueza de toda clase de peces del sur de Hispania. Toda la costa, desde el Tajo hasta Alicante y la costa atlántica, estaba llena de fábricas de salazón. Había también viveros. Marcial habla de un pez que se comía salado y que se pescaba en *Sexsi* (Almuñécar). Se comía en salsa con huevos. Alude también, de pasada, al *garum* de *Carthago Nova*.

Minería

Hispania era en la Antigüedad el distrito más rico en cantidad y variedad de minerales del Imperio romano. El norte de África carecía de minas al igual que la práctica totalidad de Italia. Sólo las había en cantidades importantes en Britannia, Dacia, Dalmacia, *Pannonia, Moesia* y Tracia. Las célebres minas áticas de Laurión y de Macedonia a finales de la República romana estaban agotadas. Estrabón no se cansa de alabar las minas de Hispania por su cantidad y calidad de minerales. El geógrafo griego afirma de la Bética que «hasta ahora, ni el oro, ni la plata, ni el cobre, ni el hierro nativo se han hallado en ninguna parte de la tierra tan abundantes y excelentes». Esta afirmación la confirma Plinio el Viejo al escribir: «Casi toda Hispania entera abunda en yacimientos de plomo, hierro, cobre, plata y oro.» Polibio describió las minas de *Carthago Nova* descubiertas en tiempos de la dominación cartaginesa, minas que conocía directamente. Posidonio dejó una larga descripción de las minas del sur, al igual que Diodoro Sículo, contemporáneo de César y de Augusto. Toda esta documentación fue extractada por Estrabón en su *Geografía*. Las minas de plomo argentífero de las proximidades de *Carthago Nova*, en la época de Trajano, habían entrado en un proceso de decadencia absoluta. Las minas de Sierra Morena habían disminuido mucho en su producción.

Minas de Sexto Mario

Todavía se trabajaba mucho en tiempos de Trajano en las minas de cobre, oro y plata de los Montes Marianos, minas que se situaban en la serranía de Córdoba, en Cerro Muriano, donde han aparecido unos túneles impresionantes, que son las galerías de las minas. Estas minas pueden ser las de Sexto Mario, posible descendiente de un liberto de Mario, que asistió a la caída de Numancia y después fue pretor, en el 114 a.C., en la provincia Ulterior. En el año 33 fue acusado de incesto con su propia hija y despeñado desde la roca Tarpeya de Roma. Según Tácito el proceso fue el pretexto que inventó Tiberio para apoderarse de las minas, aunque debía transferirlas al Senado, que era el administrador de la provincia. Plinio el Viejo escribió que el cobre de los Montes Marianos era el más cotizado en el mercado y que se le llamaba cordobense, sin duda, por encontrarse las minas próximas a Córdoba. En esta ciudad se halló una lápida funeraria dedicada a un corintio, esclavo de Sexto Mario. Córdoba era el centro de la administración de las minas de Mario.

El naturalista latino a lo largo de su *Historia Natural*, intercala datos importantes sobre las explotaciones mineras de Hispania, explotaciones en las que se seguía trabajando en la época de Trajano, como lo confirman la arqueología y los escritores contemporáneos como Silio Itálico, Josefo, Juvenal y Marcial.

Minería de estaño

La obtención del estaño era fundamental para la fabricación del bronce; a su técnica de tratamiento, Plinio el Viejo dedica un largo párrafo que dice: «Hoy se sabe que lo produce Lusitania y Gallaecia, regiones en las que nace a flor de tierra en forma de arenas negras reconocibles por su peso, va mezclado con guijarros pequeños, principalmente en los lechos torrenciales secos. Los mineros lavan esta arena, de la que extraen por decantación el mineral, que es llevado luego a los hornos, donde se tuesta. Hállase también en los yacimientos de oro que llaman *alutiae*;

por medio de una corriente de agua se dejan posar los cálculos negros, que aparecen ligeramente variados en blanquecinos; éstos tienen el mismo peso que el oro; por tal razón se quedan en la cesta juntamente con el oro recogido en ellas. Luego en el horno se separan del oro y al fundirse se convierten en plomo blanco. Gallaecia no da plomo negro, al paso que la vecina Cantabria da en abundancia; el plomo blanco no da plata, pero sí el negro.»

El plomo se usaba para la fabricación de tubos y láminas. Se obtenía en Hispania, en Gallia y, principalmente, en Britannia.

Algunos precios de los minerales hispanos

Plinio el Viejo, que fue procurador de la provincia Tarraconense, tuvo a su disposición, para redactar su obra, los archivos estatales que le permitían recoger cifras concretas sobre los precios de algunos minerales hispanos.

El lapislázuli se utilizaba en medicina, para hacer crecer los cabellos y, sobre todo, las pestañas. Se obtenía también en Hispania. El precio de una libra estaba fijado en 30 sestercios. El procedente de Hispania obligó a bajar el valor en el mercado libre a seis denarios.

El naturalista latino recoge en otros párrafos de su obra datos sobre el precio de diferentes minerales hispanos. Así, del precio del mercurio escribe: «Según Iuva el mercurio se produce en Carmania, y según Timagenes, también en Etiopía; pero nosotros no lo importamos de ninguno de estos dos países, sino casi todo de Hispania. El mercurio más conocido es el de la región sisaponense (Almadén), en la Bética, mina que es propiedad del pueblo romano. Nada se vigila con más ciudado; no está permitido refinarlo en la plaza, sino que se envía a Roma, en bruto y bajo sello, en cantidad de unas 2.000 [otros dicen 10.000] libras de peso al año. En Roma se lava. Con el fin de que no alcance precios altos, una ley ha fijado su valor en venta, que es de 70 sestercios la libra. Se adultera de muchos modos, lo que proporciona grandes beneficios a las compañías.»

Años antes, Pedanio Dioscúrides, que escribió su obra *de materia medica* en tiempos de Nerón, recoge alguna noticia importante sobre el trabajo en las minas de *Sisapo*, como la de que los mineros se protegían contra los vapores del mercurio cubriendo el rostro con vejigas transparentes. Los pintores utilizaban el cinabrio para obtener pinturas al fresco, principalmente de color rojo sangre. El mercurio era muy raro y costoso, por eso se falsificaba muy frecuentemente.

Arrendamiento de las minas

También se conservan en la *Historia Natural* cifras sobre el arrendamiento de algunas minas hispanas, cifras que eran muy elevadas: «Hay minas que abandonadas algún tiempo se hacen más ricas en mineral... Últimamente se ha visto la prueba de ello en la mina Samariense, en la Bética. Se la arrendaba en 200.000 denarios anuales; tras su abandono se ha vuelto a arrendar en 255.000. Del mismo modo la mina Antoniana, en la misma provincia, ha alcanzado una renta de 400.000 libras.»

Estas minas no se han localizado aún. Las minas de *Carthago Nova* rentaban, al Senado y al pueblo romano en la época en que Polibio las visitó, 23.000 dracmas diarias. El significado de esta cifra ha motivado grandes discusiones. Al parecer, esa cantidad es la que ingresaba Roma y los publicanos se quedaban con todo el dinero por encima de esa cifra.

Minería del oro. Técnicas de extracción. Rendimiento de algunas minas

Plinio el Viejo prestó especial atención a la obtención del oro, a las técnicas de extracción y al rendimiento de las minas. Menciona el oro nativo, que era el de mejor calidad, citado con mucha frecuencia por Marcial y, a comienzos del principado, por Estrabón. Los versos de Marcial prueban que en su época, la de Trajano, la búsqueda de pepitas de oro en los ríos hispanos era frecuente y rentable. Varios ríos de Hispania arrastraban pepitas de oro. El Tajo era el más famoso en este aspecto. Marcial insiste en sus epigramas en que el Tajo tiene pepitas de oro al igual que el Jalón. Silio Itálico, entre los ríos que arrastran pepitas de oro, menciona el Tajo, el Duero y el Limia. El oro de Gallaecia lo recuerda varias veces Marcial. El historiador judío Josefo (27/38-100) sabe que Lusitania y Cantabria eran tierras ricas en oro. El oro se obtenía en montes áridos y estériles. Plinio describe brevemente el procedimiento de extracción y el rendimiento de las minas por regiones. Se empleaba una corriente de agua para facilitar la extracción del mineral: «La tierra conducida así se desliza hasta el mar; rota la montaña, se disuelve, y de este modo Hispania ha hecho retroceder al mar lejos de sus orillas... El oro obtenido por la arrugia no se funde, es ya oro; se encuentran masas, como en los pozos, que pesan más de diez libras. Llaman a estas masas *palagae;* otros dicen *palacurnae,* y cuando es pequeña, llámanla *balux...* Según opinión de algunos, Asturia, Gallaecia y Lusitania suministraban por este procedimiento 20.000 libras de oro al año, pero la producción de Asturia es la más abundante. No hay parte alguna de la tierra donde se dé esta fertilidad durante tantos siglos.»

Silio Itálico confirma que la mayor cantidad de oro la producía Asturia. La explotación de las minas de oro del noroeste comenzó con Augusto, después de la terminación de las guerras cántabras, pero a partir de Vespasiano, y muchos años después, estaban a pleno rendimiento.

Esta tecnología de obtener oro se aplicó durante más de 200 años en las minas auríferas del noroeste hispano. Se había pensado, ya desde finales del siglo XIX, que era una técnica hispana; hoy se cree que es importada por los romanos y aplicada en las minas de oro a finales de la República romana como en las minas de El Cardal y Peñón de Aruta, próximas a Guadix. Las técnicas de extracción del mineral son las de Oriente.

Minería de la plata

Plinio recoge en su obra otros datos importantes sobre las minas hispanas, como que el oro aparece mezclado con la plata en proporción de una décima o de una octava parte y en la mina de Albucrarense de Gallaecia en una treinta y seisava parte; que la plata más bella procedía de Hispania; que la plata se alteraba con el agua; que la citada mina *Baebelo*, que rentaba a Aníbal 300 libras de plata diarias, en la época flavia aún estaba en explotación. El monte se había excavado en 1.500 pasos. Los mineros, que trabajaban esta mina, procedían de Aquitania, en el sur de Gallia, región famosa por sus minas. Trabajaban día y noche. Se relevaban en el trabajo segun la duración de las lámparas. La mina de *Baebelo*, posiblemente, estaba en Cástulo. Se han propuesto otros lugares, como las minas de las proximidades de *Carthago Nova*, pero éstas se encontraban en los años de Plinio en franca decadencia, y el naturalista latino menciona la mina de *Baebelo* en plena actividad. Es importante la noticia de la llegada de los mineros de Aquitania a trabajar a la mina de *Baebelo*, como la de los organomescos a las minas de Sierra Morena y la de las mujeres celtíberas a las de Huelva, cuyos cadáveres se han hallado en las galerías. Había, pues, un traslado de mineros de los lugares de origen a las cuencas mineras. La plata se altera en contacto con las aguas minerales y por la acción de los vientos marinos. Se conocen tres especies de plata; después de la procedente del Ática, la más apreciada era la de Hispania.

Variedad de minerales

La noticia que recoge Plinio el Viejo sobre el *lapis specularis*, el espejito que se obtiene en pozos muy profundos, en la *Hispania Citerior*, en un espacio comprendido dentro de un radio de 100.000 pasos alrededor de *Segobriga*, tiene confirmación arqueológica. Estos pozos se explotaban en la época de Trajano y se siguieron explotando mucho tiempo después.

El naturalista latino menciona otros muchos minerales que Hispania siguió proporcionando en tiempo de Trajano.

Uno de los minerales más cotizados en la Antigüedad era la sal. Sin ella no se podía vivir. Se utilizaba en la condimentación y en la conservación de los alimentos, y también en medicina. En *Egelastae*, ciudad que se ha situado cerca de Cástulo, más concretamente en el suroeste, se extraían bloques de sal casi traslúcidos. La compañía de publicanos que explotaron las minas de sal, como subproducto, explotaba las pesquerías. Era la sal preferida por los médicos en sus recetas. La sal de la Bética se usaba para curar las enfermedades de los ojos de las caballerías y de los bueyes. Para la obtención del famoso cobre de *Campania*, que se obtenía según procedimientos seguidos en *Capua*, se añadía por cada 100 libras diez de plomo argentífero de Hispania, para hacerlo más dúctil y de color más agradable. Una especie de bórax, utilizado por los tintoreros, se producía en grandes cantidades en Hispania.

En Hispania se abrieron talleres para la obtención de una arena llamada azur, talleres que también había en *Puteoli*, Italia. El vitriolo se obtenía de pozos o de charcas. Cantabria producía imán, que aparecía en núcleos dispersos llamados bulbaciones.

También en Cantabria abundaba el hierro. Aquí había un monte altísimo, todo él de este mineral. Este monte se ha localizado en Somorrostro (Vizcaya). El naturalista afirma expresamente que se encuentra en Cantabria. Allí había minas de hierro trabajadas por los romanos, que confirman la veracidad de la afirmación de Plinio.

Las mejores piedras de afilar, que utilizaban con saliva humana, procedían de *Laminium* (Alambra) en La Mancha, que pertenecía a *Hispania Citerior*.

La obsidiana también se encontraba en Hispania. Los romanos adornaban su cuerpo, frecuentemente, con piedras preciosas. Hispania producía estas piedras, como la esmeralda veteada de blanco, procedente de Gallaecia, que se encontraba asociada dos a dos, o tres a tres.

Las citadas herrerías mencionadas por Marcial, de *Bilbilis* y de *Turiasso*, son recordadas por Plinio el Viejo años antes. Este texto prueba que se trabajó en ellas durante decenios y que conservaban la técnica de fundir las famosas espadas celtíberas, tan alabadas por Filón de Bizancio en el siglo III a.C., por Polibio, en el siglo II a.C., por Diodoro Sículo y por Tito Livio en la época de Augusto.

Administración de las minas

En tiempos de Trajano estaban ya reglamentadas, desde hacía años, las explotaciones mineras, pues las leyes de *Vipasca* (Agustrel, Portugal) mencionan una norma anterior a Adriano, que se supone fue promulgada por los emperadores Flavios, lo que parece ser muy probable.

Las minas de oro del noroeste eran propiedad del emperador, que las administraba a través de sus libertos y esclavos imperiales. El ejército, la *Legio VII Gemina*, hacía de cuerpo de ingenieros. Se carece de datos para los años de Trajano. Es de suponer que la administración no variaría, como no se alteró la técnica de obtener oro.

Las minas de Sexto Mario se encontraban bajo la administración de un liberto, *procurator Montis Mariani*, al que dedican una lápida los *confectores aeris*. En las minas de Río Tinto un *procurator* dedicó a Nerva una tabla de bronce. Es un dato interesante, ya que se ha supuesto que las minas de Huelva no estaban en explotación en la época flavia, al no citarlas Plinio el Viejo. Una inscripción hallada en Gallaecia menciona un *procurator metallorum Albocolensium*, localidad desconocida. Los *procuradores* tenían jurisdicción plena en su distrito. El *procurator* podía pertenecer al orden ecuestre, pero, mucho más frecuentemente, se trataba de un liberto imperial. El fisco era el principal dueño de las minas, como en *Vipasca*, pero no explotaba directamente los pozos, sólo le interesaba obtener dinero. Para ello acudía a un régimen de concesión a varios ocupantes de los pozos. Esta técnica es distinta a la seguida en las minas del noroeste hispano para obtener oro. Los mineros de la época de Trajano eran libres, no esclavos, aunque también podían trabajar en las minas los condenados por crímenes graves.

CAZA

Hispania era un verdadero paraíso para los cazadores. Ya Estrabón menciona, a comienzos del principado, la abundancia de caza. Marcial celebra en sus epigramas la caza como una de las ocupaciones preferidas por sus paisanos labriegos. Entre los animales que se cazaban cita el poeta los corzos, los jabalíes y las liebres. Hispania estaba infestada de conejos, que ocasionaban grandes destrozos. Trajano se vio obligado a sacar de Itálica a su pariente Adriano, porque se pasaba todo el día cazando y no hacía otra cosa. Adriano mantuvo toda su vida la pasión por la caza. En el Arco de Constantino en Roma se empotraron unos relieves redondos, de la época adrianea, que representan al emperador cazando jabalíes, osos, leones, el sacrificio a Diana, por excelencia la diosa protectora de la caza, y la partida hacia ella. La caza no tenía valor económico, sólo era un ejercicio físico.

Hispania, durante los años del gobierno de Trajano, no sufrió ninguna crisis económica o social. El número relativamente alto de senadores y de dedicantes de pedestales al emperador, que componían la élite municipal, la abundancia de la buena moneda acuñada por Trajano, que se generalizó por toda Hispania, la reparación de muchas calzadas y la aparición de gran cantidad de talleres de *terra sigillata* en *Tritium* (Rioja) prueban un buen momento económico, como afirma J. Abascal.

Centro de Europa

EXPLOTACIONES MINERAS

Las explotaciones mineras desempeñaron un papel importante en la economía de estas regiones desde los años del gobierno de Trajano a los de Marco Aurelio. El mineral se exportaba a través del Danubio. Las explotaciones mineras tuvieron un gran impacto en la población, tanto en lo económico como en lo social. La situación social de los mineros al parecer no fue más alta que la de los fabricantes, que habían establecido sus negocios en los años de prosperidad de los Flavios y de Trajano, en opinión de A. Mocsy. Los procuradores imperiales y personas libres administraban las minas. Los procuradores sólo controlaban el territorio de las minas. Trabajaban también diferentes técnicos como medidores encargados de las oficinas. Las minas de hierro de Gallia también estaban controladas por procuradores, y ya habían sido explotadas en la época flavia.

La principal fuente de información sobre las explotaciones mineras son las citadas monedas de mina. Las minas se encontraban en *Pannonia, Noricum,* Dalmatia y *Moesia Superior.* Las minas mencionadas en las monedas de minas son las siguientes: *metalla Ulpiana,* Kosovo Polje; *metalla Dardanica,* al norte de la anterior y en los montes Kopaonik; *metalla Aeliana Pincensia* a orillas del *Pincus,* minas puestas en explotación en tiempos de Adriano, y *metalla Aureliana,* alrededores de Bor, al noreste de Servia, de la misma fecha. No lejos de las minas anteriores se encontraban un *municipium Ulpium* y un *municipium Dard(...).* El primero se encontraba al sur de Pristina y al oeste del monte Zegavac, y el segundo en el valle del Ibar. Los municipios se establecían en las proximidades de las minas.

Las minas de *Moesia* producían plomo argentífero, cobre y otros metales. La rentabilidad era muy elevada. Las monedas de minas hacen su aparición en tiempos de Trajano, lo que demuestra que con este emperador comenzaron las explotaciones de las minas, al igual que en otras provincias donde se mencionan los *metalla Ulpiana.* Las leyendas de los *metalla Dardanica* se fechan en los años del gobierno de Trajano. Todas las minas de las provincias danubianas pertenecían al fisco.

Las minas se entregaron para su explotación a colonos, que disfrutaban de cierta autonomía. En una inscripción de los *metalla Dardanica* se lee la frase: concedido el lugar por decreto de los colonos, frase que recuerda la de los municipios: por decreto de los decuriones. Es probable que mineros de Tracia y de Dalmacia llegaran a trabajar a las minas y también esclavos. Había colonos ricos que eran libres. En los distritos mineros, al igual que en Hispania, había destacamentos militares.

COMERCIO

La red de calzadas favoreció el desarrollo de las relaciones comerciales. En la época de Trajano se establecieron en los mercados gentes itálicas que negociaban en *Aquileia,* que ya contaba con sucursales en el oeste de *Pannonia*. La onomástica de las estelas, fechadas a finales del siglo I y a los comienzos del siguiente, proporciona datos interesantes sobre las familias de estos comerciantes, como los *Canii* y los *Caesernii*. Ambas familias procedían de *Aquileia* y se habían establecido en *Pannonia* a comienzos del siglo I. Los segundos mantenían oficinas comerciales en *Emona* y los primeros en *Savaria*. Desde el periodo flavio y en años posteriores montaron sus negocios a lo largo de *Moesia Superior* y, finalmente, en el Danubio. Los *Caesernii* acabaron por asentarse en *Brigetio*, en *Aquincum* y en *Sopianae*, en los montes de Sala y los *Carnii* en *Aquincum*. La onomástica de las estelas menciona otras familias de comerciantes, los *Tiberii Iulii* y los *Opponii*, igualmente venidos de *Aquileia*. El centro de comercio más importante se encontraba en *Sopianae*.

En *Brigatio*, en *Aquincum* y en otras ciudades del Danubio se afincaron varias familias de mercaderes a finales del siglo I. La presencia de las llamadas mercancías del valle del Po coincide con la llegada, como observa A. Mocsy, de los *Marcii*, de los *Canii* y los *Caesernii*. Ello parece indicar que estas familias se encargaban de la importación de todos estos productos.

Los hallazgos arqueológicos prueban las relaciones de las ciudades del oeste de *Pannonia* con *Brigetio* y con *Aquincum*. Los comerciantes de *Aquincum* copiaron las lucernas de *Poetavio*. Los centros artesanales de Gallia y de Germania pronto enviaron sus productos a *Pannonia* y *Moesia*. A final del siglo I y comienzos del siguiente floreció el comercio a lo largo de las orillas del Danubio.

Los dueños de las villas de *Pelso* eran itálicos, probablemente, y alcanzaron su estatuto en la época de los emperadores Flavios y de Trajano. Su riqueza se basaba en la explotación agrícola. La presencia del ejército contribuyó, en gran medida, al desarrollo del comercio. Muchos miembros de colegios se establecieron en *Aquincum*, cuando el comercio era próspero, a comienzos del siglo II. Se documenta la existencia de colegios de artesanos, de centones y de comerciantes. Los emigrantes se asentaron en *Brigetio* y en *Aquincum* y estaban organizados oficialmente. Eran veteranos de las legiones y ciudadanos romanos.

Estas corporaciones de ciudadanos romanos tenían un consejo formado por decuriones y dirigido por dos magistrados. Corporaciones parecidas debían funcionar en *Pannonia*.

El comercio en la región danubiana

La región danubiana compraba a los bárbaros, del otro lado de la frontera, ganado y comestibles. Este comercio debía estar organizado para negociar con las fortalezas militares y bajo el control de la legión. Las fortalezas militares eran importantes centros de comercio. El tráfico de esclavos fue muy notable. Aumentó con las guerras de Domiciano y de Trajano. A *Pannonia* llegó un número crecido de esclavos procedentes del mundo bárbaro. Principalmente se documentan en *Carnutum* y *Aquincum*.

En el periodo de los emperadores Flavios y de Trajano, *Moesia* alcanzó una situación económica buena. Posiblemente, las guerras de Domiciano y de Trajano contribuyeron a crear esta prosperidad.

Con la creación de la provincia dácica, pronto se desarrolló un comercio entre Dacia e Italia. Llegaron comerciantes de *Aquileia* y muchos emigrantes orientales a *Singidunum*, a *Viminacium* y *Ratiaria* y su influjo no fue menor que el debido a los emigrantes del occidente del Imperio.

Dacia

Minería

Las minas de oro de Dacia se empezaron a explotar con gran intensidad desde la conquista romana. Eran, con las de Tracia y el noroeste hispano, las más ricas minas de oro del Imperio romano.

Se trabajaban mediante galerías y pozos, como lo indican los yacimientos de oro de los Cárpatos occidentales. El centro minero de mayor importancia fue *Alburna Maior* (Rosia, Montana). Otras minas de oro se encontraban en Brad, Baia de Aries, Baia de Cris, etc.

El oro se obtenía, al igual que en Hispania, mediante el lavado de las arenas auríferas. También las minas eran propiedad del fisco, que las explotaba directamente. Los mineros eran esclavos o personal libre. En tiempos de Trajano se trasladó a los *pirustae* y a los *baridustae*, poblaciones dálmatas, especializados en trabajos mineros, para que trabajaran en las minas de oro de Dacia; política igualmente seguida en Hispania. Las minas de oro de Dacia las administraba el *procurator aurarium*, ayudado por una multitud de subalternos, conocidos por las inscripciones como los asesores citados también en inscripciones de minas de Gallia y de *Pannonia*, etc.; el juez del arca de las minas de hierro, igualmente documentado en Gallia, etc. Las inscripciones se fechan después de Trajano, a partir del año 136, pero estos cargos debían funcionar en los primeros años de las explotaciones mineras.

También se explotaban minas de plomo y plata, de hierro en Teliuc y en Gherla (Ocna, Muresului), de cobre en *Micia* y de sal en Salinae en Cojocna y en Ocna Dejulni, tan necesaria para las fábricas de salazones de la desembocadura del Danubio.

Las canteras de Dacia también se explotaron, así como las de mármol de Bucov y las de andresita y piedra calcárea en Deva.

Capítulo 12

LA RELIGIÓN

La religiosidad del emperador Trajano

La religiosidad de Trajano es, todavía hoy, un tema controvertido. Quienes más a fondo han estudiado su figura y su obra sostienen que el emperador, interesado más por consolidar la «teología del poder imperial» y la divinización de los suyos que por los cultos y ritos tradicionales, mantuvo un cierto distanciamiento de los asuntos religiosos. Tales afirmaciones merecen ser revisadas. Un examen detenido de los testimonios iconográficos y literarios permite concluir, a nuestro juicio, que, con su actitud, Trajano trató de evitar dos peligrosos extremos en materia religiosa y adivinatoria: el ateísmo y la superstición.

AUGURIA Y AUSPICIA

Plinio recuerda el respeto de Trajano hacia la forma más importante de adivinación oficial: los *auspicia*. Narra que cuando salía de su palacio no le entorpecía el arrogante aparato principesco ni la agitación de guardias personales, «tan sólo se detenía en la puerta para consultar los auspicios de las aves y respetar las advertencias de los dioses».

Plinio no nos dice si Trajano toma los auspicios en calidad de cabeza de familia, siguiendo una vieja tradición que parece haber caído en desuso, o si lo hace como jefe del Estado en virtud de su *imperium*. En cualquier caso, pese al empleo del verbo *consulta-*

re, poco frecuente en el lenguaje augural, se trata de un rito con el que no se trata de conocer el porvenir, sino sólo el consentimiento de los dioses para emprender una determinada acción.

Respecto a las «advertencias» *(monita)* de los dioses, éstas, si bien podrían tratarse de *omina*, parecen referirse a advertencias a través de los sueños; la expresión *somnium monitus* se repite una y otra vez en la epigrafía latina. Y sabemos que Trajano no rehusó este medio de comunicación con la divinidad.

Es muy posible que Plinio se haga eco en este discurso de las ideas religiosas de Trajano, más proclive a hacer intervenir —como en este episodio— la noción de *Providentia* (presente en sus acuñaciones) que las indicaciones de augures y arúspices.

Trajano se vio obligado, pues, a hacer compatibles sus ideas éticas (y las del poderoso círculo que le rodea) con los viejos ritos etruscos y latinos dado, sobre todo, que quienes los practicaban públicamente trataban de que el emperador quedara sometido al *mos maiorum*. Así se observa, por ejemplo, en la respuesta que Trajano dirige a Plinio sobre su consulta en torno al foro de Nicomedia, cuya construcción suponía el traslado de algunas tumbas. La consagración del recinto era una operación compleja que, como bien advierte Trajano, sólo podía realizarse sobre suelo romano que ha sido «liberado y definido» (y previamente inaugurado). Se requería una decisión oficial *(constitutio)* para proceder a la consagración, a la que alude Plinio en su carta. Después, el espacio era purificado, los límites de la construcción del templo o altar marcados y la primera piedra plantada. Concluida la construcción el dedicante pronunciaba bajo el dictado de un pontífice la fórmula de dedicación *(lex dedicationis)*: era ésta la que permitía que el edificio pasase de la propiedad pública a la de la divinidad. En cualquier caso merece subrayarse que el hecho mismo de atender una consulta aparentemente superflua como ésta pone de relieve la importancia concedida por Trajano al derecho augural.

Pero detengámonos en los auspicios de Trajano. Desde Augusto las guerras se hacían bajo el mando de un general pero bajo los auspicios del emperador. Los auspicios no desaparecieron, pues, durante el Imperio. Como dice J. Scheid, los magistrados romanos continuaron teniendo a su lado un *pullarius* con sus pollos sagrados y la fórmula de que las guerras se hacían «bajo los auspicios del príncipe», lo que no eran, añade, «vanas palabras». En una inscripción recientemente estudiada por el gran epigrafista G. Alföldy, el padre del emperador Trajano, *M. Ulpius Traianus*, procónsul de Asia en el 79/80, consagra un ninfeo en la ciudad de Mileto bajo los *auspicia* del emperador Tito: *[Aus]pic[iis Imp(eratoris) T(iti)] Caesa[ris D]ivi Vespa[sia]ni filii Vespa[siani]...*

La importancia de la *auguratio* bajo el reinado de Trajano se percibe no sólo en la frecuencia con que aparece el *lituus* o bastón augural, símbolo del colegio, sobre las monedas, sino también en el deseo existente por desempeñar este sacerdocio. Altos magistrados de la época revisten el augurado: *Q. Volusianus Saturninus* cónsul en el 92 es augur (antes del 85) y salio; *Cn. Pinarius Cornelius Severus*, cónsul *suffectus* bajo Trajano, es augur, *rex sacrorum* y *salius collinus*; *S. Iulius Frontinus*, cónsul en el 73, 98 y 100, es augur hacia el 103 (coronando así su carrera). En fin, Plinio no oculta en su correspondencia el interés por revestir este sacerdocio, lo que finalmente logra en el 103/104, según A. N. Sherwin-White, tras cubrir la vacante dejada por Julio Frontino. El nombramiento de Plinio como augur, cuando, como hemos visto, no eran muchos los conocimientos técnicos en la materia del panegirista, que incluso se había mostrado crítico con algunas formas de consulta augural, demuestra que para Trajano primaba la lealtad del nuevo augur, sobre todo teniendo en cuenta que dicho sacerdocio debía dictaminar si existían las condiciones necesarias para el ejercicio de los asuntos públicos. Un cometido de tanta trascendencia —un augur podía llegar a paralizar la justicia, los negocios públicos o la acción política— debía, en opinión del emperador, estar en manos de hombres de absoluta confianza.

JÚPITER Y HÉRCULES

Durante su reinado, Trajano parece haber mostrado una particular devoción por dos viejas divinidades romanas: Júpiter y Hércules. En los reversos de las monedas figura con frecuencia la imagen de Júpiter Óptimo Máximo, protector tradicional de

Roma, con quien compartía epíteto. En uno de los relieves del
Arco de Benevento, concluido pocos meses después de su muerte (agosto del año 117), Júpiter aparece representado en el acto
de ceder o entregar su rayo, símbolo del poder, al emperador;
éste, sin embargo, no se halla presente: recibe del dios supremo
su potencia divina, pero evita ser representado junto a él en una
escena que muchos habrían considerado osada. Otras divinidades como Juno y Minerva, las diosas de la tríada capitolina, Hércules, *Liber Pater*, Ceres o Mercurio, acompañan también a Júpiter. El artista que realizó la escena tuvo muy presente no sólo
las preferencias religiosas de Trajano, ya desaparecido, sino también sus directrices oficiales. Los retratos oficiales que representaron al emperador durante su gobierno no son los retratos idea-
lizados de la tradición artística de la Grecia clásica ni los divini-
zados de épocas anteriores, sino que, lejos de lo divino, se resal-
tan en ellos las cualidades humanas, si bien a veces en actitud
heroica, de su persona.

Trajano es, pues, como señaló J. Beaujeu, un *agente de Júpiter sobre la tierra* investido de su poder y encargado de gobernar,
como un *virrey*, en nombre de todos los hombres. Pero el auge
que cobra Zeus-Júpiter a partir del principado de Trajano no puede ser entendido sólo a través de una determinada política religiosa. La filosofía estoica contribuyó notablemente a la supremacía del dios, al considerarlo uno más de los nombres —Destino,
Providencia, Universo— que recibe el Uno. El Júpiter de Trajano
se ajusta en buena medida a las ideas filosóficas y políticas de
Dión y Plinio.

Hércules fue la otra divinidad venerada por el emperador. Su
efigie aparece en las acuñaciones desde los comienzos de su gobierno. Pero muy probablemente no fue al viejo héroe griego,
también tempranamente conocido en Roma, al que se dirige la
devoción privada del emperador, sino al Hércules del santuario
oracular de Gádir, próximo, por tanto, a su ciudad natal. En las
acuñaciones del año 100 la imagen del héroe, de pie, erguida sobre una base, podría ser, según apuntó ya García y Bellido, una
copia de la estatua del Hércules Gaditano. En cualquier caso las
hazañas de Hércules debieron estar, como modelo, muy presentes durante las campañas orientales del emperador. No es ca-

sualidad que durante la primera guerra dácica la cofradía de las *Fratres Arvales* dirigiera sus súplicas a Hércules Victor *pro salute et reditu et victoria Imperatoris Traiani*.

Su preocupación por acrecentar la grandeza de Roma y cultivar sus tradiciones nacionales explica que tanto en los reversos de las monedas como en inscripciones oficiales Vesta y Marte *(Mars Ultor)* aparezcan con extraordinaria frecuencia. De igual forma, Ceres y Mercurio, presentes tanto en las monedas como en el Arco de Benevento, simbolizan respectivamente la política agraria y comercial desarrollada bajo el principado de Trajano. También algunas personificaciones o abstracciones como *Felicitas*, *Fortuna*, *Victoria*, *Pietas* son insistentemente exaltadas.

No se prodigó Trajano en la construcción de templos o edificios de carácter religioso. En Roma dedicó un templo a Fortuna y un altar a *Pudicitia* (Augusta) en honor de su mujer Plotina. Reconstruyó el templo de Venus *Genitrix* en el Foro de César (quizá llevado más por la admiración que sentía hacia el dictador republicano que por el mal estado del edificio) y la capilla de los Lares Compitales. El célebre Panteón de Agripa fue incendiado durante su reinado como consecuencia de un rayo, pero su restauración sólo se llevaría a cabo a partir del 126 bajo Adriano, una negligencia que, como la ausencia de templos en el magnífico Foro que lleva su nombre, parece probar la débil devoción religiosa de Trajano. Una cuestión sobre la que aún no existe acuerdo es la posible ampliación del *pomerium* (límites sagrados) de Roma que le atribuye la *Historia Augusta*.

LOS CULTOS ORIENTALES

Trajano no mostró especial inclinación por los cultos orientales, como tampoco por la astrología a los que ésta iba muchas veces ligada. No parece que ello se debiese a su condición de *Pontifex Maximus*, la más alta autoridad religiosa romana, ni tampoco a una particular sintonía con las familias romanas más tradicionalistas. Como en otros ámbitos de la vida religiosa, respecto a los cultos orientales Trajano ni dio muestras de favor ni, aún menos, de fervor.

Ese desinterés no fue obstáculo para que dichas religiones prosiguieran su avance por las provincias occidentales bajo su reinado. No olvidemos, a título de ejemplo, que la más antigua representación conocida del dios Mitra sacrificando al toro es un grupo de mármol consagrado por un esclavo de T. Claudio Liviano, prefecto del pretorio en el 102 bajo Trajano.

Una reciente publicación de Soheir Bakhoum (*Dieux égyptiens à Alexandrie sous les Antonins. Recherches numismatiques et historiques*, París, 1999) incorpora un valioso catálogo de las monedas del taller de Alejandría. Si analizamos las emisiones de dicha ceca bajo el reinado de Trajano sorprenden no pocas novedades iconográficas. Una de ellas es la aparición, por primera vez, del Serapeum o Serapeion. En efecto, a partir del año 2 de Trajano los documentos numismáticos que representan el Serapeion comienzan a ser abundantes. Los reversos alejandrinos representan la imagen de Serapis de pie en el recinto de un templo dístilo que ha sido identificado por los numísmatas con el Serapeion, de estilo griego con columnas de orden corintio. Algunas emisiones reproducen a la izquierda un *vexillum* apoyado sobre la columna.

Pero la presencia de Serapis, solo o en compañía de otras divinidades griegas y egipcias (Isis Pharia y Deméter, Hermanubis, Harpócrates, los Dióscuros, Heracles y Apolo, etc.), es muy intensa a lo largo de estos años en las acuñaciones oficiales.

En realidad, las monedas no hacen sino confirmar el progresivo acercamiento de Trajano —y de su ejército— a la divinidad alejandrina que otras fuentes testimonian. En el templo de Luxor, Trajano es asociado a Serapis. En Douhan, es decir, en el *mons Porphiritus* de la Antigüedad, hay dos templos edificados en tiempos de Trajano: uno construido por el esclavo miszotés de las canteras y consagrado por un centurión a «Zeus Helios Gran Serapis» y otro dedicado a «La Muy Grande Diosa Isis» por un oficial militar que mandaba el *ala Vocontiorum* en el 116. También es «Zeus Helios Gran Serapis» el que es honrado en un templo situado en las minas de granito del wadi Fatirah *(mons Claudianus)*, construido en tiempos de Trajano por un alejandrino llamado Apolonio. El culto de los militares a Serapis en Egipto es disperso pero sus testimonios no son numerosos. Los sol-

dados acampados en *Contrapollinis Magna*, según una inscripción encontrada en Redesyah, parece que tuvieron una predilección especial por Serapis, formando una especie de colegio religioso, pues se reunían el día de la fiesta del dios para hacer juntos una *caena Serapica* a la que aluden también los papiros.

Roma dependía no sólo del grano de Egipto (recordemos que
recibía anualmente de Alejandría un tercio del grano consumido
por su población), sino también de su transporte y ambos elementos quedarían plasmados en el presente tipo monetal. Es
más: sabemos que las crecidas del Nilo y las abundantes cosechas de grano tenían consecuencias directas sobre el programa
monetario. A lo largo de los veinte años del reinado de Trajano,
sólo cuatro crecidas del río fueron calificadas de muy buenas: el
año 1 (98), el año 4 (100-101), el año 11 (107-108) y el año 12
(108-109). Dos elementos vendrían a favor de dicha hipótesis. En
primer lugar, la naturaleza del dios, garante de la fertilidad del
suelo y de las buenas cosechas. Como Osiris, Serapis es un dios
de la fertilidad agraria: en nuestra representación del dios no falta, en este sentido, el *calathos* empleado en la medición del grano. F. Dunand señala con razón que su presencia en las monedas romanas hace de él el garante del aprovisionamiento de trigo que procedente del valle del Nilo llegaba periódicamente a
Roma. Al mismo tiempo, la presencia junto a Serapis de divinidades griegas tales como los Dióscuros o Isis Pharia hacen del
dios también un dios de la navegación.

TRAJANO Y LOS CRISTIANOS

Uno de los documentos más importantes del reinado de Trajano son, sin duda, las cartas 96 y 97 de Plinio al emperador sobre la cuestión de los cristianos. Plinio, gobernador de Bitinia,
escribe en el 112 una carta a Trajano en la que al tiempo que le
informa de la situación de los cristianos en la provincia le consulta sobre cómo debe proceder contra aquellos que han sido denunciados «como cristianos» *(tamquam Christiani)*. Se piensa
hoy que debió de existir una ley atribuida a Nerón (el llamado
Institutum Neronianum) y quizá renovada por Domiciano rigu-

rosamente formulada y válida para todo el Imperio que prohibía la práctica de la religión cristiana. Pero evidentemente ni Trajano *(in universum)* ni Plinio la conocían. La presencia de comunidades cristianas en el Ponto en la época apostólica está documentada ya por la *Carta de Pedro* y las *Actas de los Apóstoles* y viene a probar que si bien el cristianismo estaba extendido a comienzos del siglo II, sobre todo, por las ciudades, también lo estaba en algunas zonas rurales como, además del Ponto-Bitinia, África y Egipto.

Tanto Plinio como su contemporáneo Tácito se hacen eco del desprecio que la población sentía hacia los cristianos a los que se les culpaba de todo tipo de crímenes *(flagitia)*, pero en particular de infanticidio ritual, canibalismo e incesto (acusaciones imputadas, por ejemplo, a los mártires de Lión en el 177). Por estos *flagitia* los cristianos son definidos por Tácito como una secta *exitiabilis* («funesta», «perniciosa») que merecía *novissima exempla*, las penas más duras.

Estas sospechas, rumores y maledicencias, fruto sin duda de una incomprensión de la nueva religión, cuyas prácticas rituales y litúrgicas se celebraban, además, en secreto, dieron origen ya desde el siglo I a numerosos brotes de cólera popular contra los cristianos en diversas provincias del Imperio. Las autoridades romanas locales debieron calmar con frecuencia el enfurecimiento de las masas, condenando a muerte a algunos cabecillas de la comunidad cristiana.

No sorprendería, pues, que la comunidad cristiana recibiese con alivio el edicto de Trajano que ordenaba no perseguir de oficio a los cristianos ni aceptar denuncias anónimas y sancionar, por el contrario, las acusaciones falsas de los delatores:

> Mi querido (Plinio) Secundo: has seguido la forma de actuación debida al instruir las causas de los que te fueron denunciados como cristianos. Porque no puede establecerse para todos como una regla fija. No hay que buscarlos: si son denunciados y convictos, hay que castigarlos, pero de modo que si alguno negara ser cristiano y lo demostrara realmente, obtenga perdón por su arrepentimiento. Por lo que toca a los libelos anónimos que se publican, no deben tener entrada en ningún proceso; que es cosa de malísimo ejemplo e impropia de nuestro tiempo.

Aunque sigue la discusión entre los estudiosos modernos en torno a la respuesta de Trajano y a su actitud hacia los cristianos, en general, el tono de respuesta del emperador se considera benévolo, compasivo y, sobre todo, justo, en una línea de equidad. No obstante, tampoco debemos olvidar la situación de dicha comunidad. *Nomen ipsum... an flagitia cohaerentia nomini*: Plinio procede contra los acusados que han sido denunciados «como cristianos». Se trata de un procedimiento denunciado por los apologetas como *accusatio nominis*. Una respuesta afirmativa a la pregunta *Christianus es*? era una admisión de culpabilidad y venía normalmente seguida de la ejecución de la sentencia. La respuesta de Trajano no tiene, naturalmente, valor de ley para todo el Imperio, pero constituye un precedente para los sucesivos gobernadores de la provincia de Ponto-Bitinia y, una vez conocida, un *exemplum* para los de otras provincias.

TRAJANO Y LOS SANTUARIOS ORACULARES: GAÑIR, DIRIMA Y HELIÓPOLIS

Sólo bajo un clima de tolerancia se explica que Trajano —a diferencia de muchos de sus predecesores— no haya tomado medidas de control sobre ciertos santuarios oraculares itálicos pese a su proximidad a Roma. Plinio, en carta al senador Noconio Romano, atestigua la actividad del oráculo de Clitumno, en el norte de Italia. Del texto pliniano parece desprenderse que el dios daba directamente los oráculos sin mediación de sacerdocio alguno.

Pero aún más sorprendente es la ausencia de medidas contra aquellas consultas de contenido político en las que el emperador era objeto de la *curiositas divinandi*. Es elocuente en este sentido que el propio Adriano, si creemos la *Historia Augusta*, consultase durante los últimos años del reinado de Trajano, cuando ya era *peritus matheseos*, tanto las *sortes Virgilianae* como el oráculo de la fuente Castalia en Dafne, cerca de Antioquía, sobre las posibilidades de acceder al poder. Amiano Marcelino corrobora esta última noticia señalando que Adriano, tras saber por las aguas proféticas de Dafne que llegaría a ser emperador *(ut ipse praecinentibus aquis capessandam rem publicam comperit)*, hizo cegar la fuente con piedras por temor a que otros aspirantes pudieran recibir una información similar. El hecho de que no contase con todas las garantías de suceder a Trajano explica que también el templo de Júpiter Nicéforo (en Pérgamo) le anunciase que «llegaría a ser emperador», oráculo que el filósofo neoplatónico Apolonio Siro incluyó —quizá con fines propagandísticos— en uno de sus libros. Nunca, por cierto, se ha puesto esta noticia en relación con la efigie de Júpiter Nicéforo de los reversos de Adriano.

Una visita, en fin, como la que realizó en el 104 V. Vibio Máximo, prefecto de Egipto, al oráculo de la estatua de Memnón, hubiese sido impensable durante la etapa de los Julio-Claudios o los Flavios. Debemos suponer, pues, que, en principio, existió un clima de total libertad para las prácticas adivinatorias en las provincias del Imperio.

No pretendemos entrar en la debatida cuestión de la decadencia de los oráculos a comienzos del siglo II d.C. Es evidente que muchos de ellos atraviesan un proceso de debilitamiento o desaparición: sobradamente conocido es el tratado de Plutarco *Sobre la desaparición de los oráculos* en el que se analizan desde diversas perspectivas las posibles causas. Lo que existe en la época de Trajano —si no antes— no es tanto una decadencia generalizada de los *manteia* como una reorganización de los mismos. Delfos y, sobre todo, Claros y Dídima, en Asia Menor, parecen salir fortalecidos como centros oraculares activos, en tanto que otros desaparecen definitivamente.

Pero cuando hablamos de oráculos olvidamos que los aspectos rituales o los fenómenos extraños eran sometidos también a consulta y podríamos decir que en una proporción nada despreciable.

R. Lane Fox fecha entre los años 110 y 115 d.C. (y L. Robert en este último año) una estela de mármol blanco con una dedicación de los perintios hallada en las excavaciones de Claros. Se trata de una consulta de la ciudad de Perinto al oráculo de Apolo Clario tras haber sido hallado en su territorio algo que la inscripción no especifica; quizá, como sugirió L. Robert, un *vieille idole archaïque* (lo que los romanos no hubieran dudado en considerar un prodigio). Perinto, conforme al oráculo del dios, envió a Claros una delegación compuesta por un personaje principal, el ciudadano romano L(ucius) Agidius Rufus, *archihiereus* del culto imperial, y cuatro destacados magistrados y sacerdotes (tres de ellos de nombres griegos y uno latino). Junto a ellos viajaron nueve niños (efebos), de los cuales seis eran hijos de los anteriores, para formar un coro (el número nueve es sagrado) que entonase un himno a Apolo compuesto por un poeta perintio (al que se denomina *melopoiós*). En opinión de Robert la citada imagen, junto a la estela, pudo haber sido ofrendada al dios.

Es en la época de Trajano, cuando los oráculos de Apolo Clario parecen haber tomado la costumbre de exigir a sus consultantes que enviasen niños o jóvenes que entonasen himnos en su honor. Los coros venían de las diversas ciudades griegas que efectuaban las consultas

Sólo el prestigio de que gozaba el santuario de Claros en la época de Trajano puede explicar las consultas de ciudades tan alejadas como Cio (en Bitinia) y Perinto (en Bizancio). Por otra parte, vemos que en la *pars orientis* se confía al oráculo la interpretación y expiación de lo que para los romanos eran sendos prodigios —una prolongada sequía, el hallazgo inesperado de la imagen de un dios—, cuyo significado y neutralización corrían a cargo de arúspices o decenviros.

Trajano mantuvo relaciones estrechas con varios de los grandes centros oraculares del Imperio. Pocas veces, sin embargo, a juzgar por el silencio de las fuentes, parece haberse guiado por consejos oraculares divinos o por inspiraciones sobrenaturales o haber hecho uso del papel político de los santuarios oraculares.

Sigue siendo una debatida cuestión la vinculación del emperador al Hércules del santuario oracular de Gádir, próximo, por tanto, a su ciudad natal. En un *aureus* de Trajano, Hércules aparece con sus atributos pero sin leyenda que haga referencia a su origen geográfico; también en *semisses* y *quadrantes* el héroe es representado, como en el *aureus*, de pie o con el busto cubierto por la *leonté* y la maza. En el reverso de un as (posterior al año 103 d.C.) la maza aparece apoyada sobre la piel de león en un pedestal.

Dos opiniones se han enfrentado en los últimos decenios: la de aquellos que consideran que la imagen del dios es una copia de

la estatua del Hércules *Gaditanus* y la de quienes, por el contrario, no encuentran elementos suficientes que permitan sostener
dicha identificación.

Fuera de la numismática, en cuyo ámbito tiene lugar esta
discusión, ninguna otra fuente vincula expresamente a Trajano
con el santuario. Junto al Hércules del Arco de Benevento (dedicado en otoño del 114), aparece un perro (animal que acompaña al Heracles tirio), un caballo y un olivo, lo que ha hecho pen-
sar a algunos estudiosos que podría ser una alusión al Hércules
de Gádir, pero no parece una hipótesis del todo convincente. Menos aún persuade la identificación de Trajano a Hércules venido
—como aquél— de Hispania a Italia para liberarla de los males
causados por Caco (héroe, por cierto, de dotes proféticas).

Los servicios oraculares del santuario de Gádir actuaban entonces, según García y Bellido, de dos formas distintas: en ciertos casos se recurría a él para que predijese acontecimientos (así
lo hicieron Aníbal o Cecilio Emiliano); en otros, la deidad se ma-
nifestaba a través de sueños de un modo imprevisto, es decir, sin
previa consulta, como anuncio del porvenir (el caso de César).
Un servicio de exégetas interpretaba en este caso el simbolismo
del sueño. Trajano recurrió al uso político de los sueños y cabe
dentro de lo posible que el *manteion* gaditano hubiera respaldado
sus aspiraciones políticas como hizo, por ejemplo, el oráculo de
Dídima, pero nada se nos dice al respecto: las fuentes silencian
la atracción del emperador por los dos procedimientos oraculares del *manteion* gaditano.

Dión de Prusa, en uno de sus discursos pronunciado en el
año 100 d.C., recuerda los favores de Trajano a cierta ciudad
como agradecimiento porque un oráculo había predicho su ascensión al trono imperial: «Pero no quiero insistir en que tales
concesiones son útiles e importantes, o en que no las han recibido muchas otras ciudades sino una sola, y ésta la más insigne
prácticamente de toda Asia, que tiene reputación tan grande ante
el emperador, porque fue su dios el que profetizó y predijo su subida al trono, y el primero que lo proclamó señor del universo.»

La ciudad y el oráculo no son, pues, expresamente mencionados por Dión, lo que explica que hayan sido varias las hipótesis formuladas. Sin embargo, un breve artículo publicado hace

años por C. P. Jones parece haber zanjado la cuestión al identificar dicho oráculo con el santuario de Apolo en Dídima, en las proximidades de Mileto. El primero de sus argumentos es una larga inscripción (fechada hacia el 101 o 102) en la que se recuerdan los trabajos de reconstrucción de la Vía Sagrada que conducía de Mileto al santuario llevados a cabo por orden de Trajano, *pontifex max(imus)*.

En cualquier caso en el año 101/102, si no antes, Trajano fue nombrado profeta *(prophetes)* del templo de Apolo Didimeo, recibiendo hacia el 116/117 el título de estefanéforo de Mileto *(stephanephoros)*. También fue honrado con varias estatuas en Mileto, la más antigua de las cuales parece fecharse en el año 103 d.C.

Evidentemente estos trabajos —así como otros llevados a cabo en la ciudad de Mileto— fueron una muestra del agradecimiento del emperador por el favorable oráculo que pocos años antes le había anunciado el trono de Roma y su condición de dueño del mundo. Jones apunta la hipótesis de que el oráculo hubiese sido emitido en Dídima en el año 79/80 a petición quizá de Trajano padre (procónsul de Asia entonces) acompañado ya de su hijo (en calidad de simple *privatus*).

Pero este mismo autor nos ofrece otro argumento adicional: la admiración que Trajano profesaba —ya antes de su ascensión al trono— hacia Alejandro. El rey macedonio había recibido precisamente del oráculo de Dídima el anuncio de la derrota y muerte del rey persa. En opinión de este Jones puede que la emulación de Alejandro llevara a Trajano a consultar el oráculo de Apolo de Dídima con la esperanza de que contribuyese a exaltar su gloria. No sería imposible que en el 113, cuando atravesó Asia Menor para emprender la campaña parta, Trajano hubiese recibido del oráculo, en una segunda consulta, expectativas favorables, como siglos antes le sucediera a Alejandro.

De hecho el hallazgo de nuevos fragmentos de cartas del emperador al santuario de Dídima, fechados a finales del 99 o comienzos del 100, ha venido a ratificar la hipótesis de Jones. Los nuevos hallazgos epigráficos podrían confirmar la existencia, según N. Ehrhardt y P. Weiss, de dos oráculos del dios de Dídima emitidos en momentos diferentes.

Aunque nada sabemos, pues, con seguridad del contenido exacto de la consulta de M. Ulpio Trajano podemos afirmar que ésta era de carácter político, bien acerca de las posibilidades de la «dinastía» o de la predestinación del hijo al poder.

Por último ¿fueron los trabajos de reconstrucción de la Vía Sagrada los únicos privilegios concedidos por Trajano al santuario? Probablemente no. En la citada inscripción que conmemora los trabajos de la vía se dice que «tuvo en cuenta la conveniencia de los milesios también en esto *(et in hoc quoque)*». Pero, al margen de las consultas de Trajano, sabemos que el santuario de Dídima mantuvo durante su reinado una notable actividad oracular siendo interesante observar que los motivos de la consulta son, sobre todo, de tipo cultural.

Pocas veces se guió Trajano por consejos oraculares divinos o por inspiraciones sobrenaturales. Es elocuente, en este sentido, un episodio narrado por Macrobio. Trajano hizo una visita al santuario del dios sirio Baal en Heliópolis (Siria), una de las grandes maravillas del Imperio; el hecho de que dicha divinidad semita fuera identificada con Zeus-Júpiter y conocida oficialmente con los mismos epítetos que el dios del Capitolio —*Optimus Maximus*— explica quizá que, en el año 114, se decidiese a consultar su oráculo —y no otro— sobre la suerte de la campaña parta que iba a iniciar; lo hacía —dice Macrobio— poco convencido, aconsejado o instigado por sus amigos. No parece que Trajano haya confiado en el papel político de los santuarios oraculares pese a que, como sabemos por una inscripción, el oráculo de Apolo en Dídima (Asia Menor) había anunciado su grandeza antes de que alcanzara el poder. Muy escéptico, pues, con el oráculo de Heliópolis, hizo llegar una nota al dios en la que figuraba una supuesta consulta. Zeus (Baal) ordenó que se le enviara una hoja sellada pero sin texto escrito alguno en su interior: era su respuesta a la tablilla que Trajano había dejado previamente en blanco. Fue entonces cuando, más interesado, quiso saber si regresaría a Roma, a lo que el dios respondió haciéndole llegar, envuelto en un sudario, un bastón de centurión cortado en varios trozos. Cuatro años después los restos mortales de Trajano llegaban a Roma.

La relación de Trajano con la adivinación de su tiempo es un tema absolutamente novedoso; baste recordar, por ejemplo, que la reciente biografía sobre Trajano de J. Bennet no incorpora ninguno de los aspectos tratados en este libro. Sin embargo, recientemente, Santiago Montero suple este vacío con una monografía titulada *Trajano y la adivinación: prodigios, oráculos y apocalíptica en el Imperio romano (98-117)*. La tesis del libro es la siguiente. Montero estudia más de once grandes catástrofes que sobrevienen durante el reinado de Trajano: sequías, desbordamientos del Tíber, incendios (Panteón, Domus Aurea), *monstrua*, rayos, plagas y, sobre todo, terremotos (como el del 115 en Antioquía), es decir, lo que los sacerdotes romanos calificaban de *prodigia* y que, por ser considerados graves avisos de los dioses, debían ser convenientemente expiados. Dicha relación pone de manifiesto —a los ojos de la religiosidad romana— una cierta indisposición de los dioses contra el emperador. El célebre relieve del *extispicium* del Louvre así como los textos relativos a las expiaciones de los prodigios ponen de manifiesto el importante papel que asumen durante su reinado los arúspices. Éstos, en opinión del autor, se mostraron contrarios al emperador alarmados quizá por la multiplicación de estos fenómenos extraordinarios. Dión Casio dice que poco antes del asedio de Hatra, Trajano cayó del caballo, cubriéndose inmediatamente con su manto para no ser reconocido. Partiendo de este pasaje y siguiendo muy de cerca los estudios de F. Blaive y de M. Meulder, ambos publicados en *Latomus*, Montero sostiene que Trajano se adapta perfectamente al mito indoeuropeo del Guerrero Impío, como Craso, César o, más tarde, Juliano. La causa tanto de los numerosos prodigios que se producen del 99 al 117 como de la caída del caballo no puede ser otra, en su opinión, que la comisión de algún acto impío por parte del emperador romano; en opinión del autor podría tratarse bien de su deseo de no enterrar el cuerpo de Cneo Pompeyo Longino o bien, más probablemente, de dar muerte al rey parto Parthamasiris en el momento en que éste le suplicaba. Siendo éste el núcleo del libro y sin duda la parte más interesante, el autor dedica el resto de la obra a la relación de Trajano con las diversas formas de adivinación. Cree el autor que la colaboración de Trajano con Dídima (como de igual forma el uso propagandístico de sueños premonitorios), antes de llegar al poder, se explica —siguiendo las opiniones de K. Strobel o de G. Alföldy— porque su can-

didatura al poder estaba lejos de estar garantizada dada la existencia de rivales políticos tan peligrosos como Cornelio Nigrino.
Interesante también la hipótesis avanzada por Montero de que
Trajano buscó la colaboración del Serapieion de Alejandría para
reprimir la revuelta judía de Alejandría en el 115-116. Demuestra
después Montero el enérgico rechazo de la astrología por parte
del emperador y, finalmente, la prolífica difusión de profecías mi-
lenaristas —judías, cristianas e iranias— por las provincias del
Imperio durante estos años, casi todas ellas de carácter antirro-
mano. Para concluir el libro, Montero estudia lo que llama las
«claves estoicas» que contribuyen en su opinión a explicar la am-
bigua actitud del emperador ante la adivinación de su tiempo. En
este estudio, extraordinariamente original, se nos presenta, pues,
la imagen de un Trajano acosado por los signos a causa, quizá,
de un grave gesto de impiedad, muy alejada de la del conquistador y buen administrador que todos conocemos. Desde luego la
obra no está exenta de aspectos discutibles como la pretendida
influencia estoica sobre el emperador. A mi juicio la actitud de
Trajano ante la adivinación parece explicarse mejor por un prag-
matismo o incluso por un cierto escepticismo. Pero en cualquier
caso las fuentes que él maneja son claras y la hipótesis del autor
parece sólida y merece, al menos, ser tenida en cuenta.

Honores a la Domus

Trajano, en la línea de Augusto, rechazó el culto a su persona en Occidente, consintiéndolo sólo en las ciudades de la *pars*
oriental donde ya existía una larga tradición del culto al soberano. Plinio subraya la modestia de Trajano al recordar que el emperador rehusó ser honrado, a diferencia de Domiciano, con estatuas de oro y marfil, privilegio exclusivo de los dioses. Pero en
las ciudades greco-orientales, la propaganda oficial no dudó en
hacer del emperador un auténtico *kosmokrátor*, que reinaba sobre las fuerzas de la naturaleza, yendo así más allá de la imagen
paternalista que proyectaba en Occidente. En las monedas acuñadas en Alejandría, por ejemplo, Trajano aparece asimilado a
Dioniso en un cortejo triunfal tirado por centauros.

No obstante, hacia su familia Trajano parece haber rebasado ampliamente los límites de la simple *pietas* familiar y de su condición de *primus inter pares*. Primero, y pese a la oposición del Senado, decretó a favor de Nerva, su padre adoptivo, todos los honores de la apoteosis, pronunciando personalmente el elogio fúnebre y levantando varios templos a su predecesor. Plinio nos recuerda que Trajano divinizó a Nerva no por razones personales discutibles como son el temor a indisponerse con los ciudadanos o a ofender a los dioses, sino porque creía verdaderamente que Nerva muerto era un dios *(qui deum credis)*.

Más tarde, en el año 112, deificó a su padre *(divus Traianus pater)* pese a que éste —muerto varios años antes— ni había reinado ni tampoco había formado parte en vida de la *Domus Augusta*. Su hermana Marciana, que ya en el 105 había recibido el título de *Augusta* y con él el derecho de efigie en las monedas, fue también consagrada por el emperador al morir; contrariamente a la costumbre, Ulpia Marciana recibió la *consecratio* antes de celebrarse las exequias fúnebres. Trajano —y más tarde su sucesor, Adriano— contribuyó, pues, a asegurar la práctica de la divinización de miembros familiares.

La religiosidad de los soldados

P. Herz ha estudiado recientemente la religiosidad de los soldados romanos en la época de Trajano. El ejército, por principios, practicaba la religión oficial romana.

Desde Augusto se juraba fidelidad al emperador. Este juramento, llamado *sacramentum*, en algún caso, como puntualiza Tertuliano, motivó roces con el Estado romano y mártires, ya que el *sacramentum* conllevaba varios rituales religiosos y se renovaba regularmente.

Los soldados rendían culto a las enseñas y a las divinidades propias de cada ciudad. Estos cultos obligaban a todos los soldados. Ciertos grupos, como los *signiferi*, los *tibicines*, los *aenatores*, etc., tenían sus propios cultos específicos.

P. Herz ha delineado el cuadro de las fiestas religiosas en el ejército de Trajano, aunque el único calendario que se conserva es el de la época de Septimio Severo (193-211). El culto al emperador y a la emperatriz, celebrados el 28 de enero y el 19 de septiembre respectivamente, ocupaba un lugar preferente en tiempos de Trajano.

En el ejército se celebraban como cultos religiosos la *mssio honesta* (7 de enero) y la fiesta de las entregas de los *signa natalis aquilae* y *natalis signorum*.

Carácter sacro tenían los votos, que se hacían por la salud del emperador o de su familia.

El ejército, el 3 de enero, día de la *muncupatio votorum*, hacía, igualmente, votos. Los votos también se repetían, muy probablemente, en honor de las damas de la familia de Trajano.

Se puede reconstruir el ceremonial religioso del ejército gracias a las *Cartas* de Plinio el Joven. El 3 de enero un pelotón desfilaba delante de las imágenes de Trajano, guardadas habitualmente en el *sacellum*, vestido con trajes de parada y adornado con guirnaldas. El sacrificio comenzaba con la ofrenda de vino e incienso, sobre el *foculum*, hecho por el comandante de las tropas. Los soldados podían repetir el texto o aclamar al soberano. A continuación se sacrificaban varios animales, cuyas carnes se quemaban y se renovaban los votos para el año siguiente. La ceremonia sagrada la dirigía el comandante del destacamento, seguía un banquete, en el que los soldados comían las carnes de los animales sacrificados.

Este ritual era idéntico al efectuado en el culto al emperador. Un importante ritual practicado en el ejército era el de la adoración de las insignias, entre las que destacaba la del águila, que guardaba el centurión más importante, el denominado *centurio primi pili*. El águila, que protegía a las tropas, recibía honores divinos. La imagen del águila en compañía de las imágenes del emperador se guardaban en el sagrario de las insignias. El centurión depositaba, al final del servicio, el bastón de mando delante del águila y hacía un sacrificio. A veces el sacrificio lo realizaba el comandante de la legión.

Todos los días delante de las insignias y de la imagen del emperador el comandante anunciaba el orden del día. Realizaba una *supplicatio*, con vino e incienso, y renovaba el juramento de fidelidad al emperador.

En las ceremonias religiosas, las imágenes del emperador y las insignias militares desempeñaban un papel importante. Estas ceremonias religiosas también se celebraban con motivo de la sumisión de poblaciones, o de reyes extranjeros. Los soberanos extranjeros adoraban las insignias del pueblo romano. Ciertas ceremonias religiosas se hacían durante el día en que el soldado se alistaba o se licenciaba del ejército.

Los soldados reclutados en el mismo año ofrecían un sacrifico común, que a veces realizaba el gobernador de la provincia. Con esta ocasión se colocaba un altar con los nombres de los soldados. Piensa H. Herz que alrededor del *Tropaeum Traiani*, terminado en el año 109, dedicado a Marte Ultor, para rendir homenaje a los 4.000 romanos muertos en las dos guerras dácicas, se celebrarían ceremonias religiosas periódicas. Igualmente se celebrarían las *Parentalia*, fiestas romanas de difuntos, el día de la muerte de los soldados, o en el aniversario. Quizá los cuerpos de los difuntos se depositaron dentro, pero no es seguro.

En la Columna Trajana y en el Foro Trajano de Roma algunas escenas describen gráficamente la participación de Trajano en las ceremonias religiosas del ejército. Varias veces se representa a Trajano, emperador y general supremo de las tropas de Dacia, realizando sacrificios.

Una ceremonia religiosa especialmente significativa consistía en un *suovetaurilia*, sacrificio de cerdo, oveja y toro para purificar las culpas de sangre. Este sacrificio se llamaba *lustratio*. Se pedía en ella la protección de los dioses para la campaña militar que iba a iniciarse. A Trajano se le representa junto al sacrificador, *camillus*, y al flautista, *tibicen*, con la cabeza cubierta por la toga, con la patera en la mano derecha, ofreciendo el sacrificio sobre el altar.

Escenas de *suovetaurilia* son bien conocidas en el arte romano, aunque fechadas en época diferente de la de Trajano, y son antiguas, como la celebrada por los soldados ante el altar dedicado a Marte en el llamado Altar de Domicio Aenobarbo, datado entre los años 115 y 70 a.C.; en el Arco de Augusto en Susa, en el Piamonte, fechado en tiempos de este emperador, en cuyo friso marchan al sacrificio un toro, una oveja, un cerdo y un carnero. En el Arco de Constantino, el emperador, acompañado de los soldados con el águila y los estandartes, ofrece un *suovetaurilia*.

Indica P. Herz que la ceremonia de estos sacrificios servía para que las poblaciones indígenas conocieran los rituales y los dioses romanos. Señala este autor, basándose en las inscripciones, que los soldados romanos también eran devotos de los dioses indígenas de los pueblos sometidos y los nativos de las deidades romanas. Se construían altares, se usaba el latín en las inscripciones de culto. Se hacía una interpretación romana de los dioses indígenas y se copiaba la arquitectura romana religiosa. En algunos santuarios se veneraban, al mismo tiempo, dioses romanos e indígenas. Las deidades más populares entre las poblaciones indígenas fueron la tríada capitolina, que se asimilaba a diferentes dioses del panteón indígena. Una prueba de la simbiosis entre deidades nacionales romanas, divinidades veneradas por los soldados y tradiciones religiosas de los territorios de procedencia de los soldados, la encuentra P. Herz en la inscripción que celebra el licenciamiento de los *equites singulares Augusti*, fechada en el año 132, cuyos soldados se habían alistado entre el 103 y 104. Cuarenta y siete soldados dan gracias a la tríada capitolina, a Marte, a Victoria, a los dioses campestres de los campos del ejercicio, a Epona, diosa celta de los caballos, muy venerada en Gallia y poquísimo en Hispania, y al *genius equitum singularium*. Junto a estos dioses menciona la inscripción a *Silvanus* de los Balcanes y a *Suleviae* del Bajo Rhin. La presencia de estos dioses prueba que el ejército romano integraba en su panteón diferentes dioses indígenas.

Capítulo 13

LA CULTURA LITERARIA EN LA ÉPOCA DE TRAJANO

Durante el gobierno de Trajano vivieron algunos historiadores y literatos de altura. Algunos ya habían producido parte de su obra en años anteriores o continuaron después.

Tácito

Tácito fue uno de los grandes historiadores de Roma, junto con Polibio, César, Salustio y Ammiano Marcelino. Había nacido a mediados del siglo I. Pertenecía a una familia originaria de *Gallia Narbonense* o *Cisalpina*. En el año 77 se casó con la hija del cónsul Cn. Julio Agrícola, cuya vida contó. En el año 88, año en el que se celebraron los Juegos Seculares, desempeñó la pretura y el quindecenvirato. Sus maestros de retórica en Roma fueron M. Aper y Julio Secundo. En su juventud se dedicó al Foro y llegó a ser famoso como orador. Fueron muy conocidos sus discursos a la muerte de Verginio Rufo y su defensa de la provincia de África en el año 100.

Llegó a ser senador en el año 97 y desempeñó altos cargos durante la dinastía de los Flavios, como el de gobernador de Asia en el 112-113. La publicación de su obra coincidió con los años del gobierno de Trajano. Sus dos obras de historia fueron los *Anales*, sobre la dinastía Julio-Claudia, y las *Historias* sobre la etapa de los Flavios (69-96). En ambas obras alaba la virtud y censura el vicio. También pretendió dar consejos prácticos. Se interesó por las intrigas y las traiciones alrededor de los Césares. Analizó con mano maestra el funcionamiento del poder y su corrupción. Por ello fue tan alabado por los hombres del Renacimiento, Maquiavelo y Guiciardinni. Admiraba siempre a personajes, como su suegro Cn. Julio Agrícola, que fue el mejor gobernador que tuvo Britannia. Defendió la oposición al poder y alabó la resistencia e independencia a la corrupta civilización romana, que hacía agradable el vicio, como los banquetes y los baños. Sus obras carecen de detalles, aunque describió bien la política imperial. Rasgos de su estilo son la ambigüedad y la ironía. Es famoso su retrato de Tiberio, el mejor administrador del Imperio romano, según Mommsen, que terminó odiado por el pueblo y que fue un hipócrita consumado según le pintó Tácito.

El historiador tuvo una concepción pesimista de la Historia. El mundo era el reino del azar, sin providencia divina. Nada estaba prefijado en su destino por los planetas, como defendían los estoicos, o por vínculos de carne o afecto. En su obra los dioses desempeñan un papel secundario. Su postura ante los portentos fue equívoca. A los dioses no les interesaba la felicidad del Estado romano, sino su castigo. Tácito creía que la historia estaba corrompida por el deseo de alabar a los emperadores actuales y denigrar a los difuntos.

Plutarco

Plutarco es el escritor griego más importante de este periodo. Había nacido en Queronea, ciudad de la que estuvo muy orgulloso toda su vida. De joven recibió el influjo de las filosofías platónica, peripatética y estoica. Logró obtener un conocimiento profundo del platonismo medio y recogió toda la problemática de final del helenismo. Se mantuvo durante toda su vida en excelentes relaciones con el oráculo de Delfos. Visitó Roma varias veces y sabía latín.

Entre los mejores amigos que tuvo se encontraba el cónsul Q. Sossio Senecio, hombre de confianza y de gran influjo sobre Trajano. Pertenecía al orden ecuestre. Fue también procurador de las propiedades imperiales en Asia. Plutarco no influyó en la vida política contemporánea, ni lo pretendió nunca. Fue honrado, sabio y profundamente humano. Desarrolló una gran actividad como escritor. Su obra más famosa fueron las *Vidas paralelas* y las *Moralia*, que son ensayos, diálogos y obras misceláneas. En cada una de las *Vidas parelelas* describía la vida de un griego, comparándola con la de un romano, a los que emparejaba por tener ciertos puntos en común. Esta obra alcanzó un gran influjo en el Renacimiento. La obra tenía una finalidad moral al señalar los vicios y las virtudes de los grandes hombres. Demostró gran habilidad para escoger los detalles.

Las *Moralia* admiten la comparación con la obra de Séneca, el filósofo (4 a.C.-68). Plutarco es más rico en la erudición que el filósofo cordobés. Criticó alguno de los aspectos del estoicismo. El influjo de las *Moralia* fue grande en los ensayistas ingleses y franceses.

Importantes para conocer su pensamiento son los cuatro *Diálogos* sobre el Oráculo de Delfos, en los que trató de su antigüedad, de la profecía y de la naturaleza del mal y del destino del alma en la ultratumba, tema este último que abordó en la perdida obra *Sobre el alma*.

En los *Diálogos* trató temas mitológicos y filosóficos. En el *Signo divino de Sócrates* narró la liberación de Tebas de la dominación espartana del 379 a.C. En el *Erótico* analizó el amor homosexual y el heterosexual. Los diálogos de Plutarco acusan influjo de los diálogos platónicos.

Dión Crisóstomo

Había nacido en *Prusa* de Bitinia hacia el año 40 y murió después del año 112. Pertenecía a una rica familia de la ciudad. Fue sofista y enemigo de la filosofía. Domiciano le obligó a exiliarse y no podía permanecer ni en Italia ni en Bitinia, lo que le obligó a llevar una vida de vagabundo. Visitó *Boriscenes* en el *Ponto Euxino* o mar Negro y, posiblemente, *Moesia* y Dacia. Nerva le levantó el destierro. Después logró hacerse amigo de Trajano. Para Dión, Trajano era el ideal del sabio estoico. A partir de este momento viajó como filósofo popular. Se conocen 80 títulos de sus obras, que recogen tanto ideas teológicas, como lógicas, políticas y éticas. En su pensamiento influyeron Sócrates, Platón, los estoicos (Cleantes y Posidonio), los cínicos (Antístenes, Diógenes y la Diatriba). Sus conferencias son una fuente importante para el conocimiento de la historia de la cultura, principalmente en el este de Grecia en torno al año 100.

Plinio el Joven

Nació en *Novum Comum* (Como) y fue sobrino de Plinio el Viejo. Estudió con el maestro de retórica hispano Quintiliano (35-95). En el año 82, estuvo como tribuno militar en Siria. Su carrera civil fue muy completa y alcanzó puestos relevantes en la administración. En el año 91-92 fue tribuno de la plebe. En los años 95 y 96 desempeñó la *praefectura aerarii militaris*, y en el año siguiente la *prefectura aerarii Saturni*. En el año 100 fue designado cónsul. Durante su consulado leyó el *Panegírico de Trajano*, que un año después publicó. En el año 103 fue augur y entre los años 104 y 107 cuidó de las orillas del Tíber y de las cloacas de Roma. Mantuvo buena amistad con Tácito. El emperador lo envió como legado consular a Bitinia. Su obra más famosa fue la correspondencia cruzada entre él y su amigo Trajano. Su labor como abogado quedó bien manifiesta en las *Cartas*, escritas con un estilo elegante. Plinio el Joven describió en ellas los deberes públicos, pero de un modo un tanto idealizado.

Marcial

Nació en *Bílbilis*, pero pasó gran parte de su vida en Roma. Le ayudaron a abrirse camino en la capital del Imperio sus compatriotas Séneca y Lucano, que le recomendaron a L. Calpurnio Pisón, a la viuda de Lucano y a Silio Itálico. Marcial mantuvo amistad con Juvenal durante su estancia en Roma. El poeta recibió de Domiciano el *ius trium liberorum* y el rango de caballero. En el 98 volvió de Roma, al no alcanzar de Nerva y de Trajano sus pretensiones, hastiado de la vida de la gran ciudad. Escribió doce libros de epigramas, que publicó anualmente y le dieron gran fama, y uno sobre los *espectáculos*. Creó el epigrama en el sentido moderno del término, que se caracteriza por su brevedad y su ingenio. Marcial no cultivó otro género literario. Algunos epigramas tienen un carácter obsceno. Describió todos los vicios que Juvenal no tocó. No fue partidario de la crítica de Juvenal a la sociedad. Frecuentemente se le ha acusado de que fue el causante de la decadencia moral de Roma, lo mismo que Juvenal, pero ello no es cierto. En la vida corriente de los ciudadanos no encontró Marcial los argumentos para sus epigramas. Buscó siempre lo grotesco y lo absurdo. Algunos epigramas cuentan situaciones puntuales de la vida cotidiana. Otros celebran fiestas alegres concretas de la sociedad, como cumpleaños y bodas. Aduló a los emperadores siguiendo la costumbre tradicional de todos los poetas que no eran ricos. La finalidad que se proponía Marcial en sus escritos era divertir a los lectores.

Juvenal

Había nacido en *Aquincum*, Italia. El estilo de las quince sátiras que se conservan es denso y declamatorio. Sus poesías no siguen la tradición de la sátira romana. Juvenal dio en su obra muy pocos detalles de su personalidad, al revés de Lucilio (180-102 a.C.) y Horacio (65 a.C.-27). Sus sátiras recuerdan en algunos aspectos a Lucrecio (97-53). Sin embargo, el influjo de la obra de Virgilio (70 a.C.-19) es bien patente.

Algunas sátiras poseen un sentido moral elevado, pero en la mayoría atacó duramente el comportamiento humano, por ser malo y vulgar. Juvenal fue un gran observador social, Su sátira sexta es, probablemente, el ataque más duro que recibieron las mujeres en la Antigüedad. Las sátiras están frecuentemente llenas de ejemplos. Ataca la vanidad de los árboles genealógicos que no vale para nada.

También señaló la inutilidad de las aspiraciones del hombre, como la belleza, la fama, el poder, la longevidad, presentando ejemplos precisos, como Príamo, Alejandro Magno, Aníbal o Cicerón.

Juvenal describió las cosas tal y como sucedieron en realidad, ya que fue un observador magistral y tuvo una vista fina para captar los detalles.

Silio Itálico

Silio Itálico pasó la mayor parte de su vida tranquilamente en sus villas de *Campania*, pues era muy rico. Su poema épico *Punica*, en 17 libros, es el más largo de los poemas clásicos de tema mitológico. Su lectura es muy pesada. En el 69 desempeñó el consulado. Utilizó como fuente de información para su obra a Tito Livio, y en menor medida analistas como Valerio, que vivió en el siglo I a.C., y escribió 75 libros. Su lenguaje es sencillo. Como fuente histórica el valor del poema es escaso. Virgilio fue su poeta preferido. Silio Itálico fue citado pocas veces en la Antigüedad y en la Edad Media.

CONCLUSIONES

Los diecinueve años del gobierno de Trajano, el primer provincial y el primer hispano que llegó a ser emperador de Roma, coinciden con el momento de máxima extensión territorial del Imperio romano. Los escritores, tanto griegos como romanos, y toda la historiografía moderna, desde Voltaire hasta nuestros días, han considerado a Trajano el mejor emperador que tuvo Roma, junto a Augusto y Constantino para los cristianos. Su gobierno confirma este juicio altamente favorable. Su actuación al frente del Imperio fue excelente en todos los aspectos, tanto en los referentes a la política interior, como en la militar y en la religiosa. Los años de Trajano coinciden con uno de los momentos cumbres del arte romano, sobre todo en arquitectura, rodeándose de arquitectos, como Apolodoro de Damasco, que demostró con sus construcciones ser uno de los mejores arquitectos de toda la Antigüedad y de todos los tiempos, y que marca un punto de partida en la arquitectura romana. Con Trajano comienza la escultura típicamente romana. Fueron contemporáneos de Trajano algunos historiadores y literatos de primera fila como Tácito, Plutarco, Marcial y Juvenal, y otros que, sin alcanzar la talla de los anteriores, produjeron obras importantes, como Dión Crisóstomo y Silio Itálico, este último el más flojo de todos. Trajano demostró una gran habilidad en su gobierno. Se rodeó de personas totalmente fieles y muy preparadas para el desempeño de la función que les encomendaba el emperador. Gobernó rodeado de un clan hispano que había empezado a actuar en la administración durante el reinado de Vespasiano. Continuaron utilizando sus servicios sus dos hijos, Tito y Domiciano, y el sucesor de este último, Nerva.

El jefe del clan fue L. Licinio Sura, que hasta su muerte fue la mano derecha del emperador. El momento de mayor actuación en la política imperial del clan hispano son los años que Trajano estuvo al frente del Imperio.

El emperador traspasó este clan, que había logrado una gran experiencia en la administración imperial, a su sucesor Adriano, que se sirvió de él durante la primera mitad de su gobierno. Trajano no prescindió de otros personajes de gran preparación para la guerra. Un gran acierto de la política de Trajano fue aceptar el programa de los emperadores Flavios, que era muy acertado en sus más variados puntos, continuado por Nerva, que cumplió punto por punto. Este programa era más bien del último de los Flavios, de Domiciano.

Plinio el Joven, en el *Panegírico*, que pronuncia ante el Senado dos años después de la subida de Trajano al poder, señalaba al emperador cuatro puntos fundamentales a seguir en el gobierno: sometimiento a las leyes; libertad absoluta de los senadores en su actuación; óptimas relaciones entre el emperador y el Senado, y la práctica de la adopción.

Trajano fue cumplidor exacto de toda la legislación vigente. Con el Senado mantuvo unas excelentes relaciones, demostrando una gran habilidad al hacer creer siempre que éste era el primer y principal órgano de gobierno del Imperio, al mismo tiempo que lo atraía a sus deseos, como ya hiciera Augusto. El Senado, como lo demuestran bien claramente las monedas, aparentemente gobernaba, pero en realidad era el emperador quien lo hacía.

Trajano estuvo en buenas relaciones con el pueblo, al que halagó con reparticiones de dinero y con numerosas fiestas.

Igualmente se entendió muy bien con el ejército. Trajano fue ante todo un militar. La guerra era su ambiente. No se tiene noticia de ninguna sublevación del ejército durante su gobierno. Su afán de gloria militar le llevó, en opinión del gran historiador Dión Casio, a la guerra contra los partos, de la que salió victorioso, pero las recientes conquistas eran insostenibles, como lo comprendió claramente su sucesor Adriano, que las abandonó inmediatamente.

El Imperio romano no solucionó con Trajano el problema parto, que quedó pendiente hasta el final de la Antigüedad.

Trajano no sólo fue un excelente general, siempre victorioso, sino un magnífico gobernador de los territorios ocupados. La romanización de las regiones conquistadas fue rápida y profunda, lograda con la creación de colonias y de municipios, y con el asentamiento en ellos de los veteranos de la guerra, con la extensión del Derecho y de la vida romana, con el desarrollo del comercio a gran escala, favorecido por las vías de comunicación creadas recientemente.

Los territorios de Europa a los que prestó especial atención, Dacia, *Moesia, Pannonia, Illyricum* y Dalmacia, eran ricos en minerales. Trajano explotó las minas inmediatamente, punto importante del gobierno, al encontrarse varias zonas mineras de Hispania, que había desempeñado un papel fundamental en la economía romana durante la República y los comienzos del principado. Algunas estaban ya agotadas, como las de *Carthago Nova,* y otras en franca decadencia, como las de Sierra Morena.

La colonización de Dacia y de otras provincias de Europa motivó un gran desarrollo de la agricultura, que fue la base principal de la economía durante toda la Antigüedad.

En los años de gobierno de Trajano no se detectan huellas de crisis en todo el Imperio.

Los emperadores anteriores a Trajano habían prestado especial atención al embellecimiento de Roma, dotándola de excelentes conjuntos monumentales.

Así, a Augusto, o a sus contemporáneos, en Roma se debe el Foro de Augusto y el templo de Marte Vengador, los teatros de Marcelo y de Balbo, así como el *Ara Pacis Augustae*. Tiberio levantó la imponente villa de Capri, y Nerón la *Domus Aurea*, obra de los arquitectos Severo y Celer, que ocupaba unas 50 ha. Este edificio marca un hito en la arquitectura romana. La *Domus Aurea* es el primer palacio imperial ejecutado según modelos helenísticos. Fue el primer palacio de Occidente.

En la época de Vespasiano se construyeron en Roma el Templo de la Paz y el Foro. A su hijo Tito se deben unas termas. Domiciano terminó la *Domus Flavia* comenzada por su padre sobre el Monte Palatino, de menor tamaño que la *Domius Aurea neroniana*. El gigantesco Coliseo de Roma va unido a la dinastía Flavia.

Trajano, con las grandes construcciones del Foro y la Basílica, de las termas y de los mercados, no fue a la zaga, en el embellecimiento de Roma, de sus predecesores en el Imperio.

Trajano demostró un interés notable por la cultura. Baste recordar las dos bibliotecas próximas a la Columna Trajana y las costeadas en las provincias por particulares. Cumplió el último punto señalado por Plinio al emperador. Desaparecido L. Licinio Sura, eligió al mejor sucesor que tenía a su alcance, Adriano, y acertó plenamente en la elección, con lo que acabó con las luchas internas en la sucesión. Se rompía así con la línea femenina que predominó en la dinastía Julio-Claudia.

Un rasgo típico del carácter de Trajano fue su vigilancia directa del gobierno en las provincias, como se desprende de la correspondencia entre el emperador y Plinio.

Trajano se colocó en posición subordinada a Júpiter, cuando ya Calígula y Domiciano se habían divinizado en vida.

El emperador hispano no abandonó al campesinado, como lo prueba la continuación de los *alimenta*. Se ocupó de divertir al pueblo y conceder créditos baratos a los campesinos.

Trajano fue, en resumidas cuentas, un excelente continuador de la política flavia que puso las bases de la gran prosperidad de los decenios posteriores y fue el iniciador de una dinastía de origen hispano, la Ulpio-Aelia.

Igualmente estuvo muy unido a su familia y a sus amigos. Era profundamente humano, de buen carácter y su gobierno fue paternalista. Divinizó a su padre, lo que no era costumbre. Nunca se manchó con sangre de un compatriota. Trajano dio un alto ejemplo a imitar a los gobernantes de todos los tiempos y de todas las culturas.

BIBLIOGRAFÍA FUNDAMENTAL

Abascal, J. M. (1989): «Algunas observaciones sobre la participación hispana en las guerras dácicas de Trajano», *Anejos de Gerión 2. Hom. al Prof. S. Montero Díaz*, 345-355.

Alföldy, A. (1948-1949): «Rhin and Donau in der Kaiserzeit», *Jahr. Ges. pro Vindonissa*, 5-21.

— (1952): «The moral barrier on Rhine and Danube», en E. Birley (ed.) *III. Congress of Roman Frontier Studies* (Newcastle 1949). Durham, 1-16.

— (1959): «Die Truppenverteilung der Donaulegionen am Ende des 1. Jahrhunderts», *AArchHung* 11, 113-141.

— (1967): «Die Legionslegaten der rômischen Rheinarmeen», *EpSt* 3, 74-101.

— (1984): «Drei städtische Eliten im rômischen Hispanien», *Gerión* 2, 193-238.

Alföldy, G. y Halfmann, H. (1973): *El Edetano M. Cornelius Nigrinus Curiatius Maternus. General de Domiciano y rival de Trajano*. Valencia, Chiron 3, 331-373.

Amarelli, F. (1983): *Consilia Principum*. Nápoles.

Amit, M. (1965): «Les moyens de communication et la défense de l'Empire Romain», *PP* 102, 207-222.

Applebaum, S. (1950): «Notes on the Jewish revolt under Trajan», *JournJewSt* 2, 26-30.

— (1951): «The Jewish Revolt in Cyrene in 115-117 and the subsequent recolonization», *JJS* 2, 177-186.

Arnim, H. von (1898): *Leben und Werke des Dio von Prusa*. Berlín.

Baldwin, B. (1983): *Suetonius*. Amsterdam.

Balil, A. (1967): «Los senadores hispanorromanos desde Trajano a Commodo», *Saitabi* 18.

Balty, J. (1981): «La mosaïque au Prôche-Orient I. Des origins à la Tétrarchie», *ANRW* II.12.2, 347-429.

— (1995): *Mosaïques antiques du Prôche-Orient. Chronologie, iconographie. interprétation.* Besançon.

Barnest, T. D. (1989): «Trajan and the Jews», *JJS* 40, 145-162.

Barraca, P. (coord.) (1998): *En el año de Trajano. Hispania. El legado de Roma.* Zaragoza.

Barral y Altet, X. (1978): *Les mosaïques romaines et médiévales de la Regio Laietana.* Barcelona.

Barzano, A. (1985): «Roma e i Parti tra pace e guerra fredda nel I secolo dell'Impero», en M. Sordi, *La pace nel Mondo Antico*, Milán, 211-222.

Baur, P. V. C. y Rostovtzeff, M. I. (1932): *The excavations at Dura-Europos. Third season. Preliminary report.*

Beaujeu, J. (1955): *La religion romaine à l'apogée de l'Empire, vol. I: la politique religieuse des Antonins (96-192).* París.

Becatti, G. (1961): *Scavi di Ostia. IV.* Roma.

— (1965): «Alcune caratteristiche del mosaico bianco-nero in Italia», *CMGR* I, 15-28.

— (1975): «Alcune caratteristiche del mosaico policromo in Italia», *CMGR* II, 173-179.

— (1982): «La colonna Traiana, espressione del rilievo storico romano», *ANRW* II, 12.1, 536-578.

Belloni, Y. (1973): *Le monete di Traiano. Catalogo del Civico Gabinetto Numismatico.* Museo Arch. di Milano, Milán.

— (1982): «Prospettive ideologiche e realtà politica in Dacia nei riflessi della monetazione romana», en *La Dacia preromana e romana, i rapporti con l'Impero.* Roma (1980), 53 ss.

Bennet, J. (1997): *Trajan Optimus Princeps. A Life and Times.* Londres-Nueva York.

Beranger, J. (1965): «La notion du Principat sous Trajan et Hadrien», en *Les Empéreurs romains d'Espagne.* París, 27 ss.

Berchem, D. Van. (1939): *La distribution de blé et d'argent à la plèbe romaine sous l'Empire.* Génova.

Bergareggi, E. (1975): «Le opere di Traiano, imperatore spagnolo, nella documentazione numismatica», *Numismatica* 25, 31-40.

Berge, C. de la (1877): *Essai sur le règne de Trajan.* París.

Bertinelli, M. A. (1979): *Roma e l'Oriente.* Roma.

Bianchi Bandinelli, R. (1973): «Il maestro delle imprese di Trajano», en *Storicità dell'arte classica. Firenze* 1939, 3ª ed.

— (1981): «La columna Trajana: documento artístico y documento político (o de la libertad del artista)», en id., *Del Helenismo a la Edad Media.* Madrid, 113-127.

Birley, A. (1962): «The oath not to put Senators to death», *ClassRev.* 12, 197-199.

Birley, E. B. (1953): *Roman Britain and the Roman army*. Kendal.

Blake, E. (1930): «The Pavements of the Roman Buildings of the Republic and Early Empire», *MAAR* VIII, 7-160.

— (1936): «Roman Mosaics of the Second Century», *MAAR* XIII, 67-214.

Blamberg, J. E. (1976): *The public image projected by the Roman emperors (A.D. 69117) as reflected in contemporary imperial coinage*. Indiana Univ.

Blanco, A. (1978): *Corpus de Mosaicos Romanos de España* I-II. Madrid.

— (1982): «La Itálica de Trajano y Adriano», en *Itálica (Santiponce-Sevilla), EAE 121*. Madrid, 293-298.

Blázquez, J. M. (1978*a*): *Economía de la Hispania Romana*. Bilbao, 387-459.

— (1978*b*): *Historia económica de la España Romana*. Madrid, 144-222.

— (1981-1998): *Corpus de Mosaicos Romanos de España* III-XII. Madrid.

— (1982): *Historia de España II. España Romana*. Madrid, 425-470, 481-494.

— (1987): «El estado de Burebista y los pueblos de la península Ibérica en época helenística. Semejanzas y diferencias», *Gerión* 5, 195-209.

— (1998): *Estado actual sobre las explotaciones romanas de oro de la provincia de León*. Astorga.

— (2000): *Los pueblos de España y el Mediterráneo en la Antigüedad*. Madrid, 378-460.

Boerw, W. den, (1975): «Trajan's deification and Hadrian's sucesión», *AncSoc*. 6, 203-212.

Bourgey, L. (1954): *Monnaies de l'empéreur Trajan*. París.

Bowersok, G. W. (1969): «Suetonius and Trajan», en *Hom. M. Renard I. Bruxelles*, 119-125.

— (1970): «The annexation and initial garrison of Arabia», *ZPE* 5.1, 37 ss.

— (1971): «A report on Arabia Provincia», *JRS* 61, 219-242.

— (1983): *Roman Arabia*. Princeton.

Bravo, A. (1973): «Sobre el carácter guerrero-pacífico del rey ideal en la segunda sofística», *Helmantica* 24, 551-558.

— (1983): «Notas sobre el tema de la concordia en Dión de Prusa», *Habis* 4, 81-95.

Brisson, J.-P. (ed.). (1969): *Problèmes de la guerre à Rome. Introduction*. París-La Haya, 1-19.

Bruneau, Ph. (1981): «Tendances de la mosaïque en Grèce à l'époque impériale», *ANRW* II.12.2, 320-346.

Bulst, Ch. M. (1959): *Tacitus and die Provinzen*. Heidelberg.

Bullon, E. (1935): *La política social de Trajano*. Madrid.

Caballos, A. (1987-88): «M. Trahius, C.f., magistrado de la Itálica tardo-republicana», *Habis* 18-19, 299-317.

Campbell, J. B. (1984): *The Emperor and the Roman Army (31 BC-AD 235)*. Oxford.

Canto, Alicia M.ª (1991): «*CIL* VI 10229: ¿El testamento de Licinio Sura?», *Chiron* 21, 277-324.

— (1999): «*Saeculum Aelium. Saeculum Hispanum:* Promoción y poder de los hispanos en Roma» en: *Hispania. El legado de Roma. En el año de Trajano* (catálogo de la exposición). Zaragoza-Madrid. 1998. 209-224 (en la 2.ª ed. Mérida, 233-251).

— (2002): *Las Raíces Béticas de Trajano. Los Traii de la Itálica turdetana, y otras novedades sobre su familia*. Sevilla (Fundación Itálica de Estudios Clásicos).

— (2003): «La dinastía Ulpio-Aelia (96-192 d.C.): Ni tan "Buenos", ni tan "Adoptivos", ni tan "Antoninos"», *Gerión* 21.1, en prensa.

Carandini, A. (1966): «Roma, anno 112: la III Orazione "Peri Basileias" di Dione di Prusa, Trajano philoikeios e unna gemma del Museo Nazionale di Napoli», *ArchClass* 18, 125-141.

Castillo, C. (1982*a*): «Los senadores béticos. Relaciones familiares y sociales», en *Epigrafia e Ordine senatorio 2. Tituli* 5, Roma, 465-519.

— (1982*b*): «El famoso testamento del cordobés Dasumio», en *Actas del I Congreso andaluz de Estudios Clásicos*. Jaén, 159-163.

— (1984): «Los senadores de la Bética: onomástica y parentesco», *Gerión* 2, 239-250.

Castro, A. D. (1972): *Tacitus and the virtues of the Roman emperor: the role of Imperial propaganda in the historiography of Tacitus*. Diss. Indiana Univ.

Citroni, M. (2002): «L'immagine della Spagna e l'autorappresentazione del poeta negli epigramma di Marziale» en G. URSO (coord.), *Hispania terris omnibus felicior. Premesse et esiti di un processo di integrazione*. Pisa, 281-301.

Cizek, E. (1981): «Plinio il Giovane e la conquista della Dacia», *QC* 3, 63 ss.

— (1983): *L'époque de Trajan. Circonstances politiques et problemes ideologiques*. París.

— (1994): «A propòs de la guerre parthique de Trajan», *Latomus* 53. 2, 376-385.

Condurachi, E. (1982*a*): «Riflessi della propaganda politica e della strategua militare sul rilievi della colonna di Traiano», en *L'Esame storico-artistico della colonna Traiana (Roma 1978)*, 7-19.

— (1982b): «La Dacia romana e i suoi problemi strategici e politici», en *La Dacia preromana e romana; i rapporti con l'Impero (Roma 1980)*, 99 ss.

Constantinople, G. R. (1981): *The development of Trajan's political program in the coins reverses of the Roman Mint*. Univ. of North Carolina Chadell.

Corno, D. del (1980): «Studi recenti su Dione di Prusa», *Athenaeum* 58, 191-193.

Cotton, H. (1984): «The concept of indulgentia under Trajan», *Chiron* 14, 245-266.

Crook, J. A. (1955): *Consilium Principis. Imperial councils and consellors from Augustus to Diocletian*. Cambridge.

Cumont, F. (1940): «Trajan 'kosmokràtor'», *REA* 42, 1940, 408-411.

Chapot, V. (1967): *La frontière de l'Euphrate: de Pompée à la conquête arabe*. París.

Charlesworth, M. P. (1926): *Trade routes and the commerce of the Roman Empire*. Cambridge (2.ª ed.).

— (1951): «Roman trade with India. A resurvey», en *Studies in Roman economic and social history in honour of A. Ch. Johnson. Princeton*, 131-153.

Daicoviciu, H. (1959): «Osservazioni in torno alla colonna Traiana», *Dacia* 3, 311-328.

— (1960): «Dacia capta», *Klio* 38, 174-184.

— (1975): «Dacians and Romans in Trajan's province», en *Relations between the Autochtonous population and the migratory populations*. Bucarest, 33 ss.

Darmon, J. P. (1981): «Les mosaïques en Occident I», *ANRW* II.12.2, 266-319.

Davies, G. A. T. (1917): «Trajan's first Dacian war», *JRS* 7, 74-79.

Degrassi, A. (1936): «Fu Traiano a rinunciare alla Mesopotamia?», en *RFIC* 64, 410 ss.

Desideri, S. (1958): *La Institutio Tratani*. Génova.

Domaszewski, A. von (1902): *Die politische Bedeutung des Trajansbogens in Benevent*. Leipzig.

Domergue, C. L. (1990): *Les mines de la Peninsule Iberique dans l'Antiquité Romaine*. París, 253-307.

D'Ors, A. (1955): *Panegírico de Trajano de Plinio el Joven. Traducción y notas*. Madrid.

Ducan Jones, R. P. (1964): «The purpose and organisation of the Alimenta», *PBSR* 32, 123-146.

Dudley, D. R. (1968): *The world of Tacitus*. Londres.

Dunbabin, K. M. D. (1999): *Mosaics of the Greek and Roman World*. Cambridge.

Durry, M. (1933): «Le règne de Trajan d'après les monnaies», *RH* 57, 4 ss.

— (1965): «Sur Trajan père», en *Les Empéreurs romains d'Espagne*. París, 51 ss.

Dyson, S. L. (1985): *The creation of the roman frontier*. Princeton.

Eck, W. (1970): *Senatoren von Vespasian bis Hadrian*. Munich.

— (1978): «Zum neuen Fragment des sogenannten Testamentum Dasumii», *ZPE* 30, 277-295.

— (1982): «Jahres-und Provinzialfasten der senatorischen Statthalter von 69/70 bis 138/139 (1)», *Chiron* 12, 281-362.

Edmonson, J. C. (1987): *Two Industries in Roman Lusitania. Mining and Garum Production*. B.A.R. International Series 362. Oxford.

Ehrhardt, N. y WEISS, P. (1995): «Trajan. Didyma und Milet. Neue Fragmente von Kaiserbriefen und ihr Kontext», *Chiron* 25, 315-355.

Engel, J.-M. (1972): *Tacite et l'étude du comportement collectif*. Lille.

— (1974): «Tacite: le "certamen" et ses conséquences politiques», en *L'idéologie de l'impérialisme romain. Colloque de Dijon (18-19 oct. 1972)*. París, 32-41.

Espinosa, U. (1982): *Debate Agrippa-Mecenas en Dión Cassio*. Madrid.

Étienne, E. (1965): «Les sénateurs espagnols sous Trajan et Hadrien», en *Les Empereurs romains d'Espagne*. París, 55 ss.

— (1982): «Sénateurs originaires de la province de Lusitanie», en *Epigrafia e ordine senatorio II. Tituli* 5, 521-529.

Fanizza, L. (2001): *Senato e società da Augusto a Traiano*. Bari.

Fernández Galiano, D. (1980): *Los mosaicos hispanos de esquema a compás*. Guadalajara.

Fittschen, K. (1972): «Das Bildprogramm des Trajansbogens zu Benevent», *AA* 87, 742-788.

Florecu, F. B. (1965): *Das Siegesdenkmal von Adamklissi Trophaeum Traiani*. Bonn-Bucarest.

Foucher, L. (1975): «Le char de Dionysos», *CMGR* II, 55-61.

Frankfort, Th. (1953-1954): «Étude sur les guerres orientales de Trajan», *Phoebus* 8.

— (1954-1955): «Étude sur les guerres orientales de Trajan II», *Phoebus* 9.

— (1957): «Trajan optimus. Recherche de chronologie», *Latomus* 16, 333-334.

— (1962): «Le retour de Trajan aux apparences républicaines», *Latomus* 21, 134-144.

Frankfurter, D. (1992): «Lest Egypt's City be Deserted: Religion and Ideology in the Egyptian Response to the Jewish Revolt (116-117 C.E.)», *JJS* 43. 2, 203-220.

Fuks, A. (1953): «The Jewish revolt in Egypt AD 115-117 in the light of the Papyri», *Aegyptus* 33, 131 ss.
— (1961): «Aspects of the Jewish revolt in Egypt AD 115-117», *JRS* 51, 98-104.
Gagé, J. (1933): «La théologie de la Victoria impériale», *RH* 171, 1 ss.
García y Bellido, A. (1959): «La "modestia" de Trajano ante la recepción del Imperio», *EClàs* 111.14, 3-9.
— (1972): *Arte Romano*. Madrid, 337-383.
Garer, W. (1974): «Zum Bildprogramm des Trajansbogens von Benevent», *JDAI* 89, 1974, 308-335.
Garnsey, P. (1968): «Trajan's alimenta; some problems», *Historia* 17, 367-381.
— (1988): *Famine and food supply in the graeco-roman world. Responses to risk and crisis*. Oxford.
Garzetti, A. (1971): *Problemi dell'età traianea*. Génova.
— (1976): *From Tiberius to the Antonines*. Londres.
Garzón, J. A. (1988): «La política alimentaria desde Trajano a Antonino Pío en la propaganda numismática», *Studia Historica* 6, 165-174.
Gaudemet, J. (1965): «La jurisdiction provinciale d'après la correspondence entre Pline et Trajan», *RIDA* 11, 335-353.
Gil, J. (1986): «La inscripción italicense de Trahius», *Gerión* 4, 325-327.
Giovanini, G. (1987): «Pline et les délateurs de Domitian», en G. Giovanini y D. van Berchen (ed.), *Opposition et résistance à l'Empire d'Auguste à Trajan (Genève 1986)*, 219-240.
Goelzer, H. (ed.) (1978): *Tacite, Historiés*. París.
González J. (1987): «Trajano: Part(h)icus, trib. pot. XIIX, imp. X», *AEA* 60, 237-250.
— (ed.) (1993): *Imp. Caes. Nerva Traianus Aug.* Sevilla.
— (2000): *Trajano emperador de Roma*. Roma.
González Conde, M. P. (1991): *La guerra y la paz bajo Trajano y Adriano*. Madrid.
Gostar, N. (1979a): «L'armée romaine dans les guerres daces de Trajan (101-102, 105-106)», *Dacia* 23, 1-8.
— (1979b): «Les guerres daciques de Trajan d'après les inscriptions», en *Actes du VIIe. Congrès Int. d'Epigr. Grecque et Latine (Konstanz 1979)*. París, 373-374.
Greco-Pontraandolfo, A. y Rouveret, A. (1983): «La rappresentazione del barbaro in ambiente magno-greco», en *Modes de contacts et processus de transformation dans les sociétés anciennes. Actes du Colloque de Cortone (1981)*.
Griffin, M. (2002): «Nerva to Adrian», *CAH XI*, 84-131.

Gudea, N. (1977): «Limesul Daciei romane de la Traianus la Aurelianus», *AMN* 1, 97-113.

— (1980): «Recent research on the limes of Roman Dacia», en *Roman Frontier Studies (1979)*, 799-814.

Guey, J. (1937): *Essai sur la guerre parthique de Trajan (114-117)*. Bucarest.

Haas, H. (1943-44): «Die Germanen im Spiegel der römischen Dichtung vor und zur Zeit des Tacitus», *Gymnasium* 54-55, 73-114.

Haig, P. V. (1969-70): «Trajan in Armenia», en *Journ. Soc. Anc. Num.* 1, 46 ss.

Halfmann, H. (1982): «Die Senatoren aus kleinasiatischen Provinzen des römischen Reiches vom 1. bis 3. Jahrhundert», en *Epigrafia e ordine senatorio II, Tituli* 5, 1982, 608-650.

Hammond, M. (1957): «The composition of the Senate AD 68-235», *JRS* 47, 74-81.

Hassel, F. J. (1966): *Der Trajansbogen zu Benevent. Ein Bauwerk des römischen Senates*. Mainz.

Hengel, M. (1983): «Messianische Hoffnung und politischer "Radikalismus" in der "jüdish-hellenistischen Diaspora". Zur Frage der Voraussetzungen des jüdischen Aufstandes unter Trajan 115-117 n. Chr.». en D. Hellholm (ed.). *Apocalypticism in the Mediterranean World and the Near East. Proceeding of the International Colloquium on Apocalypticism Uppsala. August 12-17. 1979*. Tübingen, 655-686.

Herrmann, A. (1922): *Die Verkehrswege zwischen China, Indien und Rom um 100 n. Chr.* Leipzig.

Heurgon, J. (1968): «Les sortilèges d'un avocat sous Trajan», en *Hommages M. Renard*. Bruselas, 443-448.

Heuss, A. (1954): «Alexander der Grosse und die politische Ideologie des Altertums», *Antike und Abenalland* 4, 99-100.

Jaczynowska, M. (1981): «Le culte de l'Hercule romain au temps du Haut-Empire», *ANRW* II.17.2, 631-661.

Jones, C. P. (1970): «Sura and Senecio», *JRS* 60, 98-104.

— (1975): «An oracle Given to Trajan», *Chiron* 5, 403-406.

Kajanto, I. (1970): «Tacitus' attitude to war and the soldier», *Latomus* 29.

Kienast, D. (1968): «Nerva und das Kaisertum Trajans», *Historia* 17, 51-71.

Kienast, D. y Castristius, H. (1971): «Ein vernachlässigtes Zeugnis für die Reichspolitik Trajans: Die zweite Tarsische Rede des Dion von Prusa», *Historia* 20, 62-83.

Kleiner. F. S. (1992): «The Trajanic Gateway to the Capitoline Sanctuary of Jupiter Optimus Maximus», *JDAI* 107, 149-174.

Knapp, R. C. (1978): «The origins of provincial prosopography in the west», *AncSoc* 9, 187-222.

Koeppel, G. (1985): «Die historischen Reliefs der römischen Kaiserzeit III. Stadtrömische Denkmäler unbekannter Bauzugehörigkeit aus trajanischer Zeit», *BJ* 185, 143-213.

Lagostera, L. (2001): *La producción de salsas y conservas de pescado en Hispania romana*. Barcelona.

Lambrechts, P. (1936): «Trajan et le recrutement du Sénat», *AC* 5, 105 ss.

Lavagne, H. (1987): *La mosaïque*. París.

Le Roux P. (1982): «Les sénateurs originaires de la province d'Hispania citerior au Haut-Empire romain», en *Epigrafia e Ordine senatorio II*, *Tituli* 5, 439-464.

— (1985): «L'exercitus hispanus et les guerres daciques de Trajan», *MCV* 21, 77-97.

Leon, Ch. (1971): *Die Bauornamentik des Trajansforums und ihre Stellung in der früh und mittelkaiserzeitlichen Architekturdekoration Roms*. Wien.

Lepper, F. A. (1969): Recensión de Hassel, *Der Traiansbogen in Benevent... JRS* 59, 250-261.

— (1979): *Trajans Parthian war*. Oxford-Londres (1.ª ed., 1948).

Lepper, F. y Frere, S. (ed.) (1988): *Trajans column. A new edition of the Cichorius plates*. Londres.

Levi, D. (1947): *Antioch Mosaic pavements*. Princeton.

Levi, M. A. (1985): «"Pax Romana" e imperialismo», en M. Sordi (ed.), *La pace nel mondo antico*. Milán, 203-210.

Levick, B. M. (1979): «Pliny in Bithynia», *G&R* 26, 121 ss.

Longden, R. P. (1936): «The wars of Trajan», en *CAH* XI, 223 ss. Cambridge.

López Monteagudo, G. (2002): «Mosaicos hispanos de época de Trajano», en J. M. Blázquez (ed.): *El Imperio de Trajano*. Madrid, 55-87.

Lorenz, T. (1973): *Leben and Regierung Trajans auf dem Bogen von Benevent*. Mainz.

Luttwak, E. N. (1979): *The grand strategy of the Roman Empire*. Baltimore.

Mac Adam, H. I. (1986): *Studies in the History of the Roman Province of Arabia. The Northern Sector*. B.A.R. International Series 295. Oxford.

Macrea, M. (1967): «L'organisation de la province de Dacie», *Dacia* 11, 121-141.

Magie, D. (1971): *Roman rule in Asia Minor to the end of the third century AD*. Oxford (1.ª ed., Princeton, 1950).

Malissard, A. (1976): «Les guerres daces», *DossArch* 17, 22 ss.

Maricq, A. (1959): «La province d'Assyrie créée par Trajan», *Syria* 36, 254-263.

Martínez Pinna, J. (1998): «El Imperio Universal», *Historia 16 XXII*, 63-73.

Matthews, J. F. (1984): «The tax law of Palmyra: evidence from economic history in a city of the Roman east», *JRS* 74, 157-180.

Mattingly, H. y Sydenham, E. A. (1926): *The Roman imperial coinage, vol. 2. Vespasian to Hadian*. Londres (reed. 1968).

Melucco Vaccaro, A. (ed.) (1985): *La colonna Traiana*. Roma.

Merten, E. (1977): *Die Adoption Hadrians*. Bonn.

Michel, A. (1966): *Tacite et le destin de l'Empire*. París.

— (1970): «Tacite a-t-il une philosophie de l'histoire?», *StudClas* 12, 105-115.

Millar, F. (1977): *The Emperor and the Roman world*. Londres.

— (1993): *The Roman Near East. 31 B.C.-A.D. 337*. Londres, 90-99, 400-408, 414-428.

Mocsy, A. (1972): «Das Problem der militärischen Territorien im Donauraum», *AntHung* 20, 133-168.

Moisani, G. (1982): «D. Terentius Scaurianus, consularis exercitus provinciae novae», en *Epigrafia e Ordine senatorio I, Tituli* 4, 499-505.

Molin, M. (1989): «Le Panegyrique de Trajan: éloquence clápparat au programe politique néo-stoicien?», *Latomus* 48, 785-797.

Montenegro, A. (1954): «Trajano, oriundo de España», en *RABM* 60, 155 ss.

Montero, S. (1998): «Optimus princeps. Ideología, política y religión», *Historia 12 XXII*, 74-76.

Montero Díaz, S. (1955): «El estado universal de Trajano», *EClás* 3, 10-24.

— (1988): «El Estado Universal de Trajano» en *Estudios de historia antigua y medieval*. Madrid, 103-117.

Montero Herrero, S. (2000): *Trajano y la adivinación. Prodigios, oráculos y apocalíptica en el Imperio romano (98-117 d-C.)*. Madrid.

Morocho, G. (ed.) (1988): *Dión de Prusa. Discursos I-XI*, Madrid.

Neusner, J. (1976): «The Jews east of the Euphrates and the Roman Empire I; 1-3 centuries AD.», *ANRW* II.9.1, 46-69.

Olshausen, E. (1987): «Tacitus zu Krieg and Frieden», *Chiron* 17, 299-312.

Paladini, M. L. (1962): «Divinizzazione di Traiano Padre», *Hom. A. Grenier*, vol. 3. Bruselas, 1194-1266.

Panaitescu, E. (1923): «Il ritratto di Decebalo», *Ephemeris Dacoromana* 1, 387-413.

Paratore, E. (1962): *Tácito*. Roma (2.ª ed.).

Paribeni, R. (1926-27): *Optimus Princeps. Saggio sully storia e sui tempi dell'imperatore Traiano*. Messina, 2 vols.

Passerini, A. (1950): *Il regno di Traiano*. Mailand.

Pérez Jiménez, A. (ed.) (1985): *Plutarco. Vidas paralelas I*. Madrid.

Perkins, C. A. (1984): *The army as a character in the `Historiae' of Tacitus*. Diss. Ohio.

Petersen, E. (1892): «L'arco di Traiano a Benevento», *MDAI(R)* 7, 239-264.

Petersen, L. (1968): «Lusius Quietus. Ein Reutergeneral Trajans aus Mauretanien», *Das Altertum* 14, 211 ss.

Petolescu, C. C. (1985): «L'organisation de la Dacie sous Trajan et Hadrien», *Dacia* 29.1-2, 45-55.

Pflaum, H.-G. (1960-1961): *Les carrières procuratoriennes équestres sour le Haut-Empire romain*. París, 3 vols.

Picard, G. (1968): «Les thermes du Thiase marin à Acholla», *Ant.Afr.* 2, 95-151.

Piganiol, A. (1963): «La notion de Limes», en *Quintus Congressus Internationalis Limitis Romani Studiorum (1961)*. Zagreb, 119-122.

Polverini, L. (2002): «Traiano e l'apogeo dell'Impero» en G. URSO, *Hispania terris Onnibus felicior. Premesse et esiti di un processo di integrazione*. Pisa, 303-313.

Popescu, G. A. (1997): *I Daci*. Milán.

— (1998): *Traiano ai confini dell'Impero*. Milán.

Premerstein, A. von. (1934): «C. Iulius Quadratus Bassus. Klient des jüngeren Plinius and General Trajans», *SBA* W 3, 3 ss.

Pucci, M. (1981): *La rivolta ebraica al tempo di Traiano*. Pisa.

— (1982): «La rivolta ebraica in Egitto (115-117 d.C.) nella storiografia antica», *Aegyptus* 62. 1982, 195-217.

— (1989): «Greek Attacks against Alexandrian Jews during Emperor Trajan's Reign», *Journal for the Study of Judaism* 20, 31-48.

Pucheu, Chr. (1962): *Étude sociologiqve du Sénat romain de Nerva à Hadrien*. Burdeos.

Radice, B. (1968): «Pliny and the Panegyricus», *Greek and Rome* 15, 166 y ss..

Radulescu, A. y Barbulescu, M. (1981): «Du nouveau sur les légats de Trajan en Mésie Inférieure entre 103 et 108 de n, è.», *Dacia* 25, 353-358.

Ramallo Asensio, S. (1990): «Talleres y escuelas musivas en la península Ibérica», en *Mosaicos Romanos. Estudios sobre iconografía (Actas del Homenaje in Memoriam de Alberto Balil)*. Guadalajara, 135-180.

Raschke, M. G. (1976): «New studies in Roman commerce with the East», *ANRW* II.9.1, 604 ss.

Richard, J. R. (1966): «Les funérailles de Trajan et le triomphe sur les Parthes», *REL* 44, 351-362.

Roda, 1. (1978): «Le iscrizioni in onore di Lucius Minicius Natalis Quadronius Virus», *Dacia* 22, 219-223.

Rodríguez Neila, J. F. (1978): «Sobre los procesos de la Bética contra los gobernadores romanos», *Actas 1 Cong. de Historia de Andalucía (1976)*, Córdoba, 231-238.

— (1981): *Sociedad y administración local en la Bética romana.* Córdoba.

Roldán, J. M. (1998): «El siglo de Trajano», *Historia 16* XXII, 54-62.

Rosi, L. (1971): *Trajan's column and the Dacian wars.* Londres.

— (1972): «Il Danubio nella storia, nella numismatica e nella scultura romana medio-imperiale», *Quad Ticinesi di num. e antich. class.*, 11-143.

Rosi, R. F. (1966-67): «Sulla "abdicazione" di Nerva», *Annali Fac. Litt. e Fil. Trieste* 3, 43-68.

Rotili, M. (1973): *L'arco di Traiano a Benevento.* Roma.

Saddington, D. B. (1961): «Roman attitudes to the externae gentes of the North», *AClass* 4, 90-102.

Salies, G. (1974): «Untersuchungen zu den geometrischen Gliederungsschemata römischer Mosaiken», *BJ.* 174, 1-178.

Scheider, R. (1982): *Bildpropaganda der römischen Kaiserzeit unter besonderer Berücksichtigung der Trajanssäule in Rom und korrespondierender Münzen.* Bonn.

Schllmayer, E. (ed.) (1999): *Traian in Germanien, Traian in Reich Bad.* Hamburgo.

Schowalter, D. N. (1993): *The Emperor and the Gods. Images from the Time of Trajan* (Harvard Dissertations in Religion, 28). Minneapolis.

Schwarte, K. H. (1979): «Trajan's Regierungsbeginn und der "Agricola" des Tacitus», *BJ* 179, 139-176.

Settis, S. *et al.* (1988): *La colonna Traiana.* Turín.

Sherwin-White, A. N. (1966): *The letters of Pliny. A historical and social commentary.* Oxford.

Shochat, Y. (1985): «The Change in the Roman Religion at the Time of the Emperor Trajan», *Latomus* 44. 2, 317-336.

Siat, J. (1995): «La persécution des chrétiens au début du II siècle d'après la lettre de Pline le Jeune et la réponse de Trajan en 112», *LEC* 63, 161-170.

Sillieres, P. (1990): *Les voies de communication de l'Hispanie meridionale.* París.

Smallwood, E. M. (1962): «Palestine c. AD 115-118», *Historia* 11, 500-516.

— (1965): *Documents illustrating the principati of Nerva, Trajan and Hadrian*. Oxford.

Snijder, S. (1926): «Der Trajansbogen in Benevent», *JDAI* 41, 94-128.

Sordi, M. (2002): «La Spagna nel Panegirico di Plinio e in quello di Pacato» en G. Urso (coord.): *Hispania terris omnibus felicior. Premesse et esiti di un processo di integrazione*. Pisa, 315-322.

— (ed.): *La pace nel mondo antico*. Milano, 211-222.

Speidel, M. (1970): «The captor of Decebalus. A new inscription from Philippi», *JRS* 60, 142-153.

— (1985): Recensión de K. Strobel, *Untersuchungen zu den Dakerkriegen Trajans*, *BJ* 185, 623-624.

Stech, B. (1912): *Senatores romani qui fuerint a Vespasiano usque ad Traiani exitum*. Leipzig (reed., 1963).

Stehlik, G. (1969): *Die epigraphischen Zeugnisse für die Kriege Roms von Augustus (27 v.) bis Commodus (192 n.)*. Diss. Wien.

Strobel, J. (1984): *Untersuchungen zu den Dakerkriegen Trajans*. Bonn.

— (1988): «Zu Fragen der frühen Geschichte der römischen Provinz Arabia und zu einigen Problemen der Legionsdislokation im Osten des Imperium Romanum zu Beginn des 2 Jh. n. Chr.», *ZPE* 71, 251-280.

Syme, R. (1930): «The imperial finances under Domitian, Nerva and Trajan» , *JRS* 20, 55-70.

— (1958): *Tacitus*. Oxford, 2 vols.

— (1962a): «Tacitus und seine politische Einstellung», *Gymnasium* 69, 241-263.

— (1962b): «The wrong Marcius Turbo», *JRS* 52, 87-96.

— (1964): «Pliny and the dacian wars», *Latomus* 23, 750-759.

— (1968): «The Ummidii Quadrati», *Historia* 17, 72-105.

— (1970): *Ten studies in Tacitus*. Oxford.

— (1980): «Guard Prefects of Trajan and Hadrian», *JRS* 70, 64-80.

— (1985): «The testament Dasumii: some novelties», *Chiron* 15, 41-63.

Talbert, R. J. A. (1980): «Pliny the younger as governor of Bithinia-Pontus», en C. Deroux (ed.): *Studies in latin literature and roman history II*. Bruselas, 412, 435.

Teja, R. (1993): «Trajano y los cristianos», en J. González (ed.), *IMP. CAES. NERVA TRAIANVS AVG.* Sevilla, 187-204.

Temporini, H. (1978): *Die Frauen am Hofe Trajans. Ein Beitrag zur Stellung der Augustae im Principat*. Berlín-Nueva York.

Tissoni, G. G. (1965a): «Sul consilium principis in età traianea (gli amici principis e il consilium)» I, *SDHI* 31, 222 ss.

— (1965b): «Sul consilium principis in età traianea (gli amici principis e il consilium)» II, en *SDHI* 32, 123 ss.

Torelli, M. (1982): «Ascesa al senato e rapporti con i territori d'origine. Italia: regio IV (Samnium)», en *Epigrafia e ordine senatorio* II, Tituli 5, 165-199.

Torres Carro, M. (1990): «Iconografía marina en *Mosaicos Romanos*», *Estudios sobre iconografía (Actas del Homenaje in Memoriam de Alberto Balil)*. Guadalajara, 107-134.

Trisoglio, F. (1972): «Le Idee pobtiche di Plinio il giovane e di Dione Crisóstomo», *PPol* 5, 3-43.

Tudor, D. (1966): *Traian imparat al Romei*. Bucarest.

Ursu, H. (1971): *Traian*. Bucarest.

Vaisanen, M. (1979): *Su una gens romana: gli «Ulpii»*. Helsinki.

Veyne, P. (1960): «Une hypothèse sur l'arc de Bénevent», *MEFRA* 72.

— (1965): «Les alimenta de Trajan», en *Les Empéreurs romains d'Espagne*. París, 163 ss.

Vulpe, R. (1964): «Dion Cassius et la campagne de Trajan en Mésie Inférieure», *StudClas* 6, 205-232.

— (1973): «Prigionieri romani suppliziati da donne dacie sul rilievo della Colonna Traiana», *RSA* 3, 109-125.

Wagner, J. (1985): *Die Römer an Euphrat und Tigris. Geschichte und Denkmäler des Limes im Orient*. Berlín.

Ward-Perkins, J. B. (1966): «Frontiere politiche e frontiere culturali», en *Atti del Convegno «La Persia e il mondo greco-romano» (Roma 1965)*. Roma, 395-408.

Waters, K. H. (1969): «Traianus Domitiani continuator», *AJPh* 91, 385-404.

— (1970): «Juvenal and the reign of Trajan», *Antichthon* 4, 62-77.

— (1975): «The reign of Trajan, and its place in contemporary scholarship» (1960-1972), *ANRW* II,2, 381-431.

Weber, W. (1923): *Trajan and Hadrian*. Stuttgart 1923 (2.ª ed.) (reed. *Herrschertum und Reich im zweiten Jahrhundert*. Stuttgart 1937).

Wheeler, R. E. M. (1952): «The Roman frontier in Mesopotamia», en E. Birley (ed.): III *Congress of Roman Frontier Studies* (Newcastle 1949). Durham, 112-129.

— (1954): *Rome beyond the Imperial frontiers*. Londres.

Winkler, I. (1969): «Personificarea Daciei pe monedele imperiale romane», *StudClas* 7, 225 ss.

Wolff, H. J. (1978): *Politik und Gerechtigkeit bei Traian*. Berlín.

Wolfram, H. (1985): *Gold von der Donau*. Wien.

Wolski, J. (1983): «Die Parther und ihre Beziehungen zur griechisch-römischen Kultur», *Klio* 65.1, 137-149.

Yavetz, A. (1987): «The urban plebs in the days of the Flavian, Nerva and Trajan», en A. Giovanini (ed.): *Opposition et résistance à l'Empire d'Auguste à Trajan* (Ginebra, 1986), 135-181.

Zanker, P. (1969): «Das Trajansforum in Rom als Monument kaiserlicher Selbstdarstellung», *AK* 12, 120 ss.

Ziegler, K. H. (1964): *Die Beziehungen zwischen Rom und dem Partherreich*. Wiesbaden.

VOCABULARIO BÁSICO

Annona. Institución administrativa de carácter público que se encargaba de velar por el aprovisionamiento, venta y distribución de trigo en Roma. Poseía almacenes tanto en Roma como en el país productor. Podía ser: *annona civica* para la venta o distribución gratuita entre los ciudadanos; *annona militaris*, destinada a aprovisionar al ejército; *annona municipalis* para el aprovisionamiento de los municipios.

Atrium. Habitación central de las casas romanas con una abertura en el techo para que penetrara por ella el agua de lluvia que era recogida en un pequeño estanque.

Castellum aquae. Depósito de agua donde vertían su caudal los acueductos para desde allí distribuirla a toda la ciudad.

Congiaria. Reparto gratuito de trigo, vino, aceite y dinero.

Cónsul. A partir de la instauración de la República romana en el año 509 a.C., máxima magistratura del Estado. Era una magistratura colegiada y anual, ejercida por dos individuos con los mismos derechos y deberes. Heredaron la mayor parte de las atribuciones de los reyes. Con el establecimiento del Imperio poco a poco perdieron importancia y se convirtieron en meras figuras decorativas.

Cónsul Suffectus. Sustituto del cónsul cuando éste debía abandonar el cargo, por enfermedad o por muerte, sin que se hubiera cumplido su año de mandato, y que sólo ejercía el cargo hasta la entrada de los nuevos cónsules

Curator aquarum. Encargado de la vigilancia y el cuidado del servicio de traída de aguas a la ciudad. Fundamentalmente debía ocuparse del buen estado de conservación de los acueductos.

Decurion. Máximo magistrado en los municipios y en las colonias.

Duunviro. Con este término se designó a las altas magistraturas de las colonias. Durante el Imperio eran elegidos por el Senado en los comicios. Eran también máximos jueces y los encargados de vigilar toda la administración de la ciudad. Con el avanzar del Imperio fueron perdiendo importancia.

Flamen. Sacerdotes del culto de alguna divinidad en particular. Se dividían en *flamines maiores* (*Dialis*, *Martialis* y *Quirinalis*) pertenecientes a la aristocracia y *flamines minores* (*Volcanalis*, *Pomonalis*, *Carmentalis* y *Floralis*) procedentes de la plebe. Durante el Imperio se añadieron otros muchos que se encargaban del culto a los emperadores.

Guardia pretoriana. Escolta personal de los emperadores. Comenzaron a ser utilizados por Escipión el Africano, pero su auge definitivo es a partir de la época imperial. Tenían su propio campamento en Roma y jugaron un importante papel en la sucesión de muchos emperadores.

Horrea. Graneros públicos destinados a almacenar ingentes provisiones de grano para salvar las posibles carestías.

Imperium Proconsular. Supremo mando de una provincia en la que estaban estacionadas una o varias legiones.

Insula. En las ciudades romanas, grupo de casas formando una manzana.

Ius Italicum. Derecho que se concedía a determinadas provincias por el que compartían las mismas obligaciones y privilegios que tenía Italia.

Ius Latius Minor. Derecho latino que Vespasiano concedió a todos los habitantes de la península Ibérica.

Lapidarius. Cantero.

Legado. Magistrados que desempeñaban la función de lugartenientes, bien del Senado o de los procónsules. En la época imperial desempeñaban el cargo de gobernadores y comandantes militares.

Lictores. Acompañantes de los magistrados mayores encargados de portar las *fasces*, símbolo de su cargo.

Ordo decurionum. Gremio de los decuriones.

Ordo ecuestre. Clase social integrada por los caballeros.

Potestad tribunicia. Inviolabilidad personal que poseían algunos magistrados.

Prefecto del erario. Cargo creado por Augusto en sustitución de los cuestores encargados del tesoro.

Prefecto del Pretorio. Cargo creado por Augusto. Era el comandante de la guardia pretoriana encargada de la seguridad personal del emperador.

Prefectus castrorum. Magistrados encargados de medir y trazar los límites de los campamentos militares.

Pretor. Magistrado encargado de la administración de justicia.

Procónsul. Gobernadores de las provincias con rango consular.

Procurador. Representante del César encargado de la administración de las finanzas

Quinqueviri. Magistratura extraordinaria de cinco personas elegidas para una misión determinada.

Senado. Principal órgano de gobierno romano durante la República. En la época imperial poco a poco fue perdiendo sus atribuciones, no las nominales, pero sí las reales.

Sestercio. Moneda romana que en época imperial era equivalente a cuatro ases, cuyo peso se fue depreciando con el paso del tiempo.

Sportulae. Cesta plana con asas.

Tabernae. En origen cabañas de madera. En las ciudades se convirtieron en lugares de comercio.

Tribuno. En origen el jefe de la tribu. Después, sobre todo a partir de la época imperial, magistrados de muy diversa índole.

Tribuno militar. Oficial de la legión que tenía 1.000 hombres a su cargo.

Vicesima hereditatum. Tasa sobre las herencias establecida por Augusto.